大学公共课系列教材

U0646250

大学生体育与健康

DAXUESHENG
TIYU YU JIANKANG

姚亚中 康少春◎主　编
张东升 傅新宇 曹　英◎副主编

北京师范大学出版集团
BEIJING NORMAL UNIVERSITY PUBLISHING GROUP
北京师范大学出版社

图书在版编目（CIP）数据

大学生体育与健康/姚亚中、康少春主编. —北京：
北京师范大学出版社，2011.8（2020.10重印）

（大学公共课系列教材）

ISBN 978-7-303-13222-5

Ⅰ．大… Ⅱ．①姚… ②康… Ⅲ．①体育－高等学
校－教材②健康教育－高等学校－教材 Ⅳ．G807.4

中国版本图书馆 CIP 数据核字（2011）第 154207 号

营 销 中 心 电 话　010－58802181 58805532
北师大出版社高等教育分社网　http：//gaojiao.bnup.com
电 子 信 箱　gaojiao@bnupg.com

出版发行：北京师范大学出版社　www.bnup.com
　　　　　北京新街口外大街 19 号
　　　　　邮政编码：100875
印　　刷：北京虎彩文化传播有限公司
经　　销：全国新华书店
开　　本：730 mm×980 mm　1/16
印　　张：19.5
字　　数：330 千字
版　　次：2011 年 8 月第 1 版
印　　次：2020 年 10 月第 8 次印刷
定　　价：30.00 元

策划编辑：祁传华　　　　责任编辑：祁传华
美术编辑：毛　佳　　　　装帧设计：毛　佳
责任校对：李　菡　　　　责任印制：马　洁

编　委　会

主　编：姚亚中　康少春

副主编：张东升　傅新宇　曹　英

编　委（以姓氏笔画为序）：

丁　明　冯曦尧　吕秀兰　陈宏国　陈　芹

张怀锦　周　芸　范　例　莫玉昌　徐向农

徐　伟　移素林

前　言

　　体育教育是高等学校教育的重要组成部分，它已不是一门普通的学科，而是一项事业，肩负着培养德、智、体全面发展高级人才的重任。在体育越来越成为人们生活需要的现代社会，系统地向大学生传授体育科学的基本理论、基本知识、基本技术和技能，使他们能够全面地认识和了解体育，懂得体育锻炼对增进健康和提高民族素质的重要作用，掌握锻炼身体的一般理论、方法和技能，养成终身锻炼的良好习惯，这对于培养全面发展的人具有非常重要的意义。

　　大学阶段是青年学生身心发育成熟的重要时期，也是心理品质养成的关键时期。面对竞争日益激烈的社会环境，如何培养青年学生健康的体魄和坚强的意志以应对未来工作和生活的挑战，是当前高等教育需要履行的职责和义务。

　　80后是颇具争议的一代人，虽事业有成的不在少数，但"官二代"、"富二代"已成了80后的代名词。目前高校校园里的"主力军"已经变成了90后，在这稍显浮躁的时代，有专家曾预言：90后将有"一批人"的前程可能要毁在晚上下不了"网"，早晨起不了床的虚幻世界。在这样的情况下，我们的高校里如果能出现一批具有全面发展意识和现代体育教育理念的教师，"振臂一呼，应者云集"，将学生吸引到运动场上，吸引到大自然中，使他们的兴趣得以转移，使他们的过多能量得以发泄，使他们的身心得以全面发展，这不是我们所有体育人的愿望吗？"振臂一呼，应者云集"是一项系统工程，谁能占得新课程、新理论的先机，谁就能实质性地推动体育课程改革的顺利前行。在这样的背景下，根据我校的具体情况，我们组织相关教师编写了此校本教材。

　　本教材本着教会大学生学会生存、学会健身、提升心

1

理品质和重视培养大学生终身体育实践能力的教改精神，对构建新的教材内容和体系作了一些尝试。教材内容包括：体育基础理论、体育锻炼、卫生与健康、运动损伤的预防与处理、常见运动项目规则裁判法、大学生体质健康标准等。教材内容的编写以淡竞技、重健身娱乐和团结协作精神的培养为基本模块，突出了"健康第一"的指导思想。健美操、体育舞蹈、心理拓展、跳绳、英式橄榄球是本书的亮点，满足了不同学生群体的需求。

　　由于时间和编者水平有限，书中一定会有许多不足或疏漏之处，恳请各使用单位和读者给予关注和谅解，并将意见或建议及时反馈给我们，以便下次修订时予以完善。

编　者

2011.5

目　录

第一章　体育概述

　　体育是人类的一种社会实践活动，是由人们生产和生活的需要而逐步形成和发展起来的。它与人们的身心发展、社会生活及社会政治、经济、文化、教育等各种活动都有着密切的联系，并形成了种种体育现象及其规律。

　　体育具有自然和社会的双重属性，自然属性包括体育的方法、手段等；社会属性包括体育的思想、制度等。随着国际交往的日益增多，体育事业发展的规模和水平已是衡量一个国家和社会发展和进步的重要标志之一，也成为国家之间外交和文化交流的重要手段。体育可分为学校体育、竞技体育、大众体育等种类。一个国家的体育发展水平受如下几方面因素的影响：体育的普及程度、政治经济水平、体育科学理论水平和运动技术水平、国民的体质水平等。

第一节　体育的概念与功能

一、"体育"一词的由来

　　"体育"一词最早出现于 19 世纪，其英文本是 physical education，指的是以身体活动为手段的教育，直译为身体的教育，简称为体育。在古希腊，游戏、角力、体操等曾被列为教育内容。17～18 世纪，在西方的教育中也加进了打猎、游泳、爬山、赛跑、跳跃等项活动，只是尚无统一的名称。18 世纪末，德国的学者曾把这些活动分类、综合，统称为"体操"。进入 19 世纪，一方面是德国形成了新的体操体系，并广泛传播于欧美各国；另一方面是相继出现了多种新的运动项目。在学校也逐渐开展了超出原来体操范围的更多的运动项目，建立起"体育是以身体活动为手段的教育"这一新概念。于是，在相当长的一段时间里，"体操"和"体育"两个词并存，相互混用，直到 20 世纪初才逐渐在世界范围内统一称为"体育"。

　　1762 年，卢梭在法国出版了《爱弥尔》一书。他使用"体育"一词来描述对爱弥尔进行身体的养护、培养和训练等身体教育过程。由于这本书激烈地批判了当时的教会教育，而在世界范围内引起很大反响，因此"体育"一词同时也在世界各国流传开来。从这里我们可以清楚地看到，"体育"一词的最初产生是起自于"教育"一词，它最早的含义是指教育体系中的一个专门

1

领域。到 19 世纪，世界上教育发达国家都普遍使用了"体育"一词。而我国由于闭关自守，直到 19 世纪中叶，德国和瑞典的体操才传入我国，随后清政府在兴办的"洋学堂"中设置了"体操球"。1902 年左右，一些在日本留学的学生从日本传来了"体育"这一术语。随着西方文化不断涌入我国，学校体育的内容也从单一的体操向多元化发展，课堂上出现了篮球、田径、足球等。许多有识之士提出不能把学校体育课称体操课了，必须理清概念层次。1923 年，在《中小学课程纲要草案》中，正式把"体操科"改为"体育课"，从此"体育"一词成了标记学校中身体教育的专门术语。

"体育"一词在含义上也有一个演化过程。它刚传入我国时，是指身体的教育，作为教育的一部分出现的，是与维持和发展身体的各种活动有关联的一种教育过程，与国际上理解的"体育"（physical education）是一致的。随着社会的进步和体育事业的不断发展，其目的和内容都大大超出了原来"体育"的范畴，体育的概念有"广义"与"狭义"之分，体育的广义概念指体育运动，它是人们遵循人体的生长发育规律和身体活动规律，以身体练习为基本手段，以增强体质、提高运动技术水平、丰富业余文化生活为目的的一种有组织、有意识的身体活动和社会活动，是社会文化教育事业中的一个重要组成部分，现代体育受一定社会的政治和经济的制约，也为一定社会的政治和经济服务。体育的狭义概念一般指体育教育或学校体育，它是一个锻炼身体，增强体质，传授体育知识、技术和技能，培养学生健康第一的思想和终身体育观的教育过程。近年来，不少学者对"体育"的概念提出了一些新的解释，比较趋于一致的解释为："体育是以身体活动为媒介，以谋求个体身心健康、全面发展为直接目的，并以培养完善的社会公民为终极目标的一种社会文化现象或教育过程。"体育的这一定义既说明了它的本质属性，又指出了它的归属范畴，同时也把自身从与其邻近或相似的社会现象中区别出来。但是，体育的概念并非是一成不变的，随着社会的发展和进步，对体育的认识也将有所发展。

二、体育的分类

（一）学校体育

学校体育是教育的重要组成部分，是国民体育的基础，学校体育的主要任务是全面发展身体，增强体质，传授体育知识、技能，提高运动技术水平，培养良好的道德和意志品质以及终身体育能力的有目的、有计划、有组织的教育过程。实施学校体育的主要场所是各级各类学校，主要手段是体育教学、课余运动训练和竞赛、课外体育活动。主要目的在于知识、技能、方法、道德的传授和培养，其教育性最为突出。随着社会的不断发展，根据体育科学化、社会化、娱乐化和终身化的需要，从发展的视角考虑，现代学校体育不仅要注意增强体质的实际效益，还必须着眼于将来学生对"享受"和"发展"的需要，即重视包括生理、心理及社会等因素在内的综合效果，力求在满足个人体育兴趣和爱好、启发主动参与运动的意识、讲究体育锻炼的科学性、不断提高欣赏水平，并创造条件为国家输送和培养竞技体育人才等方面作出贡献。

（二）竞技体育

竞技体育亦称竞技运动，它是指为了战胜对手，取得优异运动成绩，最大限度地发挥和提高个人、集体在体能、心理及运动能力等方面的潜力所进行的科学的、系统的训练和各种竞赛活动。竞技体育（sport）源于拉丁语 cisport，含义原指"离开工作"进行的游戏和娱乐活动。其主要目的不仅包括夺取金牌，而且包括培养人们不断超越自我的竞争意识，因而竞争意识最为强烈。竞技体育的实施场所主要在各类运动场，其主要手段为运动训练和竞赛。随着竞争因素的介入，目前它已成为在全面发展身体素质的基础上，最大限度地挖掘体力、智力与运动才能，以取得优异运动成绩为目标而进行的科学训练和各种竞赛活动。竞技体育在现代奥林匹克运动会的推动下，已有五十多种用于国际比赛的运动项目，并设有相应的国际体育组织和单项运动协会。为了发扬奥林匹克精神，在追求"更快、更高、更强"目标的同时，又倡导"公平竞赛"和"参与比取胜更重要"等原则。因此，自20世纪70年代起，竞技体育被认为是在高水平竞争中，以夺取优胜为目标，对健康人体进行旷日持久的生理学和心理学改造，进而实现最大限度开发人的竞技运动能力的教育过程。由于在组合"对抗"的同时，非常强调"法"的完整和准确，即认为竞技的规则在保证运动正常进行的同时，也在引导运动不断趋向科学，因此为应对激烈的赛场竞争，还广泛采用先进的科学训练方法和手段，以探索人类竞技运动的极限。加之竞技体育的技艺高超、竞争性强，且极易吸引广大观众，它作为一种极富感染，又容易传播的精神力量，在活跃社会文化生活、振奋民族精神、促进各国人民之间的友谊和团结等方面，有着特殊的教育作用。

（三）社会体育

社会体育亦称群众体育，是指为了娱乐身心，增强体质，防治疾病和培养体育后备人才，在社会上广泛开展的体育活动。它包括娱乐体育、休闲体育、医疗体育等。实施社会体育的场所极为广泛、灵活，它的主要手段为身体娱乐和身体锻炼，其主要目的是休闲娱乐和强身健体。社会体育更多地出现于正规的教学、训练和工作以外的余暇时间里，因而业余性最为突出。由于它吸引的对象主要为广大民众，活动领域遍及整个社会乃至家庭，所以堪称为活动内容最广、表现形式多样、适应性较强、参加人数最多的一项群众性体育活动。它作为学校体育的延伸，可使人们的体育生涯得以继续维持，受益终身。社会体育开展的广泛性和社会化程度，取决于国家经济的繁荣、生活水平的提高、闲暇时间的增多及社会环境的安定。从世界发展趋势看，社会体育作为现代体育发展的主要标志，无论普及程度或开展规模，都不亚于竞技体育。

随着我国社会体育的蓬勃兴起，特别是自《全民健身计划纲要》实施以来，各种体育俱乐部、社区健身路径和运动场所、健身娱乐中心竞相兴起。与此同时，全民体育意识、体育观念正逐渐提高和发生改变，体育在促进人们健康的同时，正成为人们提高生活质量的重要内容。

学校体育、竞技体育和社会体育是构成现代体育的三大组成部分，它们是作为体育的不同目的和表现形式而存在的，每一内容都从某个侧面来反映体育的本质、特征和功能。实施学校体育的主要场所在各级各类学校，主要手段为体育教学，主要目的在于知识、技能、方法、道德的传授和培养，其教育性最为突出；竞技体育的实施场所主要在各类运动场上，其主要手段为运动训练和竞赛，其专业性和竞技性是与其水平不断提高分不开的。竞技体育的目的不仅仅表现为夺取金牌，更重要的还表现在培养人类不断超越自我的竞争意识；社会体育的实施场所极为广泛灵活，它的主要手段为身体娱乐和身体锻炼，其主要目的是休闲娱乐和强身健体。社会体育更多地出现于正规的教学、训练和工作以外的余暇时间里，因而业余性最为突出。学校体育、竞技体育和社会体育虽各有自己的目的和特点，但三者作为现代体育的有机组成部分，在体育实践中是互相联系、互相影响的。

第二节　体育的作用

（一）促进学生身心健全发展的作用

根据大学生各器官系统机能和代谢水平的不断提高以及逐渐进入人生最佳状态的特点，高校体育在完善人体发育和人格全面发展方面的作用至关重要。由于学校体育对这一年龄段的作用时机恰当，且又有各种组织形式和措施予以保证，故而能有效促进大学生的身体健康，增强对外界环境的适应能力和对疾病的抵抗能力，同时掌握一定的运动技能，进一步提高身体各项素质和基本活动能力，使大学生的体格更加健壮，体力更加充沛，无论现在或将来，都能从事长时间和较大负荷的脑力劳动和体力劳动。

根据大学生自我意识不断增强，个性特征逐渐明显，意志品质的发展仍不稳定、不平衡，性格尚不成熟等特点，高校体育通过运动中的和谐交往、竞争拼搏和情感跌宕，以及耐负荷锻炼等因素，在帮助大学生稳定心理状态、进行自我调节、提高自我控制能力方面所起的作用，亦是不可低估的。随着教学改革的不断深入，按"为我所用"原则创新的教学模式与活动内容，开始普遍重视大学生的运动兴趣与自我要求，有效地促进他们个性的全面发展，最终达到身心的和谐与统一。

（二）培养学生体育能力与习惯，奠定"终身体育"基础的作用

根据大学生神经细胞物质代谢旺盛、灵活性相对提高、抽象思维能力较强、分析综合能力显著提高等特点，加之大学生求知和独立从事体育锻炼的欲望，使传授体育知识的渠道变得更加畅通，他们接受和理解知识的水平高于中学时代，因而为比较系统地掌握体育的基本知识、技能和科学锻炼身体的方法，提高体育文化素养和体育审美能力，培养良好的锻炼习惯等创造了有利条件，为"终身体育"奠定了基础。

（三）推进实现"体育强国"的作用

国家提出的"全民健身计划"的重点对象是青少年，高等学校作为青年学生学校生活的最后阶段，既是实施全民健身计划的主战场，同时又是直接向社会输送新鲜人口的最高层次的学校。特别是国家实施科教兴国战略，大力发展高等教育，更多的青年学生将有机会接受高等教育，大学生成为体育健身活动积极分子，走向社会后就会在更大范围内成为群众性体育活动的骨干，对全民健身计划的实施起到积极的推动作用。此外，高校体育还可以凭借良好的教育氛围和物质条件的优势，为提高部分有竞技天赋的学生的运动技术水平、为国家培养优秀的运动后备人才发挥积极的作用。这些都将对实现体育强国的目标具有重大的意义。

（四）培养创新型人才的作用

人类社会发展的现状要求社会的创新，有学者认为创新是素质教育的核心。江泽民同志指出，"创新是一个民族进步的灵魂，是一个国家兴旺发达的不竭动力"，对学校教育工作中重视学生创新素质的培养起了极大的推动作用。体育教学中利用体育学科优势培养学生的创新思维，如在游戏教学中，教师通过讲解体育游戏的目的、创编原则，先由教师组织游戏活动，而后启发学生的创新思维，使他们能够举一反三，在一个游戏的基础上，创造出多个游戏。通过给学生布置作业，按照学生人数分成若干个小组，每组编两个游戏，并在每次课上安排学生进行创编游戏的演练。从场地的布置，游戏的组织、示范和讲解，到游戏的规则都由学生来完成。游戏结束后，由各游戏小组的代表和教师进行评价，通过运用学生参与教学法、指导发现式教学法、启发式教学法等，在体育教学中激发学生的学习热情，这样会有利于学生养成主动学习的习惯。

（五）使学生了解健康教育的基本知识，拥有健康的生活方式的作用

在激烈的科技和市场竞争中，健康是高效率的载体。高效率必须要求较高的健康水平，一个体质水平不高的人，他的业务水平和专业能力很难得到充分发挥和更大的提高。许多事例和材料说明，身体良好，有效寿命就会延长，而有效寿命的长短将直接影响一个民族和国家发展的进程与速度。而学校体育的重要任务之一就是增强学生体质，促进学生健康发展。在我国，毛泽东是体育运动的积极提倡者和受益者，他在1917年发表的《体育之研究》一文中就曾指出："体育是载知识之车，寓道德之舍……德智皆寄于体，无体是无德智也。"这一辩证唯物主义的论断鲜明地指出了学校体育是增进学生健康、增强学生体质最积极、最有效的方法。通过学校体育促进学生的健康成长，使学生具有健康的身体、良好的素质和充沛的精力。也正因为如此，学校体育必须加大改革力度，以改革促发展，提高学校体育工作质量。因为，健康的体魄是民族强盛的基础，也是一个国家富强文明的标志。

我国大学生年龄约在17～23岁，处在身体发育后期，高校体育教育不仅能使学生体质得到增强，而且能促进智力的发展：培养学生敏锐的感知能力、想象力，形成良好的注意力和记忆力；可以培养学生高尚的思想道德品质、坚强的毅力和集体主义、爱国主义精神；还可以丰富课余文化生活，调剂精神，消除疲劳。高校体育又是国民体育的一部分，并且与我国体育事业的发展有着密切的关系。改善我国人民的健康状况，提高中华民族的身体素质和运动技术水平，是国家和社会的需要。大学生是国家的未来和希望，是社会主义建设和发展科学技术的生力军。每一个大学生都应该在刻苦钻研、勤奋学习的同时，积极投身到体育运动中去。要牢固地树立"终身体育"的思想，懂得科学锻炼身体、保养身体的方法，培养对体育的兴趣与爱好，使体育成为生活的一部分。高校体育教育既要有利于大学生在校期间健康地、精力充沛地学习和生活，又要有利于毕业后继续科学地进行身体锻炼，从而为祖国、为社会健康地工作几十年。

总之，体育是高等学校教育系统工程中的重要组成部分。体育教育是通过身体活动来增强体质，培养学生德、智、体全面发展的教育过程，是高等教育的重要组成部分，对塑造完美的"人"起着十分重要的作用。马克思把教育理解为三件事：智育、体育、技术教育。毛泽东在《体育之研究》一文中作了生动的描述："体育一道配德育与智育，而德智皆寄于体，无体是无德智也。"这些充分说明了体育是培养、造就全面发展人才不可缺少的手段，也确定了体育在学校教育中的重要地位。为了实现高等教育的总目标，高校必须通过体育教学、业余训练及课外体育活动这三项基本组织形式来完成与体育教育有关的各项任务。大学生在学习专业理论知识的同时，还应该接受体育教育。没有健康的体魄，就难以胜任繁重的学习任务和走向社会的工作重任。

第三节 体育的功能

所谓体育的功能是指体育活动对社会进步和人类发展所产生的特殊作用和影响。随着社会生产力的快速发展，人们的生产劳动和日常生活方式也发生了根本性的转变，体力劳动减轻，对脑力劳动的要求相对提高。近年来人们的生活水平虽不断改善，但工作压力却越来越大，更多的人需要通过体育锻炼来强身健体、释放压力、娱乐身心。社会的强烈需求，极大地刺激了体育快速地向社会化深入发展，成为人类社会文化教育不可缺少的重要组成部分。体育本身也从单一的健身功能向多目标、多功能分流，并成为一门在多学科基础上发展起来的综合性学科。它在促进人体生长发育、挖掘和增强人的各种功能、培养人的道德和品质、加强人与人的联系、繁荣和加快经济发展、丰富人类文化生活等方面起到重要作用。

（一）智育功能

学校体育通过各种各样的体育活动，可以促进学生的智力发展。体育锻炼能够促进学生神经系统的发育，这为智力开发奠定了生物基础。人体在进行体育运动时，视觉、听觉、平衡觉、本体感觉等多个感官均要参与工作，各种感觉信息不断传入大脑皮层的各个中枢，从而活化、刺激了大脑细胞并改善了大脑的供氧量，有利于促进大脑思维活动的物质——脑啡肽分泌，使人头脑清醒，思维敏捷。学校体育本身是一项创造性的活动，蕴涵着丰富的开发智力、培养创造力的内容，对全面培养观察能力、广泛训练记忆能力、启迪诱导想象力和提高思维能力具有重要的作用。此外，有研究表明，运动有助于开发大脑右半球的功能，对发展儿童的直觉、空间转换、形体感知等形象思维及创造力具有重要作用。学生进行系统的体育锻炼，加上合理的营养，可以使大脑获得更多的养分，从而进一步提高大脑的认识思维能力和脑细胞的反应速度。体育运动中的复杂、灵活、多变的特点，则训练培养学生的综合能力，使其反应敏捷，扩散思维能力增强，对事物的观察判断更加准确。学校保证学生每天一小时的体育活动时间，对学生的智力发展有着积极的作用。

(二) 德育功能

学校体育是德育的重要内容和手段，对学生的个体社会化过程和人格完善过程起着重要作用。学校体育可以培养学生的道德认识和信念，使学生的道德信念通过体育活动得到强化，并化为学生具体的道德行为。学校体育能有效地培养学生的个性和意志品质，如勇敢、顽强、对挫折和困难的承受力等，学校体育还可以培育学生的集体主义和爱国主义精神以及责任感和荣誉感。这不仅是学校德育的重要内容，也是现代人所必备的重要素质。

(三) 美育功能

学校体育是学校美育的重要与特殊的途径，这是因为运动的过程始终伴随着美。学校体育在塑造学生身体美的同时，也伴随着行为美、运动美和心灵美，四者在运动实践中得到完美的结合。体育锻炼的这种塑造健美身体的作用是非常直接的，通过体育锻炼，能使学生身体匀称，姿态优雅，动作矫健，这既是健康的标志，也是人体美的表现。运动中的形体美、动作美、协调美、节奏美以及服饰美等都将给学生以强烈的美感体验，使其得到美的享受和情感的陶冶与升华。学校体育培育学生鉴赏美、表现美和创造美的作用是独特的、具体的，有着极强的实践性，这是一般学科所无法比拟的。不用说"冰上芭蕾"、花样游泳、体操等在优美的旋律伴奏下进行的各项运动，就是随便一个体育动作无不是在对学生进行美的教育。

(四) 健心功能

培养学生的健康心理，是各级各类学校教育尤其是体育教育中一个非常值得注意的问题。残酷的无时不在的工作生活和学习中的竞争，对人的心理有巨大的压力和影响，现在很多大学生都是独生子女，独生子女的孤独使相当大一部分的青少年的心理存在问题。体育教育可以培养学生乐观进取积极向上的精神，可以使学生勇敢、坚定、果断，提高自控能力；可以协调人际关系、提高交往和协作能力。体育竞赛活动则使学生在平等条件下的竞争中，充分发挥各自的能力，不断进取，竞赛的结果，则是对学生正确对待成败观的教育，使学生能正确地对待失败与挫折，正确地认识自己，培强自信心，成为生活的强者。

（五）健身功能

体育锻炼是增进健康、推迟衰老、延年益寿的最有效方法。通过锻炼可使血液循环加快、增强心脏的功能；可以改善大脑的供血状况，消除脑力劳动后的疲劳，使头脑清醒，思维敏捷；可使呼吸肌增强，肺活量增大，肺功能提高；能使肌肉粗壮结实、丰满有力；能使骨骼坚韧，骨密质增厚，骨的抗弯、抗折能力增强；还可以提高人体的基本活动能力、对环境的适应能力和抵抗疾病的能力。如果长期坚持体育锻炼，人类的体质就会得到增强，健康水平就会不断提高。

（六）娱乐功能

无论是从人的生理、心理还是从社会文化需求诸方面来看，娱乐都是人们精神生活的重要内容。体育运动融游戏性、竞赛性、艺术性和娱乐性于一体，因此，它特有的娱人娱己功能十分明显。体育活动不仅给人以强健的身体，而且还给人以美的享受，从而使人们由于学习、工作和劳动所带来的许多紧张和压力，得到一个积极有益的调节，获得积极性信息，这不仅有利于体力的恢复，而且是一种精神上的享受。当今世界是一个快节奏、高效率、竞争激烈、全速前进的社会，这就不可避免地给人们带来许多紧张和压力，经常参加体育活动，可以适当缓解压力。现代体育活动以其运动技能的高难度、造型的艺术化、形式的多样化、竞争的激烈性和比赛结果的不确定性，容易使观赏体育竞技和表演的人们产生炽热、激动的感情，达到忘我的境界，一切活跃富有生命力的创造都在这里起步和终止。这就会连续不断地激发起人们的审美情感，强化人们的美感神经。由此可见，体育是一种积极而健康的娱乐方式，有助于人们愉快地度过余暇，满足人们心理的需要。

第二章 体育锻炼与身心健康

第一节 健康的基本概念及影响因素

人们对健康的理解有一个从传统到现代的转变过程。一般而言，我们对生理上的不适，比如感冒发烧、头痛咳嗽、胸闷腹胀、腹痛腹泻以及牙齿疼痛等都能明显感觉到，并会立即看医生。但是，我们对精神上的不适，比如精神紧张、抑郁、孤独、精神空虚等，却往往不认为是不健康的表现。随着社会文明的不断进步，人们对健康的理解也更加深刻。从 20 世纪中叶到 20 世纪末，世界卫生组织（WHO）对健康的界定，已使人们对健康的认识拓宽到生理、心理和社会领域，甚至还涉及道德与生殖健康等内容。也就是说，一个人只有各个方面都健全，才能算是一个健康的人。人的健康受到多种因素的影响，可概括为内因和外因，在内部因素中遗传和营养是重要的因素；在外部因素中环境和行为生活方式是最为重要的因素，其中良好的行为主要就是指是否坚持长期有效的体育锻炼。

一、健康的定义

1989 年，联合国世界卫生组织（WHO）给健康的定义为："身体健康、心理健康、道德健康和社会适应良好。"该定义表明人类的健康不仅是生理上的正常，而且还包括正常的心理和健康的人格，同时也表明了关心人的健康是国家、社会和个人义不容辞的责任。

二、健康的标准

世界卫生组织已经给人的健康拟订了十个标准，分别从心理健康及社会环境适应能力方面和身体方面加以阐明。

心理健康及社会环境适应能力方面的标准为：

（一）有充沛的精力，能从容不迫地应付日常生活和工作，而不感到精神压力。

（二）处事乐观，态度积极，勇于承担责任，对人诚恳，宽厚，乐于助人。

（三）善于休息，睡眠良好。

（四）应变能力强，能适应外界的各种变化，消除疲劳快。

身体方面的健康标准为：

（一）有抵抗普通感冒和感染性疾病的能力。

（二）身体发育正常，体重合适，身材匀称挺拔，站立时头、肩、臂位置协调。

（三）眼睛明亮，反应敏锐，眼睑不易发炎。

（四）头发有光泽而少头屑。

（五）牙齿洁白无龋齿，牙龈无出血且颜色正常。

（六）肌肉丰满，皮肤富有弹性，走路感到轻松。

近年来世界卫生组织又提出将人的机体健康状况通俗地用"五快"和"三良好"来衡量，即"吃得快，便得快，睡得快，说得快，走得快"；精神健康用"三良好"来衡量，即"良好的个性，良好的处事能力，良好的人际关系"，这些标准可作为努力实现健康和进行身心自我保健的具体目标。

三、影响健康的因素

人类的健康取决于多种因素的影响和制约。目前，人们认为影响健康的主要因素有四种，即环境因素、生物遗传因素、行为和生活方式因素及医疗卫生服务因素。其中生活方式因素和医疗卫生服务因素均属于环境因素中的社会环境因素，但由于这两种因素对人类健康具有突出的影响，所以将其置于突出的位置并与环境因素和生物遗传因素相提并论。因此，在分析影响健康的因素时，可以从环境因素和生物遗传因素两大方面进行描述。随着现代健康观的确立，人们对影响健康的因素的认识更趋全面和深刻。1976年美国卫生学家提出了影响健康的"因素论"，即环境因素、生物因素、保健服务因素和生活方式因素是影响健康的主要方面。

（一）环境因素

环境因素是指围绕着人类空间及其直接或间接地影响人类生活的各种自然因素和社会因素之总和。因此，人类环境包括自然环境和社会环境。

1. 自然环境。自然环境又称物质环境，是指围绕人类周围的客观物质世界，如水、空气、土壤及其他生物等。自然环境是人类生存的必要条件。在自然环境中，影响人类健康的因素主要有生物因素、物理因素和化学因素，如水、空气、日光、气候、地理特征、矿物质因素。良好的自然环境可促进健康，反之可导致疾病。自然环境中的生物因素包括动物、植物及微生物。一些动物、植物及微生物为人类的生存提供了必要的保证，但另一些动物、植物及微生物却通过直接或间接的方式影响甚至危害人类的健康。自然环境中的物理因素包括气流、气温、气压、噪声、电离辐射、电磁辐射等。在自然状况下，物理因素一般对人类无危害，但当某些物理因素的强度、剂量及作用于人体的时间超出一定限度时，会对人类的健康造成危害。自然环境中的化学因素包括天然的无机化学物质、人工合成的化学物质及动物和微生物体内的化学元素。一些化学元素是保证人类正常活动和健康的必要元素；一些化学元素及化学物质在正常接触和使用情况下对人体无害，但当它们的浓度、剂量及与人体接触的时间超出一定限度时，将会对人体产生严重的危害。

2. 社会环境。社会环境又称非物质环境，是指人类在生产、生活和社会交往活动中相互间形成的生产关系、阶级关系和社会关系等。在社会环境中，有诸多的因素与人类健康有关，如社会制度、经济状况、人口状况、文化教育水平等，但对人类健康影响最大的两个因素是行为和生活方式因素与医疗卫生服务因素。行为是人类在其主观因素影响下产生的外部活动，而生活方式是指人们在长期的民族习俗、规范和家庭影响下所形成的一系列生活意识及习惯。随着社会的发展、人们健康观的转变以及人类疾病谱的改变，人类行为和生活方式对健康的影响越来越引起人们的重视。合理、卫生的行为和生活方式将促进、维护人类的健康，而不良的行为和生活方式将严重威胁人类的健康。特别是在我国，不良的行为和生活方式对人民健康的影响日益严重，吸烟、酗酒、吸毒、纵欲、赌博、滥用药物等不良行为和生活方式导致一系列身心疾病日益增多。医疗卫生服务是指促进及维护人类健康的各类医疗、卫生活动，它既包括医疗机构所提供的诊断、治疗服务，也包括卫生保健机构提供的各种预防保健服务。一个国家医疗卫生服务资源的拥有、分布及利用将对其人民的健康状况起到重要的作用。

（二）生物因素

生物因素是指人类在长期生物进化过程中所形成的遗传、成熟、老化及机体内部的复合因素。生物遗传因素直接影响人类健康，它对人类诸多疾病的发生、发展及分布具有决定性影响。

1. 生理因素主要为各系统器官的遗传特征及生理功能。

2. 心理因素包括人的一般心理活动和个性心理，特别是情感、性格、意志、世界观、兴趣，以及适应社会和改善环境的能力。

（三）保健服务因素

1. 医疗保健服务。较好的医疗保健设施能及时诊治危害健康的疾病。

2. 卫生保健服务。及时得到卫生保健指导和帮助，可预防疾病的发生、发展，促进健康。

3. 自我保健服务。每个人都应得到自我保健教育，培养自我保健意识和能力。

（四）生活方式因素

生活方式因素又称为健康行为因素。系指因自身的不良行为和生活方式，直接或间接地对健康带来不利的影响，它包括嗜好（如吸烟、酗酒、吸毒）、饮食习惯、风俗、运动、精神紧张、劳动与交通行为等。在当今社会中，不健康的生活方式可以导致多种疾病。癌症、脑血管病的发生，与吸烟、酗酒、膳食结构不均衡、缺少运动及精神紧张等有关；意外死亡，特别是交通意外与工伤意外等也与行为不良有关。我国死因谱已与世界上发达国家的死因谱趋同。良好的生活方式能有效地保护和促进健康，而不良的生活方式可严重地损害健康。体育锻炼是身心健康的重要保证，它能促进身体发育和青春健美，增强体质，促进精神健康和预防身心疾病。

第二节　体育与健康的关系

"体育"与"健康"是两个不同的概念，但它们之间又有着内在的必然联系。体育一词在《学校体育学》一书中从广义和狭义两方面都有明确解释，在其释义之中都有通过身体练习即体育锻炼增强体质、促进健康之含义。健康一词之定义，世界卫生组织已提出："健康不仅是没有疾病和身体不虚弱，而且是保持身体上、精神上和社会适应方面的良好状态。"众所周知，影响健康的因素是多方面的，诸如遗传、自然环境、教育、生活习惯、个性心理、营养、体育锻炼，还有社会文化环境等。在众多的影响因素中，体育锻炼与人的身心健康有着密切的联系。科学的体育锻炼不仅能增强人体各器官系统的免疫功能，全面促进机体的新陈代谢和身体的正常发育，而且能磨炼意志，培养自信心，提高抗挫力，陶冶美的性情，增强社会适应能力。引用"参加体育锻炼有助于增进健康、减少疾病的发生"这一事实可肯定体育与健康之关系。体育锻炼的存在是身体健康的需要，体育锻炼或体育运动是身体健康的另一种表现形式。

一、现代人的健康观

随着人类社会的文明进步，人们越来越关注自身的健康，对健康的认识也在逐步深化。1981 年世界卫生组织在对健康人群进行大量调查后，对健康观念作了如下阐述："健康就是能够精力旺盛地、敏捷地、不感觉过分疲劳地从事日常活动，保持乐观、蓬勃向上及有应激能力"，这说明一个健康的人应该是身心健康。身体健康是心理健康的基础和前提，而心理健康既是身体健康的重要保证，也是人类健康的最终标准。只有身体健康是不完全的健康，如果心理不健康，轻则会引起生理异常变化，对身体造成危害，重则会导致如高血压、冠心病、糖尿病和癌症等疾病。大学生的心理一旦失常，社会适应能力就会严重下降，导致无法正常学习和生活，给个人和家庭带来不幸和痛苦。现代健康观念与以往的健康观念最大的区别在于：现代健康观念倡导的是一种积极的态度，倡导在个体实现身体健康的条件下，努力去获得更佳的状态。健康是一个动态的过程，而不是一种静止的、不能改变的状态。

二、体育锻炼促进身心健康

体育是通过身体运动的方式进行的。它要求人体直接参与活动，这是体育最本质的特点之一，这个特点就决定了体育有增进健康的功能。体育的一个重要目标是教会人们去合理、有效利用、保护和提倡身体健康。它是一种利用身体而又去完善身体的活动过程。人体的发展遵循着"用进废退"的生物学规律，合理而科学的身体锻炼是保障人体生理极限效能的有效途径。身体锻炼引起神经肌肉的活动，而神经肌肉的有效活动，既可保证人体的运动器官和其他器官的良好功能，又会引起多重反应。健康快乐的一生，除了身体锻炼以外，还需要热心于身体活动的兴趣和情绪。文明社会在实践、财力和营养方面，为人类的身体活动提供了越来越富裕的条件。文明社会的人类需要体育，如同原始社会的人类需要饮水和进食一样，适度的身体活动，既健康又悦心。

1. 体育锻炼可使人体健康发展。骨骼的生长发育需要不断地吸收营养物质，体育锻炼能促进血液循环和增加对骨骼的血液供应，同时，体育锻炼中的各种动作，也具有促进骨骼生长的良好刺激作用。通过科学的体育锻炼会使肌肉体积增大、肌肉中脂肪减少、肌肉毛细血管增多等，使身体显得丰满而结实。适当的体育锻炼对维持和增强人体活动具有重要意义，人长期从事体育锻炼能增强体质并具有延年益寿的功效。国内体育科学研究表明，体育锻炼可以提高人体的运动机能和心脏、循环系统的机能。国外科学家还做过一种试验，让健康青年连续躺在床上 9 天，发现他们的心脏循环系统和呼吸系统以及新陈代谢的工作能力平均下降 21％，心脏容积缩小 10％。体育锻炼促进人体肌肉生长。在进行体育锻炼时，为了保证物质能量的供应，肌肉中毛细血管的开放数量可以达到平时的 20～50 倍。长期从事体育锻炼，可以使肌肉中的毛细血管加大和数量增多，肌肉纤维不断变粗。肌肉的重量可由体重的 35％～40％增加到体重的 50％左右，从而使人体显得更加丰满结实。

2. 体育锻炼可促使人的心理健康发展。体育锻炼，无论是有组织地还是个人单独地进行，对培养和锻炼良好的意志品质都有积极的作用。坚持经常锻炼，需要具有很好的自觉性和顽强的意志力。长期从事体育锻炼的人都有体会，如果没有克服困难的决心和持之以恒的精神是不可能坚持长久的。在体育锻炼中，需要完成一定的身体练习和承受一定的运动负荷，如果没有一定的毅力，是不可能做到的。

良好的情绪主要是指整个心理状态的稳定和平衡，这种状态有利于保持和促进整个有机体的稳定。从事体育锻炼，可以调剂情绪，并在中枢神经系统支配下，对有机体内部的各个方面的关系进行相应的调整和平衡，这对情绪和精神也会有良好的作用，尤其对爱好体育的人，这种作用更为显著。

经常参加民族传统体育锻炼（如气功、武术等），不仅练身，而且练心，陶冶情操。教师教学生，不仅教技术，更重要的是教他们如何做人，气功纠偏，主要纠正心理和精神方面的偏差，也包括病态思维。现代体育运动（田径、球类、体操等）要求参加者思维过程高速度，不允许缓慢思考。由于运动过程情况千变万化，要求必须迅速作出正确的判断，并立即付诸行动，所以经常参加体育锻炼可使头脑灵活，反应敏捷，有助于预防和治疗联想障碍症。在体育活动中，通过对技战术分解与组合的学习，有助于提高人们对各种模式的分类、适应、推理及概括能力，能增强对病态思维能力的免疫力。

3. 体育锻炼可提高人适应社会的能力。有体育锻炼基础的人对外界环境适应能力强的基本原因有两点：一是长期进行体育锻炼，增进了健康，强壮了体格，身体的各个组织系统在中枢神经支配下，承受外界刺激和协调各组织系统的能力得到增强；二是从事体育锻炼，往往是在各种外界环境和条件下进行的，因而使机体得到锻炼，适应能力不断提高。

体育锻炼是一种社会活动，人们在体育运动过程中，不仅能够锻炼身体，而且在各种锻炼活动中可以促进人与人之间的交往增进友谊。

4. 体育锻炼具有预防疾病和恢复人体功能的作用

古罗马医生加伦曾说："体操是天然的医生。"在我们的社会进入 21 世纪的今天，生产力和自动化水平已较高地发展，几乎消除了重体力劳动，生活水平得到大幅度的提高。每周劳动日和每天劳动时间减少，工作量和工作强度降低了，营养的吸收大大超出能量的消耗，肥胖和体能下降人群的增多已成为严重的社会现实问题，已有相当比例的人成为"亚健康人"。实践证明，通过体育锻炼可以有效阻止这类人群的产生和进一步发展。我国推行的《全民健身计划纲要》为培养学生的终身体育意识与习惯，实现学校体育与社会体育的衔接、交融也将产生积极的作用，它能够促使在校的大学生形成良好的锻炼身体的习惯，并保证在学习期间减少疾病的产生。即便产生疾病，也可通过体育锻炼使人体的功能很快得到恢复。

总而言之，适度地参加体育锻炼不仅可以促进生长发育、增进健康、提高学习效率、促进个性养成、陶冶情操、调节情绪和心理，还能提高机体免疫功能及机体抗御疾病的能力。

第三节　体育运动对大学生人际交往的影响

一、当代大学生的人际交往障碍

当代大学生主要是出生在 20 世纪 80 年代到 90 年代，这个年代出生的小孩一个很大的特点在于很多都是在国家计划生育政策下的独生子女，长期以来在家庭中被奉为掌上明珠，再加上社会、学校等多方面的因素影响，一部分大学生明显存在人际交往困难的情况，从而引发诸多心理问题。

人际交往也称人际关系，是指人运用语言或非语言符号交换意见、交流思想、表达感情和需要的过程，是通过人与人交感互动时存在于人与人之间的心理关系，反映的是人与人之间的心理距离。综观世界上一切的人际关系，大致可以分为三类：以感情为基础的人际关系；以利害为基础的人际关系以及缺乏任何基础的陌路关系。对于大学生而言，以感情为基础的人际关系占主要地位，他们对人际关系的追求往往带有较多的理想化色彩，无论是对同龄朋友，还是对师长，往往是以理想色彩看待交往，希望交往不带任何杂质，同时他们也常常以理想的标准要求对方，一旦发现对方某些不好的品质就深感失望。其实大家渴望友谊和交往，有着人际交往的迫切需要，但有一些还是不愿意向周围同学说，而是深深埋在心底，长期的积郁，再加上学业负担的压力，使大学生的人际适应力下降。因此，和其他人群相比大学生人际关系的挫折感较强，容易由于交往受挫引发心理障碍，一般认为造成大学生人际交往障碍的原因主要包括认知障碍、情感障碍和人格障碍。

（一）认知障碍

认知障碍在大学生的人际交往中表现突出而常见，这是由青年期的交往特点所决定的。青年期自我意识迅速增强，开始了主动交往，但由于社会阅历有限，客观环境的限制使其不能够全面接触社会，了解人的整体面貌，心理上也不成熟，因而人际交往中常又带有理想的模型，然后据此在现实生活中寻找知己，一旦理想与现实不符，则交往产生障碍，心理出现创伤。

另一方面，由于当代大学生绝大部分是独生子女，自我意识很强，以自我为中心，但是人际交往目的在于满足交往双方的需要，是建立在互相尊重、互谅互让、以诚相见的基础上得以实现的。而以自我为中心的大学生却常常忽视平等、互助这样的基本交往原则，喜欢自吹自擂、装腔作势、盛气凌人、自私自利，从不考虑对方的需要，这样的交往必定以失败而告终。

（二）情感障碍

情感成分是人际交往中的主要特征，情感的好恶决定着交往者今后彼此间的行为。交往中感情色彩浓重，是处于青年期大学生人际交往的一大特点。情感障碍具体体现在以下几个方面。

1. 嫉妒与自卑：嫉妒是一种消极的心理品质，表现为对他人的长处、成绩心怀不满，报以嫉恨，乃至行为上冷嘲热讽，甚至采取不道德行为。嫉妒容易使人产生痛苦、忧伤、攻击性言论和行为，导致人际冲突和交往障碍。自卑是一种过低的自我评价，自卑的浅层感受是别人看不起自己，而深层的体验是自己看不起自己。有自卑心理的大学生在交往中常常是缺乏自信，畏首畏尾，遇到一点挫折，便怨天尤人。实际上，自卑者并不一定能力低下，而是凡事期望值过高，不切实际，在交往中总想让自己的形象理想完美，惧怕丢丑、受挫或遭到他人的拒绝与耻笑。这种心境使自卑者在交往中常感到不安，因而常将社交圈子限制在狭小的范围内。

2. 自负与害羞、孤僻：自负在人际交往中表现出傲气轻狂、居高临下、自夸自大，过于相信自己而不相信他人，只关心个人的需要，强调自己的感受而忽视他人。与同伴相处，高兴时海阔天空，不高兴时大发脾气。与熟识的人相处，常过高地估计彼此的亲密程度，使对方处于心理防卫而疏远。无论是自卑还是自负，都是导致交往障碍的两个极端。害羞在大学生人际交往中常常表现出腼腆，动作扭怩，不自然，脸色绯红，说话音量低而小，严重者怯于交往，对交往采取回避的态度。过多约束自己的言行，无法充分表达自己的愿望和情感，也无法与人沟通，造成交往双方的不理解或误解，妨碍了良好人际关系的形成。孤僻也会导致交往障碍，具体表现为孤芳自赏，自命清高，结果是水至清则无鱼，人至察则无徒，与人不合群，待人不随和。或是由于行为习惯上的某种怪癖使他人难以接受。这样从心理上与行为上与他人有着屏障，自己将自己封闭起来。

(三) 人格障碍

人格障碍是另一种常见的人际交往障碍。所谓人格，是指人在各种心理过程中经常地、稳定地表现出来的心理特点，包括气质、性格等。人格的差异带来交往中的误解、矛盾与冲突，人格不健全可直接造成人际冲突。如不同气质类型的人对同一问题的处理方式不一样，胆汁质的人性情急躁，言谈举止不太讲究方式，这会使抑郁质的人常感委屈和不安，造成双方的互相抱怨和不满。而相同性格类型的人（同是内向性格或同是外向性格）也很难相处融洽。

二、体育运动对大学生克服人际交往障碍的作用

体育运动的一个重要特征是在体育运动过程中有很多的人际交往，有研究者对大学生运动员和普通学生的人际交往能力进行调查和研究发现，这些长期参加体育运动的大学生运动员人际交往能力与一般大学生有着显著的差异，其具有更良好的人际交往能力。体育运动可作为一种交往的媒介，促进人际交往，大部分运动项目都是需多人共同参与的，需要人与人之间的交往来完成，人际交往十分频繁，方式多样化，其他单人项目也需在别人的比赛和交流中才更有乐趣，因此，喜好运动的人往往会交很多有共同爱好的朋友。体育运动还强调分工与合作，尤其是在集体项目中，这有利于培养人的合作精神和团体意识，另外，参加体育活动的人往往需要遵守一定的规则，并且受到一定要求的约束，这种情景和社会交往情景有很多的相同之处，因此把这种精神运用在社会生活中一定会有良好的社会

适应性。很多体育活动都是群体活动，另外，在体育活动中可以不通过言语，运用手势、身体姿势等就可以进行交流，给了那些不善言辞的学生一个与别人交流的场所，促进人与人之间的关系。

另外，在大学阶段的体育运动内容是非常丰富的，学校组织的各种体育竞赛、学生自己组成的各种体育社团以及运动场自发的体育活动等体育形式共同构建了大学校园浓厚的体育文化氛围、丰富的校园体育文化，如此多样化的体育运动形式和项目为大学生参与体育运动提供了宽阔的舞台，这种体育舞台可以说是社会生活的一个缩影，在运动场上可以和来自不同系别、不同专业、不同性格、不同技术水平的同学同场竞技与交流，这样的体育活动实际上就是一种促进交流、促进社会适应的过程。

从大学体育活动的多样性、自发性、交往性等特点来看，大学生体育活动在某种意义上讲实际上是社会化的一个缩影，因此，体育运动促进大学生人际交往的更深层次意义就是促进大学生的社会化。大学生大都处于青年期，体育运动是其共同的爱好，因此通过体育运动促进他们的人际交往和社会化更易于大学生接受。

第四节　体育运动对大学生情绪状态的影响

一、大学生不同的情绪状态

情绪状态是指在一定的生活事件影响下，一段时间内各种情绪体验的一般特征表现。根据情绪状态的强度和持续时间可分为心境、激情和应激。

（一）心境

心境是一种微弱、平静和持久的情绪状态，具有弥散性和长期性。当人们在生活、学习和工作中遇到例如升迁、婚嫁、金榜题名等喜事的时候往往会表现出长时间的愉快的心情，反之遇到诸多不顺时，则会表现出很长一段时间的低沉、情绪低落等状态，这就是人们的心境在正反两端的不同表现。

心境的弥散性是指当人具有了某种心境时，这种心境表现出的态度体验会朝向周围的一切事物。大学生在学校学习期间受到表彰或获得奖学金，觉得心情愉快，那么就会与同学、老师、朋友谈笑风生，积极参与各种学校活动，走在路上也会觉得天高气爽；然而当大学生遇到考试不及格、失恋等问题时就会感到心情郁闷，长期会情绪低落，无精打采，感觉到事事不顺心、事事不如意。古语中说人们对同一种事物，"忧者见之而忧，喜者见之而喜"，也是心境弥散性的表现。心境的长期性是指心境产生后要在相当长的时间内主导人的情绪表现。虽然基本情绪具有情境性，但心境中的喜悦、悲伤、生气、害怕却要维持一段较长的时间，有时甚至成为人一生的主导心境。如有的人一生历尽坎坷，却总是豁达、开朗，以乐观的心境去面对生活；有的人总觉得命运对自己不公平，或觉得别人都对自己不友好，结果总是保持着抑郁愁闷的心境。

导致心境产生的原因很多，生活中的顺境和逆境，工作、学习上的成功和失败，人际关系的亲与疏，个人健康的好与坏，自然气候的变化，都可能引起某种心境。但心境并不完全取决于外部因素，还同人的世界观和人生观有联系。心境对于大学生的生活、学习和健康都有很大的影响。很多大学生由于各方面的原因，例如考入不理想的大学、不理想的专业、高中与大学的心理落差、理想与现实的差距、经济条件的差异等，使其在进入大学期间都会产生不良的心境，这些不良心境会持续很长时间，短则几个月，长则甚至会影响到其一生，这种消极不良的心境会使大学生意志消沉，悲观绝望，无法正常学习和交往，甚至导致一些身心疾病。

（二）激情

激情是一种爆发强烈而持续时间短暂的情绪状态。人们在生活中的狂喜、狂怒、深重的悲痛和异常的恐惧等都是激情的表现。和心境相比，激情在强度上更大，但维持的时间一般较短暂。

激情具有爆发性和冲动性，同时伴随有明显的生理变化和行为表现。当激情到来的时候，大量心理能量在短时间内积聚而出，如疾风骤雨，使得当事人失去了对自己行为的控制力，特别对于大学生而言，正处于青春期，精力旺盛、情绪状态不稳定，更容易产生激情这样的情绪状态。

激情常由生活事件所引起，那些对个体有特殊意义的事件会导致激情，激情对大学生的影响有积极和消极两个方面。一方面，激情可以激发大学生内在的心理能量，成为行为的巨大动力，提高学习效率并能超常发挥。但另一方面，负面的激情或者对激情控制不当也有很大的破坏性和危害性。年轻的大学生们在激情中有时任性而为，不计后果，对人对己都造成损失。一些大学生极端的行为，例如自杀、伤害他人等就是在激情的控制下，一时冲动，酿成大错。激情有时还会引起强烈的生理变化，使人言语混乱，动作失调，甚至休克。所以，大学生在生活中应该适当地控制激情，多发挥其积极作用。

（三）应激

应激是出乎意料的紧张和危急情况引起的情绪状态。如在日常生活中突然遇到火灾、地震，飞行员在执行任务中突然遇到恶劣天气，旅途中突然遭到歹徒的抢劫等，无论是天灾还是人祸，这些突发事件常常使人们心理上高度警醒和紧张，并产生相应的反应，这都是应激的表现。

应激的生理反应大致相同，但外部表现可能有很大差异。积极的应激反应表现为沉着冷静、急中生智，全力以赴地去排除危险，克服困难；消极的应激反应表现为惊慌失措、一筹莫展，或者发动错误的行为，加剧了事态的严重性。这两种截然不同的行为表现，既同个人的能力和素质有关，也同平时的训练和经验积累有关。如果接受过防火演习和救生训练，遇到类似的突发事故，也能正确及时地逃生和救人。

二、体育运动对不良情绪状态的调适

情绪状态是研究者经常用来检查身体锻炼对心理健康影响的最主要指标，情绪由客观事物与人们的需要的关系所决定。体育活动本身蕴藏着许多对人的各种刺激，如竞争、冒险、克服困难、把握机会、追求不确定结果、体验成功与挫折等，这些都会相应地引起人们的各种情绪体验，这是由体育活动本身的特点所决定的，也是体育活动的魅力所在。

体育运动在培养大学生良好的心境、改善大学生不良心境方面有着很重要的作用。季浏等（1998）在《身体锻炼对心理健康的影响》一文中提到 Micniman 等人（1993）对锻炼后的被试者立即进行了测量，发现他们的状态焦虑、抑郁、紧张的心理紊乱等水平显著降低以及精力和愉快程度显著提高。体育活动能直接给人带来愉快和喜悦，并能降低紧张和不安，从而调控人的情绪，改善心理健康。伯格（Berger，1993）研究认为，有规律地从事中等强度（最大心率的 60%～75%）活动的锻炼者，每次活动 20 到 30 分钟，有利于情绪的改善。有些研究人员发现，用力运动可减少情绪上的负担，甚至能减轻因精神压力的偶发事件而造成的心理负担，通过运动行为的替代作用，减轻或消除情绪障碍。

在当今大学校园中，学生由于在各种心理的落差以及就业的压力、强竞争的学习环境下，产生不良情绪的可能性日益增大，这些不良的情绪状态可能是持久性的，也可能是瞬间的、爆发性的。对于情绪调节的一个重要方法就是情绪的行为调节，就是指通过控制和改变自己的表现和行为，实现情绪调节和保持心理健康，其中注意转移是一种常见而有效的行为调节策略。参与体育运动便是一种转移注意力的行为调节策略，可以使不良的情绪状态得到改善，心理承受能力得到提高。

第五节 体育运动对大学生个性发展的影响

个性是指个体具有一定倾向性的、比较稳定的心理特征。不同的心理倾向构成了人的不同行为方式，这正是不同个性的人构成了当今人类五彩缤纷的大千世界的原因。体育不仅对人的个性产生着积极的影响，而且个性发展也是丰富体育内涵和外延的重要前提。

个性心理特征主要是由气质、性格、能力三方面构成的。个性的形象和感知、表象、思维、想象以及人的整个认识过程有着密切的联系。所以说，人的个性心理特征是在先天遗传和后天认识的基础上建立起来的。

一、气质

气质是指一个人表现在心理活动和动作进程方面的动力特点的总和。所谓动力特点，主要指心理活动的速度（如知觉的速度、思维的灵活程度）、心理活动的稳定性（如注意力集中时间的长短）、心理活动的强度（如情绪的强弱、意志努力的程度），以及心理活动的指向性特点（内向或外向）等。一般气质包括胆汁质、多血质、粘液质、抑郁质四类（表2-5-1）。

表 2-5-1　四种气质类型

气质类型	心理特征	神经强度	神经平稳度
胆汁质	精力旺盛、直率、变化快、脾气暴躁、内心外露	强	不平衡、兴奋占优势
多血质	活泼、有生气、情绪多变、思维敏捷、乐观	强	平衡
粘液质	冷静沉着、情绪慢弱、动作迟缓、内向、坚韧、固执	强	平衡
抑郁质	柔弱、情绪慢而强、自我体验、胆小、孤僻	弱	不平衡、抑郁占优势

在茫茫人海中，有的人身体匀称、丰满、健美、精力充沛、生机勃勃；有的人感情强烈，爱激动，难以自制；有的人却沉默寡言，比较冷静，不露声色；有的人思维十分灵活，动作敏捷，善于适应；而另一些人则反应比较慢，不善应变等。这些都是人的气质的表现。气质的特点通过各项体育教学和运动训练是可以改变的。研究表明，运动资历较长的运动员大多数是一些善于适应，具有强型神经系统的胆汁质和多血质类型。因此，通过体育活动能够对人的气质产生影响。

二、性格

性格是指一个人比较稳定的对现实的态度和与之相适应的习惯化了的行为方式（表 2-5-2）。通过教育可以影响性格，通过自我调节和体育运动可以改善性格。一般说来，经常参加体育活动的人，情绪稳定，能较好地适应社会环境，比较外向，这应看做是体育运动对人的性格所起的作用。

表 2-5-2　吉尔福特五种性格特征

类　型	情绪状态	社会适应性	行为向性
A	不稳定	极　差	外　向
B	稳　定	平　衡	平　衡
C	稳　定	良　好	内　向
D	稳　定	平　衡	外　向
E	不稳定	一　般	内　向

体育活动对良好性格的形成有重要意义。培养良好的性格，首先要培养自我接受的态度，主要是在运动实践中认识自己的真面目，了解自己的心理品质和性格的优势和非优势，扬长避短，促进良好性格的发展。良好的情绪状态和人际关系是维护健康性格的灵丹妙药。参加丰富多彩的闲暇活动，特别是体育锻炼，是培养优良性格的有力措施。

每一个参加运动的人都被运动本身的特点和与运动有关的社会评价所激励，这些东西使我们的价值观、情绪状态、意志品质发生一致的导向。一个参加悬崖跳水的人会培养出坚强的个性、突出的意志品质、战胜困难的决心、稳定的情绪状态。

三、能力

能力通常是完成某种活动的本领，有一般能力和特殊能力之分。一般能力是指在各种活动中必须具备的一些基本能力，主要包括观察力、注意力、记忆力、思维能力和想象力等。特殊能力是指在完成某些特殊活动中所必须具备的能力，又叫专门能力，如运动能力、组织能力、管理能力等。一般能力和特殊能力是密不可分的，一般能力发展了也可促进特殊能力的发展。运动能力是指身体运动的能力，它反映获得体育知识、技能、技术的情况及有效地完成人体活动程度的生理、心理特征。

掌握体育知识、技能并非是体育的唯一目标，提高和体育有关的能力是更为重要的目标。从某种意义上说，只有提高了能力，才能保障自觉地学到更多的知识和技能。学习知识、技能是"授之以渔"，这便是重视能力培养的意义。

体育活动发展了生理必备的、生活必需的各种能力，在学习体育知识、技能过程中进一步提高能力覆盖面，从而能更好地应付生活、学习和工作。

竞技比赛、身体锻炼、体育教育、娱乐康复等四类活动由于形式不同，对个体的影响也不同；同样也因为活动项目的多样性而呈现出不同的特点，对个性心理的影响也有不同的侧重。竞技比赛不断提高个体的体能，向人体极限提出挑战，在这个挑战过程中必须克服生理、心理两方面的障碍，既要发挥体力，又要发挥心智，对意志品质也有较高的要求，这对人的性格是一个良好的培养过程。

体育锻炼需要常年坚持，这就培养了锻炼身体的自觉性和坚韧、顽强的意志品质。坚持锻炼的人，生活态度积极，情绪稳定，在性格方面有较强的社会适应性。

把体育作为学校教育手段，能较为全面地发挥体育对个性发展的功能。在个性心理倾向方面，需要、动机、兴趣受到理想、信念和世界观的导向，锻炼身体变得更为主动积极；在性格方面更能适应社会；在能力方面能得到更为全面的发展。

娱乐康复活动提高了人积极生活的心理倾向。由于文化生活的丰富，也由于建立了战胜疾病的信心，个体的需要层次、动机水平、性格爱好都得到提高。由于活动过程促进了人际交流，人的性格会变得更为平和外向，社会能力也会得到一定程度的提高。

第六节 促进大学生心理健康的几种体育运动方式介绍

一、足球、篮球等集体项目促进大学生人际交往

足球、篮球等集体项目一般都要求众多参与者参与才能从中体会到该运动的乐趣与竞争力，而且参与者的行为必须构成一个整体，需要不断地进行语言、行动、眼神等多渠道的交流，才能实现整体统一，取得优异成绩的目标。前面我们谈到了体育运动中有众多的人际交往，特别是在集体运动项目中这一特征更是得以体现，在集体项目中必然地存在着频繁的信息交流与复杂的行为交和，并且在参与者彼此间保持着密切联系，这样的活动对于改变个人的不正确的思维方式与行为方式能起到良好的矫正作用，例如，对于矫正不善于交流和在交流中有障碍的大学生的某些行为及心理具有很好的作用。这一点也得到了较多学者研究的证实。

虽然集体运动项目有着促进大学生人际交往、排除人际交往障碍心理等作用，但要具体实施时还需注意一些问题。例如，不善于人际交往或习惯自我中心的大学生，他们在参加集体运动的时候，由于自身性格与集体项目的要求相抵制，所以会表现出逃离集体运动的倾向，因此，在进行活动前要及时与他们交流，提高他们的积极性，在活动中要更多地鼓励与赞许，减少相互的埋怨与指责，否则会适得其反，造成这些同学对于该运动的反感，出现更激烈的负面情绪。因此，我们只能说只有当这些存在障碍的同学逐渐接受并且完全融入集体运动中的时候，才能说集体运动消除了他们的心理障碍，促进了他们的心理健康。

二、慢跑缓解大学生抑郁心理症状

抑郁症是一种以心境低落为主要表现，对挫折情境产生的一种自我保护或防御性反应。大学生在遭遇学习困难、生活中的不适、家庭的意外事件和爱情上的失意等情景时，尤其是在自尊心受到打击或者自我评价贬低时，易导致抑郁症的发生。一项最新的流行病调查结果显示，名牌大学的大学生患抑郁症的人数达到了学校总人数的 35％。大量的研究表明慢跑运动对于改善大学生抑郁心理症状有着一定的效果。

慢跑运动的运动量不大，对于人体的生理和心理健康都有着很好的作

用，而且在慢跑时锻炼者的思想意识一般都比较集中，全神贯注，由于要克服体力上的消耗，因此尽可能地减少了情绪的波动，进入一种相对安静状态，从而排除各种杂念，改变对心理健康不利的环境，让人体生理机能处于最佳状态，使神经系统的调节机能得到改善；此外，运动可以消耗身体热量，促进血液循环，改善体能，让运动者有自我掌控感，因此重拾信心，自然能改善抑郁的症状。当然，在进行慢跑运动时最好能几位同学结伴而行，在慢跑运动中体会到该运动带来的乐趣，提高兴趣。运动健身虽然对抑郁症有很好的调节作用，但也不能完全取代治疗，运动只是辅助缓解治疗抑郁症的方法之一。

三、太极拳在调节大学生焦虑情绪中的作用

现代社会的物质诱惑、就业压力对于大学生来讲是影响其心理稳定、健康的一个重要方面，往往大学生会由于就业的压力、前途的堪忧以及社会的残酷等因素使自己长期处于焦虑情绪中。太极拳运动的特点是动作缓慢、轻柔、凝神静气、连贯均匀、圆活自然。

太极拳运动讲究"内动外静、阴阳平衡"，在形体的阴阳交替、舒缓柔和的练习过程中逐渐达到内外契合、身心合一的状态。心理状态中的不平衡因素在练习过程中逐渐被弱化、改变乃至消除。因此，练习太极拳者普遍感觉身体轻松，精神爽快，疲劳消除。有诸多学者通过研究证实了太极拳运动对促进人身心和谐的功能，认为由于太极拳运动强调清心寡欲，知足常乐，注重思想集中，精神内守，摒除恶念与杂念，经常练习十分有利于消除人的烦恼和缓解内心的冲突，获得稳定的情绪和心理的平衡，对焦虑抑郁等情绪的积极影响作用是非常显著的。可见，太极拳运动对于缓解与治疗大学生的焦虑与抑郁情绪，保持健康平衡的心理状态具有积极的意义，应当在大学校园大力推广太极拳运动。

四、跆拳道促进大学生自信心的建立

当代大学生在入学前，特别是名牌大学的学生由于长期是本学校、本地区的佼佼者而自信心爆棚，但是入学后的激烈竞争和心理落差使得这些从未经历挫折的大学生往往会出现自信心下降，甚至失去自信心，处处怀疑自己的情况。

跆拳道运动十分重视练习者自信心的培养，在跆拳道的练习过程中，强调练习者要有自信心，练习者都十分强调对自己的充分信任，即要有充

足的自信心。这种自信心激励练习者作为一个强而有力的人，培养勇往直前的精神，使练习者在生活和学习中也逐渐找回自信。反过来，在跆拳道运动的练习中形成的统帅力和胆识，又能使人充满自信心，进而产生心理上的安全感，使人无论面对任何困难，也不会轻易动摇其信念。这种贯穿跆拳道练习过程之中的自信心，是激励修炼者勇往直前，支持练习者达到最高目标的心理支柱。此外，跆拳道所特有的语言，诸如"呀"、"吐"、"塞"等大声叫喊，既具有稳定情绪、保持斗志、增强自信、凝神壮胆的功能，还能起到有效排遣与发泄的作用，从而有利于保持学生身心健康。

五、健美操运动对于大学生强迫症的预防与治疗

健美操充分吸收了基本体操、艺术体操、现代舞等动作特点，时代感强。同时，它形式新颖、活泼，内容丰富，节奏可快可慢，具有协调、弹性、流畅的特点。其伴奏音乐节奏有力、旋律优美，具有烘托气氛、激发人们情绪的效应。符合当代大学生的精神风貌，大学生与之很容易产生认同感。

在跳健美操过程中，人的情绪和心理很容易受到感染，特别是当自己记住每个动作并且都与节律相吻合时，人的内心会产生一种极大的满足感。这种满足感对促进人的心理健康十分有益。当大学生完全融入其中的时候，就会很容易将生活中的烦恼、心中的不愉快及不良的情绪统统忘掉或者排遣掉。对于有着强迫症倾向的大学生而言参与该运动时要保持中等的运动强度，运动速度快慢交替。这些运动方式有助于转移他们的注意力，改善学习、生活环境和节奏，练习时使大学生将注意力集中在当前的运动活动中，注意动作的节奏和环境的变化，以改变其强迫观念和行为。

另外健美操运动在改善大学生抑郁与焦虑情绪方面也具有积极的作用，但在具体实践中要注意，大学生在学习健美操时难度要适中，进度不能太快，要循序渐进，逐步提高。难度太大或进度太快会使其丧失信心，不仅不能达到目的，反而会适得其反。

第三章　体育锻炼的原则与方法

第一节　体育锻炼的基本原则

体育锻炼的原则是身体锻炼基本规律的反映，也是参加者安排锻炼计划、选择训练内容、运用锻炼方法所要遵循的原则。为了达到体育锻炼的目的，提高锻炼的效果，避免伤病事故，在体育锻炼中我们应该遵循以下五条基本原则。

一、循序渐进原则

循序渐进原则是指体育锻炼必须根据人的身心发展规律和个人的实际情况，在学习体育技能和安排运动量时，要由小到大、由易到难、由简到繁，逐渐进行。

很多人在开始进行体育锻炼时，兴趣很高，活动量也很大，但坚持了几天，就失去锻炼热情，会出现各种不良反应。产生这种现象的原因可能有以下几种：开始活动量大，机体无法很快适应，身体疲劳反应也大，锻炼者受不了这么大的"苦"而放弃体育锻炼；对体育锻炼的期望值过高，认为只要进行体育锻炼就会立竿见影，结果锻炼几天后，未见身体机能明显变化，因而对体育锻炼大失所望；开始体育锻炼时活动量过大，身体不适应造成运动损伤等。

基于上述原因，人们在进行体育锻炼时，坚持循序渐进原则要考虑以下几个方面：

（一）锻炼内容的选择要合理，锻炼内容的选择，要根据自己的身体状况进行合理的选择，身体状况不同体育锻炼的内容也不同。身体状况较好的人，可以选择较为剧烈的运动项目，如网球、篮球、足球等竞技体育项目；体质较弱者，开始锻炼时可以选择一些较为缓慢的运动项目，如慢跑、健身操、乒乓球等。当身体状况逐渐变好时，可以根据身体的状况逐渐地变换为较为剧烈的运动项目，进行身体锻炼。

（二）逐步增加运动量，人的机体对运动量的适应是一个缓慢的适应过程，体育锻炼时运动量要由小到大，逐渐增加。以跑步为例，体质较弱的人，开始时可先进行散步等运动强度不大、活动量较小的练习，首先在心理上做好思想准备，活动一周或 10 天，待身体机能适应后，再进行小强度的慢跑，以后逐渐增加跑步的速度和距离。另外，锻炼者也要充分认识到，体育锻炼效果不可能在短时间内就见成效，只有坚持锻炼，才能取得理想效果。人体机能的提高是按照刺激—适应—再刺激—再适应的规律有节奏地上升的，运动量的安排也应随这种节奏来进行。

（三）每次锻炼过程也要循序渐进，每次体育锻炼前要做好准备活动，锻炼后要做好整理活动，例如：打网球前先进行慢跑热身、各种关节操等准备活动，打完网球后，也不要马上停下来，而是进行一些整理、放松练习。

二、全面发展原则

全面发展原则是指体育锻炼应全面发展身体的各个部位的器官和各个器官的机能，提高身体素质和基本活动能力，从而达到身心全面和谐的发展。

人体是在大脑皮层调解下的有机统一整体，人体各个部位，各个器官、各器官系统的机能，各种身体素质和基本活动能力之间是相互联系、相互制约的。

对大多数体育锻炼者来说，进行体育锻炼并不是单纯发展某一运动能力或身体某一器官的生理机能，而是通过体育锻炼使整体机能全面、协调发展。所以，在体育锻炼时，要注意活动内容的多样性和身体机能的全面提高。如果只单纯发展某一局部的生理机能，不仅提高生理机能的作用不明显，而且还会对身体机能产生不利影响。如青年人在进行力量练习时如果只注意右臂力量的发展，天长日久，就会出现右臂粗、左臂细，甚至脊柱侧弯的现象。全面发展原则主要有两层意思：一是体育锻炼的项目要丰富多样。不同的体育锻炼项目，对身体机能的影响作用不同。选择多样化的锻炼项目，将有助于身体机能的全面提高，对青少年体育锻炼者来说，更应如此，以免由于单一的体育锻炼造成身体的畸形发展。二是如果由于体育锻炼兴起和锻炼条件的限制，不可能选择较多的运动项目，那么，在确定体育活动内容时，就应当选择一种能使较多的器官或部位得到锻炼的运动形式，以保证做到活动项目虽然单一，但仍可对整体机能产生全面影响。

三、区别对待原则

区别对待原则是指要根据每个人的年龄、性别、身体条件、锻炼基础等不同情况，选择不同的练习内容、练习方法和运动强度等，做到区别对待，使体育锻炼更具有针对性。

在具体实行区别对待原则时，应做到以下几点：

（1）根据年龄选择体育锻炼项目。年轻人可进行对抗性强、运动较剧烈的球类运动、爬山比赛等，以增加体育锻炼的兴趣。

（2）根据性别选择体育锻炼项目。男子可进行一些体现阳刚之气的举重、拳击等体育锻炼，女子则可练习健美操、健美舞等柔韧性运动项目。

（3）根据身体情况选择体育锻炼项目。对从事康复体育锻炼的人来说，体育活动量一般不要过大，其体育锻炼的主要目的是恢复身体机能，或使身体机能不致过分下降。对于一些有特殊慢性疾病的人，要有针对性地选择适合自己疾病的体育锻炼项目。

四、经常性原则

经常参加体育活动，锻炼的效果才明显、持久。这是因为锻炼效应具有不稳定性，当体育锻炼的系统性和连续性遭到破坏时，已获得的锻炼效应就会逐步消退以至完全消失。所以，体育锻炼要经常化，不能三天打鱼、两天晒网。虽然短时间的锻炼也能对身体机能产生一定的影响，但一旦停止体育锻炼后，这种良好的影响作用会很快消失。

经常参加体育锻炼应注意以下几个问题：（1）一旦参加体育锻炼，并对身体产生良好影响，就应自觉地坚持下去，活动的内容和项目可以更换，但锻炼不能停止。（2）经常参加体育锻炼，并不是说无论什么情况下都得去进行体育锻炼，而是合理安排锻炼计划，如每周锻炼 3 天，或每周锻炼 5 次等，只要不长期地停止锻炼，就能保持锻炼效果。（3）因气候条件不能在室外进行锻炼时，可改在室内进行，即使暂时变换锻炼内容，对锻炼效果也不会有太大影响。因学习、工作繁忙，而不能按原计划进行体育锻炼者，可充分利用零散时间进行体育活动，一天进行几次短时间的体育活动同样会取得较好的健美效果。

五、安全性原则

安全性原则是指在进行体育锻炼时，要始终注意保护自己，做到安全第一。

这就要求在体育锻炼过程中要合理地安排每一个方面，避免习练者在进行体育锻炼时出现伤害事故。

体育锻炼的主要目的就是强身健体，所以，从事任何形式的体育锻炼都要注意安全，如果体育锻炼安排得不合理，违背科学规律，就可能出现伤害事故。为了保证体育锻炼的安全，锻炼者应做到以下几点：（1）体育锻炼前做好充分的准备活动，各器官系统的机能进入活动状态后，再进行较剧烈的运动。（2）体育锻炼要全身心投入，体育锻炼过程中不要开玩笑，这对于青少年尤为重要，有时稍不注意，就可能出现运动损伤。（3）在进行跑步、健美操等体育锻炼时，最好不要在沥青马路和水泥地面上进行，以防出现各种劳损症状。

第二节　体育锻炼的内容和方法

一、体育锻炼的内容

生命在于运动，体育的根本目的在于促进身心健康、增强体质。在这总的目标下，各人可有更具体的目的要求。因此，体育锻炼的内容多样，丰富多彩，不拘形式，各人可因地制宜，根据锻炼者的目的、要求、兴趣和爱好，选择合适的内容和方法。

体育锻炼的内容一般可分为：全面发展身体素质和提高身体基本活动能力的锻炼。健身健美和矫正体形体态的锻炼；娱乐性锻炼；医疗康复性体育锻炼；利用自然因素的体育锻炼。

体育锻炼内容的选择，要从各人的年龄、性别、健康状况、生活工作需要和兴趣爱好出发。在校学生要结合体育教学和实施《国家体育锻炼标准》的要求，选择两项自己爱好的项目进行锻炼，这有利于提高运动技能，培养运动兴趣和养成良好的锻炼习惯。选择内容时，要从实际出发，重锻炼的价值，重实效而不追求运动的外部形式。方法力求简单易行，同时要考虑具体的环境条件、季节气候，做到因时因地制宜。

二、体育锻炼的方法

体育锻炼的方法是指锻炼者在参加体育锻炼的过程中，为完成锻炼的任务、达到锻炼目的所采用的途径和办法。体育锻炼不仅要遵循体育锻炼的基本原则，还应掌握正确的锻炼方法，以达到体育锻炼的目的。

（一）重复锻炼法

在体育锻炼过程中，多次重复同一练习，两次（组）练习之间安排相对充分的休息的锻炼方法叫做重复锻炼法。重复锻炼法的关键是一次练习完成后，间歇时间应当相当充分，使机体完全恢复，这样可有效地提高锻炼者的无氧、有氧混合代谢能力，提高各种技术应用的熟练性和机体的耐久性。

重复锻炼既可以强化体育锻炼的技术动作，使锻炼过程的技术更加符合人体的生理结构，还可通过反复的动作过程，追求必要的负荷强度。运用重复锻炼法的关键是掌握好负荷的有效价值范围——最有价值的负荷量下的心率，而且据此调节重复次数。重复锻炼中，对负荷量如何控制和怎样去重复才能达到理想的效果的负荷强度，应根据实际情况而定。一般认为，普通大学生的负荷心率在 130～170 次/分钟的范围较为适宜，心率低于 130 次/分钟则负荷强度过低，健身效果不大，需要增加重复次数，心率高于 170 次/分钟则负荷强度过高，应减少重复次数或安排足够的间歇时间。

（二）间歇锻炼法

在体育锻炼过程中，对多次体育锻炼的时间间歇作出严格规定，使机体处于不完全恢复的状态下，反复进行体育锻炼的方法叫做间歇锻炼法。间歇锻炼法的关键是对间歇时间作出严格控制，使机体处于不完全恢复的状态，但每次练习的负荷时间较长、负荷强度适中。间歇训练法可以使体育锻炼者的心脏功能明显增强，通过对负荷强度的调解，可以使锻炼者机体的各种机能产生与锻炼项目相匹配的适应性变化；提高有氧代谢能力，增强体质。

间歇训练法的间歇时间也要根据负荷的有效价值标准去调节。通常认为，当负荷反应指标——心率，低于有效价值标准时，应缩短间歇时间，而在高于价值指标时，则应延长间歇时间。实践中，一般心率在 130 次/分钟左右时，就应再次开始锻炼。间歇时，不要静止休息，而应是边活动边休息，如慢跑等。因为轻微的活动，可以使肌肉对血管起到按摩的作用，帮助血液回流和排泄代谢产生的废物。

总之，通过适当的间歇，把负荷量调节到负荷有效价值的范围以追求良好的锻炼效果。

（三）连续锻炼法

在锻炼过程中，为了保持有价值的负荷量而不间断地连续进行运动的方法叫做连续锻炼法。连续锻炼法要求负荷量较低、负荷时间较长、无间断地连续进行。连续、间歇、重复都是在整个锻炼过程中实现的。

连续锻炼的时间长短，也要根据负荷价值有效范围而确定，通常认为在 140 次/分钟左右的心率范围下连续锻炼 20～30 分钟，可使锻炼者机体的各个部位都能长时间地获得充分的血液和供应，因而能有效地发展有氧代谢能力，发展耐力素质。实践中，连续锻炼的内容主要是跑步、游泳等比较容易并已为锻炼者所熟悉的运动。

（四）循环练习法

循环练习法是由几组不同的练习站组成，练习者按既定的顺序和路线，依次完成每个练习站的练习任务。也就是练习者完成一个练习站的练习任务，马上转移到下一个练习站，直到完成所有练习站的练习任务，就算完成一次循环，这种练习方法叫做循环练习法。循环练习法的结构因素有：每站的练习内容、每站的运动负荷、练习站的安排顺序、练习站之间的间歇、每篇循环之间的间歇、练习站数和循环练习组数。

循环练习法对技术的要求不高，并且各个项目都采用较为轻度的负荷练习，所以练习起来简单有趣，可以有效地提高不同层次不同水平的体育锻炼者的运动情绪和积极性；可以合理地增加练习者在锻炼过程中的练习密度；可以根据练习的具体情况加以调整，做到区别对待；可以防止局部负担过重，延缓疲劳的产生，交替刺激机体的不同部位，有利于综合锻炼，从而达到全面发展的效果。

运用循环练习法时，关键是按照全面性原则去搭配项目，一般选择6～12个体育锻炼者掌握的简单易行的项目。搭配时注意上肢下肢动作、剧烈动作与相对静止性动作之间的合理交替。在体育锻炼中，可以根据体育锻炼的项目安排循环练习各个练习站，还可以分队比赛，增加竞争性，以提高习练者的练习兴趣。

（五）变换锻炼法

通过不断变换锻炼内容、锻炼负荷、锻炼的形式及条件，来提高体育锻炼者的积极性、适应性及应变能力的锻炼方法，我们称之为变换锻炼法。变换锻炼法可以有效地调节生理负荷，提高锻炼者的兴奋性，强化锻炼意识，克服疲劳和厌倦的情绪，从而达到提高锻炼效果的目的。

在刚参加锻炼时，可以多做一些诱导性的练习和辅助性的练习。随着锻炼水平的提高，应加大练习水平的难度。由于锻炼条件的变化，可以使锻炼者的大脑皮层不断地产生新异的刺激，提高兴奋性，激发锻炼的兴趣，从而提高机体对负荷的承受能力，提高锻炼效果。不断地对锻炼的内容、时间、动作速率等提出新的要求，可以有效地调节生理负荷，使机体不断产生适应性变化，达到更好地锻炼身体的目的。

（六）负重锻炼法

负重锻炼法是指使用杠铃、哑铃和沙袋等重物进行身体运动来锻炼身体、增强体质的方法。负重锻炼法既可用于普通人为增强体质而进行的身体锻炼，又适用于运动员进行身体训练，还适用于身体疾患患者的康复。

普通人增强体质进行负重锻炼，应采用最大摄氧量和最大心输出量以下的负荷。因为过大的负荷可能给心血管和呼吸系统带来不良的影响。因此，为了保证负重锻炼法对身体的良好作用，在运动负荷价值范围内可以多次重复或连续。

三、发展身体素质的方法

身体素质是指人体在体育运动、生产劳动和日常生活中表现出来的力量、耐力、速度、灵敏及柔韧性等运动活动的能力。身体素质，特别是力量和耐力素质是衡量体质强弱和身体活动能力的重要标志之一。

（一）发展力量素质的方法

力量素质是指肌肉工作时克服阻力的能力。按肌肉收缩的特点可分为静力性力量和动力性力量；按衡量肌肉力量大小，可分为绝对力量和相对力量；按其表现的形式又可分为最大力量、速度力量和力量耐力等。

1.静力性力量的练习方法。这种练习的主要特点是肢体不产生明显的位移，肌肉收缩产生张力，但一般不发生长度的变化。完成静力性练习时，因工作的肌肉一直处于紧张收缩状态，会影响其血液循环，疲劳出现较早。

2.动力性力量练习方法。动力性力量是指肌肉作非等长收缩时产生的力量。动力性力量锻炼又分为：

（1）最大力量练习。最大力量是用最大力量克服阻力的能力。如举起杠铃的最大重量。发展最大力量的方法主要是采用克服大阻力（最大力量的80%以上强度）、重复次数少的练习。

（2）速度力量锻炼。速度力量又称爆发力，它是在最短时间内发挥最大力量的能力。速度力量锻炼的特点是适当减少阻力（最大力量的60～70%），用最快的速度完成动作。如跳远、立定跳远的弹跳力。

（3）力量耐力锻炼。力量耐力是指长时间克服阻力的能力。它要求既要克服一定的阻力（约50%的强度），又能坚持较长时间的练习，达到一定的疲劳感觉为宜。如俯卧撑、仰卧起坐等。

发展力量练习应注意的几个问题：第一，力量练习前要充分做好准备活动。练习后及时放松肌肉，注意培养肌肉放松能力，提高肌肉的弹性。

第二，力量练习以隔天一次为宜。锻炼过程要在适应原来负荷的基础上，逐渐增加负荷，才能不断发展力量。第三，完成力量练习要注意呼吸。憋气能增加肌肉用力，但对心血管系统会产生不良影响。只在短时间最大用力时才允许憋气。在完成练习前不应作最大吸气，以中度吸气为宜，用力过程可慢呼吸，以达到憋气的效果。第四，力量锻炼要先练大肌群，后练小肌群。全身不同部位或不同性质的练习交替进行。

（二）发展耐力素质的方法

耐力是指人体长时间进行肌肉活动和抵抗疲劳的能力。它是人体各器官、系统功能和心理素质的综合表现。在体育运动中，按人体能量供应的特点，耐力素质可分为有氧耐力和无氧耐力。

1. 有氧耐力锻炼。发展有氧耐力（或称一般耐力）主要是提高心肺功能水平，有氧耐力的主要指标是最大吸氧量。即运动时每分钟能够吸入并被身体所利用的氧气的最大数量。有氧耐力锻炼的负荷强度，一般用运动过程的心率来衡量，控制在 $140\sim170$ 次/分为宜。发展有氧耐力的方法多采用慢速跑步、越野跑、骑自行车、游泳、划船等周期性运动。有氧耐力锻炼持续时间最小 5 分钟，一般在 15 分钟以上，最好能每天坚持 30 分钟的锻炼。

2. 无氧耐力锻炼。无氧耐力又称专项耐力，是体能类、技能对抗类竞技体育的基础。如最近中国足球协会规定参加全国甲级联赛的队员，必须通过 12 分钟跑（3100 米）和 5×25 米（34 秒）折返跑测验，合格者才能参赛。发展无氧耐力的方法，主要采用尽可能快的动作或用平均速度以间歇练习法来完成专项耐力的任务。一般要在医务人员监督下进行锻炼，心率控制在 180 次/分以上。此外，对运动员常用缺氧训练或高原训练法等手段，以提高身体处于缺氧状态下能长时间对肌肉工作供能的能力。

（三）发展速度素质的方法

速度素质是指人体快速运动的能力，通常分为紧密联系的反应速度、动作速度和位移速度三种形式：

1. 反应速度。它是指人体对各种信号刺激的快速应答能力，最常见的方法是利用各种声、光等突发信号让练习者快速做出相应的反应动作，以提高其神经系统反射弧的接通机能水平。

2. 动作速度。它是指人体完成某一动作的快速能力。提高动作速度的锻炼方法有：

（1）减小练习难度，加助力法。如牵引助力跑步或游泳、顺风跑、下坡跑、顺水游、推掷较轻的器械等。

（2）加大练习难度，发挥后效作用法。如负重跳或推掷超重器械练习后，紧接着做跳跃或推掷标准器械的练习。

（3）时限法。按预定的音响节拍频率完成动作，以改变练习者的动作频率和速度。

3. 位移速度。它是指在做周期性动作中，单位时间内人体快速移动的能力。提高动作速度是提高位移速度的基础，并与四肢肌肉的爆发力密切相关。通常采用下列方法：

（1）快速跑。如短距离用最快速度重复跑、短距离追逐游戏、短距离游泳、速滑等。

（2）加速动作频率的练习，如快频率小步跑、快速摆臂练习等。

（3）发展下肢的爆发力。如负重跳、单脚跳、跨步跳等。

发展速度素质，一般采用强度大、持续时间短的练习，应在精力充沛、运动欲望强的情况下各种练习交替进行。在疲劳时或只用单一的练习方法，易形成"速度障碍"，不能收到良好的效果。同时，发展速度素质要与发展力量、速度耐力和柔韧性素质结合起来，注意提高肌肉的放松能力。

（四）发展灵敏和柔韧性素质的方法

1. 灵敏素质是指迅速改变体位、转换动作和随机应变的能力。发展灵敏素质，首先要提高大脑皮质神经过程的灵活性，也是反应速度的一种表现。发展灵敏性的练习方法多种多样，如从事体操、球类、武术对练、击剑等对抗性项目的锻炼，效果最好。

2. 柔韧性素质是指人体各关节的活动幅度，肌肉、肌腱和韧带的伸展程度。它是掌握各项运动技术的重要条件。人体柔韧性素质常受气候环境的影响，天气冷热，一天内早晚不同时刻都有差异。一般是下午的柔韧性比早上好，锻炼半小时后，柔韧性最好，而出现疲劳后柔韧性变差。发展柔韧素质常采用静力性和动力性拉长肌肉、肌腱和韧带的方法。拉伸力量的大小，应以感到酸、胀、痛为限，并坚持8～10秒，重复一定的数量。实践中常把静力性和动力性练习结合起来，主动练习和被动练习交替进行，效果更佳。如发展肩、髋、臂、腿部关节的柔韧性，可采用压、搬、摆、踢、蹦、绕环等练习；发展腰部柔韧性，可采用站立体前屈、俯卧背伸、转体、甩腰、绕环等练习。

第三节　运动处方

（一）运动处方的概念

运动处方是根据参加健身活动者的体质和健康情况以处方的形式确定运动的种类、时间、强度、频率与注意事项，它与临床医生开方取药有相似之处，但不同点在于，一个是用药作为治疗手段，另一个是用运动作为强身健体的主要措施。运动处方是体育活动者进行体育活动的指导性条款。

（二）运动处方的分类

运动处方按照应用的目的和对象可分为三类：

1. 健身运动处方

健身运动处方是指健康人进行运动处方锻炼，以增强体质提高健康水平为目的。

2. 竞技运动处方

竞技运动处方是指专业运动员进行运动处方训练，以提高专业运动成绩为目的。

3. 康复锻炼运动处方

康复锻炼运动处方是指对患者应用运动处方，以治疗和康复为目的。

实践证明，按运动处方进行科学的锻炼与训练，既安全可靠又有计划性、系统性，能更有效地达到强身健体和治疗疾病的作用。

（三）运动处方的要素

运动处方一般包括下列五个部分：运动形式、运动强度、持续时间、运动频率和注意事项与微调。其中运动形式、运动强度、持续时间、运动频率为运动处方的四要素。

1. 运动形式

根据运动时代谢的特点，将健身运动分为有氧、无氧和有无氧混合型活动。在运动处方实施中，选择运动形式的条件是：（1）经医学检查已许可；（2）运动强度、运动量符合本人体力；（3）过去的运动经验与本人喜欢的项目；（4）场地、设备器材许可；（5）有同伴与指导者。

2. 运动强度及监控

运动强度是运动处方要素中最为重要的一个因素，也是运动处方定量化与科学性的核心问题。运动强度可以根据体育锻炼或训练时的心率、梅脱、主观感觉程度进行定量化。

（1）心率

心率是确定和监控运动强度的最常用指标，主要有最大储备心率百分比法和靶心率范围法两种。

（2）梅脱

运动强度也可以用梅脱来表示，机体的耗氧量与身体活动时的能耗量成正比，静息状态下耗氧量绝对值约为250ml，相对值约为$3.5ml \cdot kg^{-1} \cdot min^{-1}$，这一安静状态下的值定为1梅脱。

（3）自感用力度

自感用力度用于运动处方中强度的确定，用这一指标可以反映个体在进行工作时感觉到的真正用力程度，给定的数值与相对运动强度呈正相关，当自感用力度直接被采用时，证实这一指标用于检测运动强度是非常准确的。

3. 运动时间

每天进行5～10分钟的耐力运动，能够改善心血管的功能，最近更多的研究指出，每天坚持20～30分钟运动效果最佳。当然运动时间和运动强度不能分开讨论，一般原则是，运动强度小，则运动时间较长；运动强度大，则运动时间较短。

4. 运动频率

运动频率是指每周锻炼的次数。有人研究观察到：当每周锻炼多于3次时，最大吸氧量的增加逐渐趋于平坦；当锻炼次数增加到5次以上时，最大吸氧量的提高就很小；每周锻炼少于2次时，通常不引起变化。由此可见，每周锻炼3～4次是最适宜的频率。

（四）运动处方的内容

在一次运动锻炼中，通常分为三部分：准备部分、基本部分和结束部分。

（1）准备部分

在运动处方的早期阶段，准备活动的时间要长一些，一般10～15分钟；在中后期，准备活动的时间为5～10分钟，一般采用活动强度较小的步行、慢跑、伸展牵拉等。

（2）基本部分

基本部分是运动处方的主项运动，一般有耐力训练与肌肉训练两种，前者的作用是发展心血管系统耐力，改善心肺与能量代谢的效率。这些活动也有利于控制体重，如走、越野跑、跑步、骑自行车、游泳、划船、有氧舞蹈等项目都是好的耐力项目。

（3）结束部分

每次活动后都应有整理活动，在活动的最后几分钟缓慢地减轻强度。

（五）制定运动处方的原则

1．安全有效原则

制定运动处方首先考虑的是安全，其次是锻炼的有效性，保证安全除了要了解病史、家庭病史和医学检查外，制定运动处方必须要达到改善心血管和呼吸功能的有效强度。总之，安全性和有效性是制定运动处方首先必须考虑的最基本原则。

2．区别对待原则

由于每个人的基本情况和身体条件不尽相同，所以在制定运动处方时，要根据锻炼者的具体情况制定不同的运动处方。若中老年人和年轻人用一种运动处方，中老年人很可能完不成，甚至出现一些危险，而对青年人来说，则可能锻炼的效果不明显，起不到运动处方的作用。因此，制定运动处方的内容必须根据每个人的具体情况，因人而异，区别对待。

3．动态调整原则

一般书报杂志上介绍的运动处方，是一种原则性的介绍，应该说有一定的适应面，但并非所有人都适应。即使运动医学专家根据医学检查的结果制定的运动处方，也不是适合于一个人的任何情况。对于初定的运动处方，要经过运动时间及多次调整后，才能成为符合自身条件的有效的运动处方。

（六）制定运动处方的程序

1．健康诊断和体力测定

运动处方是在充分考虑人的健康状况的基础之上制定的。因此，制定运动处方前，首先要对实施体育锻炼的人进行系统的健康诊断，以便放心地参与运动。如果有病，应先治病，或按照治疗性运动处方进行体育锻炼。这时要与运动处方医生或指导老师密切合作，然后进一步做心肺功能测定，以了解自己的体力水平。目前多采用12分钟跑的方法来测定心肺功能，然后根据各项检查结果，结合性别、年龄和运动经历制定运动处方。

2．制定运动处方

（1）确定目标，选择运动项目

对于健康的成年人，最好选择球类、健美、武术、田径、游泳等运动项目。另外，选择运动项目时，要从实际出发、讲究实效，尽量考虑运动项目的锻炼价值。同时，还要考虑季节气候，因时因地制宜。

（2）确定运动强度

运动强度对运动效果和人体运动安全有直接影响。运动强度掌握得合适与否，是制定和执行运动处方的关键。运动强度常用心率作为定量化的指标，也可以用跑速作为强度的指标。体育锻炼者确定运动强度时应注意：以健身为目的的耐力性运动，通常采用中等强度；体质健壮、运动基础好的年轻人，运动强度可以稍大；放松性运动，一般采用较小的运动强度。肢体功能锻炼和矫正体操的运动强度及运动量，应以肌肉疲劳程度而定，不用心率来判断。

（3）确定运动时间（每次运动时间）

一般运动时间控制在15～16分钟为宜。运动时间和运动强度共同决定着运动量。运动量确定后运动强度大时，持续时间则较短，反之，则较长。

（4）确定运动频率（每周锻炼的次数）

每周锻炼3～4次是最适宜的频率。但是，更重要的是锻炼的良好习惯。

（5）实施体育锻炼

在实施体育锻炼过程中，允许根据当时的主观情况，对原定的处方做微小或部分的调整，使之更加切合实际。体育锻炼中，应随时了解身体变化情况，掌握信息反馈，不断修改运动处方，以便进一步提高体育锻炼效果。

第四节 体育锻炼效果的自我评价

一、自我评价的概念

自我评价是指健身运动者采用自我检查的方法，对锻炼效果、健康状况以及身体反映定期记录在锻炼日记中，作为医学观察中的一项重要补充。

二、自我评价的内容和方法

1. 主观感觉
自我感觉、运动心情、睡眠、饮食、排汗量。

2. 客观检查
（1）脉搏：基础脉搏、安静脉搏、即刻脉搏、恢复期脉搏。

①基础脉搏可检测机能水平变化。如技能良好，基础脉搏稳定或有所下降；机能不良，基础脉搏突然上升 12 次/分以上。

②测定运动前后的脉搏，根据脉搏变化可以评定运动量。

③定期测定完成某专项练习后的即刻脉搏，结合运动成绩进行前后比较，可以评定机能水平和训练水平。

④运动中测量即刻脉搏，可控制负荷强度。

⑤测定恢复期脉搏，可控制负荷密度。

（2）血压：基础血压、安静血压、即刻血压、恢复期血压。

①基础血压，运动员大都在正常范围的低限内，如大于正常值或突然比平时高出 20％或以上，表示机能不良。

②运动中的血压变化，可以反映机能状况，评价如一次机能试验。

③可用于评定运动强度，强度越大，脉压差越大，恢复时间越长。正常人的血压为 90～140mmHg、60～90mmHg；老年人的血压比较高，一般收缩压为 95～165mmHg；在正常情况下舒张压高于 90mmHg 为高血压，收缩压低于 90mmHg 为低血压。

（3）**体重**：初参加系统训练 1～4 周体重下降，5～6 周稳定，6 周后稳中有升，每天运动可有 1～4kg 的变化。如体重持续下降提示疾病或过度训练；如体重持续上升，提示运动量不足（青少年除外）。

（4）**肌力**：正常时，握力和背力等肌肉力量逐渐增强，如肌力下降表示机能不良。

（5）**运动成绩**：运动成绩长时间无增长甚至下降，常表示机能不良或早期过度训练。

（6）**伤病的预防性检查**：如反弓试验——肩袖损伤、半蹲试验——髌骨损伤。

（7）**女子运动员应填写月经卡**。

第四章 运动与保健

第一节 运动卫生常识

一、体育锻炼的卫生

（一）定期进行体格检查

为了了解体育锻炼对增强体质的功效，了解运动中身体健康和机能的变化状况，检查锻炼的方法是否正确、运动负荷是否适宜等，人们应定期进行体格检查，从而进一步修订体育锻炼计划和改进锻炼方法。

（二）运动前要做好准备活动

准备活动是指在体育锻炼或运动训练前进行的一系列身体练习，其目的在于使身体各器官的系统机能迅速进入工作状态。准备活动的作用在于提高中枢神经系统的兴奋性；扩大肌肉、肌腱和关节的活动范围；克服内脏器官机能的惰性，加强心血管和呼吸器官的活动能力，使机体各方面的功能达到适应锻炼或训练的要求，预防或减少肌肉、关节和韧带的损伤。准备活动量的大小和时间的长短，应根据锻炼项目、内容、强度以及季节、气候的不同而有所差异，一般达到微微出汗，身体各大肌肉群、韧带和关节都得到适量的活动，感到灵活、舒适即可。

（三）运动后要做整理活动

运动结束时，应做些身体放松性练习，这样可使人体更好地从紧张的运动状态逐渐过渡到相对的安静状态。整理活动是促进体力恢复的一种有效措施，因为运动引起身体的一系列生理变化并不会随着运动的停止而同时消失。例如，呼吸和血液循环等机能变化，在运动停止后还会维持在较高的水平上，它们需要有一个恢复过程。同时，通过整理活动，可以改善肌肉的血液循环，使肌肉中血液畅通，有利于偿还氧债，排出二氧化碳和代谢产物，以减轻肌肉酸痛并消除疲劳。

（四）饭后不要做剧烈运动

有些人常常放下饭碗就去打球或从事一些剧烈的运动，这是不符合体育卫生要求的。因为饭后胃肠道已开始紧张的工作，毛细血管开放，大量血液流入消化器官。此时若进行剧烈运动，则大量血液就要流进骨骼肌，使消化机能减弱。长此以往，轻则引起消化不良，重则导致消化道慢性疾病，如胃炎、胃溃疡等。同时，饭后胃内已充满了食物，进行剧烈运动时，由于食物重力和运动的颠簸作用，会牵拉肠系膜，容易引起腹痛。因此，应当避免饭后进行剧烈运动。

（五）运动饮水卫生要求

参加体育锻炼时，人们在大量出汗后如没有及时补充水分，会造成机体缺水，影响正常的生理机能，导致全身无力、口唇发干、精神不振和疲劳等现象。但剧烈运动时和运动后，均不宜一次性大量饮水。否则，会使胃部膨胀，妨碍膈肌的活动，从而影响呼吸，不利于运动。大量饮水还会使血液量增多，增加心脏、肾脏的负担，有碍健康。运动时饮水应以少量、多次为宜，可饮用接近血浆渗透压的淡盐水或富含电解质的运动饮料，以保持体内电解质的平衡。

（六）运动衣着卫生要求

服装能保护人体免受外界环境的各种不良影响。服装的保温性、透气性、吸湿性、溶水性等具有重要的卫生作用。因此，运动时穿的服装要轻便、舒适。经常从事体育锻炼的人，要勤洗、勤换运动衣裤，尤其是内衣裤，以免汗液和细菌污染影响身体健康。

鞋子的尺寸应以合适为原则。鞋号大了，运动不便，容易发生踝关节扭伤；鞋号小了，挤压足部血管，会影响足部正常功能。应选择轻便、富有弹性、具有良好透气性的运动鞋。另外，穿的袜子应当透气良好，吸汗性强，而且干燥、柔软、有弹性。

二、女子运动卫生

（一）青春期的运动卫生

女子在青少年时期，骨盆尚未发育完全，不要过多地进行负荷过大的练习或做过量的负重练习，最好避免采用剧烈震动和引起腹内压升高的身体练习，如从高处跳下、举重和憋气的练习。青春期后期可多从事一些增强腰背肌、腹肌、盆底肌肉的练习和增强上肢力量的练习。由于女子循环系统和呼吸系统机能较差，在体育锻炼中，要掌握适宜的运动负荷，制订适合自己的锻炼计划并选择科学的锻炼方法。

（二）月经期的运动卫生

月经是女子正常的生理现象，身体健康的女子在月经期间不必完全停止体育锻炼。进行适度的体育锻炼不仅可以改善盆腔的血液循环，减轻盆腔充血现象，而且由于腹肌和盆底肌的收缩与放松活动能对子宫起到柔和的按摩作用，有助于经血的排除。但是女子在月经期间参加体育锻炼应注意以下几点：

（1）在月经期间参加体育锻炼，运动量应小一些，锻炼时间也不宜太长，可选择在早晨和课外活动时间做体操、散步、慢跑等运动量较小的活动。应避免从事强度大或震动大的跑跳动作，如快速跑、跨跳等，也不要做使腹内明显增压的憋气和静力性动作，如推铅球、俯卧撑、倒立、收腹等，以免子宫受压、受推而引起经血过多或子宫位置改变。

（2）经期子宫口开放，子宫内膜破裂出血，如果这时参加游泳活动，病菌容易侵入内生殖器官，引起炎症。所以，月经期间不宜游泳。

（3）月经期间要避免寒冷刺激，如冷水浴锻炼，以免发生痛经、闭经或月经淋漓不净等。月经期间也不宜进行日光浴锻炼。

（4）如遇到月经紊乱、痛经等现象发生时，则应暂停体育锻炼。

第二节　自我锻炼内容的选择

一、利用自然力锻炼身体

人体与自然有一个内外环境的统一与平衡问题，也就是说，人体要适应外界自然环境的变化，如日光、空气和水等因素，这是人体健康水平和体质强弱的重要标志。人体不仅要适应外界环境的变化，而且应利用各种自然力进行锻炼，以提高对外界环境的适应能力，增进健康和体质。

（一）日光浴

人体皮肤直接在阳光下照晒，按照一定的要求（如阳光的照晒强度、照晒的顺序和时间等）进行，称之为日光浴。

太阳中的红外线（即热线约占太阳光线的60%）的温热可使人体深层组织的血管扩张，促进血液循环，使心跳有力，呼吸加深，全身的新陈代谢更加旺盛。

太阳光中的紫外线是肉眼看不见的光线，具有很强的杀菌能力，一般病菌在阳光下直射几十分钟即可死亡。紫外线能刺激身体的造血机能，使血液中的红血球数量增多，使皮肤麦角固醇转变为维生素 D，而维生素 D能促进钙、磷的吸收。因此，日光浴能防治软骨病或佝偻病，促进儿童和青少年的生长发育。紫外线可以使人体皮肤获得健康的黝黑色，皮肤表皮增厚，对外界的机械、化学和温度的抵抗力得到增强，皮肤的屏障作用得到提高。经常坚持日光浴，还能促进人体调节体温的能力。

人们很早就知道阳光对人体的作用，在民间早就流传"太阳不照临，医生常进门"的谚语。

进行日光浴的方法及注意事项如下：

（1）从事日光浴锻炼，应在适当的气温、风速和阳光强度下进行，要预防感冒和暴晒，夏天也可以先从树荫下开始。

（2）日光浴可结合在日常生活或其他体育活动中进行。单独进行时，可以同时进行自我按摩。日光浴的照晒时间应逐渐延长，以自我感觉舒适为原则。

（3）专门的日光浴最好是采取卧式、坐式。如果是斜晒的阳光也可以采取立式。阳光强烈时，可戴草帽，使头部和眼睛不被阳光直照。

（4）不足3个月的婴儿或者妇女在月经和分娩后1个月以内不宜进行日光浴。病人一般应经医生同意并在医生的指导下进行日光浴，不宜任意进行日光浴锻炼。人们在空腹、饱腹和过度疲劳的情况下也不宜进行日光浴。

（二）空气浴

空气浴主要是利用气温和皮肤之间的温度差异，形成对人体的刺激，使体温调节机能适应外界温度的变化，以提高其机体活动能力。

平时，皮肤和衣服间的温度应经常保持在27℃～33℃，当脱掉衣服后（或冬天穿上单薄的衣服），外界的空气和气温不断对人体产生新的刺激，人体为了维持体温平衡，通过神经反射作用可改善体温调节机能，提高对外界环境温度变化的适应能力。

在新鲜空气中进行空气浴，由于氧气丰富，阴离子浓度高，能使人体中枢神经系统、新陈代谢、血液循环和呼吸系统的机能增强，提高人体抵抗疾病的能力。有人把空气离子称为"空气维生素"。

空气浴可以结合在日常生活和体育活动中进行。但是，以特定的形式专门进行空气浴锻炼时，应注意以下几点：

（1）应尽量少穿衣服，在空气新鲜的地方进行。在无风的条件下，根据身体的感觉，空气浴可分为冷空气浴、凉空气浴和暖空气浴。一般应从暖空气浴开始，每天坚持锻炼。

（2）空气浴的持续时间应严格掌握。在一次空气浴过程中，身体因冷空气的刺激，会出现三个阶段的反应：寒冷、温暖、寒战。当身体出现不自主的寒战时，应立即着衣结束空气浴，或从事体力活动让身体发热，否则，将会产生各种不良反应。

（3）在有大风、大雾和寒流时，不要勉强在室外坚持空气浴。吃饭前后也不宜进行空气浴。发烧病人或其他急性病人以及 3 个月内的婴儿均不宜进行空气浴。

（三）冷水浴

冷水浴主要是利用水的温度、机械作用和化学作用来锻炼身体。

冷水刺激对神经和心血管系统有良好的作用，可以提高神经系统的兴奋性。冷水刺激皮肤时，在神经系统的支配下，皮肤血管急剧收缩，血管口径变细，大量血液流向内脏和深层组织，内脏血管扩张。但由于神经系统的调节，皮肤血管重新扩张，大量血液又从内脏流向体表。这样，在一次冷水浴中，全身血管经受着一张一缩的锻炼，不仅弹性增加，而且提高了神经系统对心血管系统支配的灵敏性和准确性，所以有人把冷水锻炼称为"血管体操"。经常从事冷水浴锻炼能提高人体对外界气候的适应能力，不易着凉患病。

进行冷水浴应注意以下几点：

（1）应从温暖的季节开始，尽可能坚持每天锻炼。这样随着季节从暖变寒，水温从暖变冷，人体也随之逐渐适应这种变化。每次冷水浴的时间以自我感觉舒适为准。

（2）天冷时也应坚持淋浴（或冲洗），当寒流来时，可缩短冷水浴时间或改变用冷水擦身的方式。采用洗冷水澡或游泳，应经医生进行健康检查后进行，需采取谨慎态度。

（3）冷水浴最好在早晨进行，在身体大量出汗后不宜进行。在冷水浴后应用毛巾擦干、擦暖身体，尤其是冷天和身体感到寒冷时，要把身体擦暖和。

（4）进行冷水浴应从四肢开始，再按顺序过渡到躯体和头部。擦干身体时按相反顺序进行。进行冷水浴时，身体大概经历寒冷期、温暖期和寒战期三个阶段，冷水浴应在寒战期以前结束。

（5）如果条件允许，可把冷水浴和热水浴结合起来进行，这样增大了水温变化对人体的刺激，更利于提高有机体的适应能力，增强血管的弹性。但这要在冷水锻炼的基础上进行。

（6）病人、妇女妊娠期和月经期都不宜进行冷水浴。

利用日光、空气和水等自然力进行锻炼，要遵循循序渐进、量力而行的原则。要注意自我感觉，每次锻炼都要预防感冒。

二、利用作息制度锻炼身体

（一）早操

坚持锻炼的人大都安排在早上进行身体锻炼。主要是由于早上空气比较新鲜，起床后走出房间活动身体，呼吸新鲜空气，吐故纳新，消除一夜睡眠后人体组织中的"淤滞"现象，使整个有机体承受紧张的能力得到增强，焕发出一天劳动（或学习）的情绪，提高效率。

（二）饭后的身体活动

"饭后百步走，活到九十九"是我国民间流传的养生谚语。近来，有的报刊载文对"饭后百步走"提出异议，认为饭前饭后不宜做激烈的身体活动，以保证有足够的血液供给消化系统，充分发挥消化系统的功能。但如果饭前饭后整个有机体处于抑制状态，那就不能保持与提高消化系统的功能。冷谦认为，"食后曲身而坐必病"。因此，在三餐后，如能稍事休息，采取"饭后百步走"的养生方法，就比饭后激烈运动或静坐休息要好。

（三）睡前的身体活动

经过一整天的学习或工作，人体往往已感到疲劳，中枢神经系统反应已迟钝，需要休息和睡眠，但也有由于过于疲劳而失眠的。为了调节精神和有机体内的协调关系，睡前适当做些运动有益于健康和消除疲劳，也有助于提高睡眠质量。

有人在睡前安排身体锻炼和水浴（或擦身），但较多的是做缓和的身体活动。睡前的身体活动一般有：①在室内或室外散步；②打太极拳与练气功；③做头部和全身按摩。

睡前不宜进行引起高度兴奋的活动，活动时间也不宜过长，10～15分钟即可。活动之后，最好用温水泡脚后再就寝，对消除身体疲劳有积极作用。

第三节　常见运动损伤及处理

高校是为国家培养人才的重要基地，运动损伤不仅直接影响学生运动技术水平的提高，而且还妨碍他们的身体健康和正常的学习生活。因此，对大学生运动损伤的预防工作应引起足够的重视。

一、擦伤

（1）损伤机制：擦伤是皮肤受到外力摩擦所致，皮肤组织被擦破出血或有组织液渗出。

（2）处理：大面积皮肤擦伤，应先处理创伤面。一般用双氧水、生理盐水或煮沸晾凉后的盐水，冲洗创伤面，然后敷上磺胺膏或凡士林，并用纱布和绷带包扎。如果创伤面较深，污染较重，应到医院注射破伤风抗毒血清。

二、挫伤

（1）损伤机制：挫伤是外力直接作用于组织、器官，致使软组织损伤。

（2）症状诊断：轻者仅是皮下组织（如肌肉、韧带等）挫伤，重者（如头、胸、腹部等）常因某些器官的损伤而休克。在体育运动中比较常见的是股四头肌和小腿前部损伤。

（3）处理：对挫伤部位先冷敷和加压包扎固定，以利止血。48小时后可进行热敷、按摩、理疗等，还可服用止痛药、活血药等。

三、踝关节外侧韧带损伤

（1）损伤机制：在体育运动中，由于场地不平以及跳起落地时身体失去平衡等原因，运动者的踝关节发生过度内翻（旋后），易引起外侧韧带的过度牵扯、部分断裂或完全断裂。踝关节的反复扭伤可导致创伤性骨关节病。

（2）症状诊断：伤后踝关节外侧疼痛、迅速肿胀，并逐渐延及踝关节前部，足距腓前韧带撕裂，关节普遍出现肿胀。韧带和关节囊撕裂后，局部皮下淤血，伤后2～3天，淤血青紫现象明显。

（3）处理：在现场急救时，立即用拇指压迫痛点止血，同时做强迫内翻试验和踝抽屉试验，检查韧带是否完全断裂。用氯乙烷喷射伤处可加快止血，然后加压包扎，并抬高肢体。24小时后，根据伤情选用新伤药外敷、理疗、针灸、按摩、药物痛点注射及加绷带固定等，并应及早练习踝关节功能。对伤势较重者，可采用石膏管型固定。韧带完全断裂者，经急救固定后送至医院作进一步治疗。

四、膝关节内侧副韧带损伤

（1）损伤机制：内侧副韧带损伤是由膝关节突然外翻所致，即在屈膝状态（130°～150°），小腿突然外展外旋，或脚与小腿固定，大腿突然内收内旋。

（2）症状诊断：伤后膝内侧剧痛，片刻后可减轻，随后疼痛逐渐加重。若内侧副韧带撕裂，则出现皮下淤血，如深层断裂或伴有半月板或十字韧带损伤，则膝关节出现血肿，局部压痛，常以股骨附着处压痛较明显。

（3）处理：患者伤后立即用氯乙烷喷射或用冰袋局部冷敷，然后用棉花夹板包扎固定或做加压包扎，并抬高肢体以减少出血、肿胀。24 小时后，拆除包扎固定，根据伤情外敷、痛点注射、理疗按摩等，但按摩或热疗只施于伤部周围，3 天后才可用于伤部。韧带完全断裂者，应在临时固定后送医院进一步处理。

五、急性腰扭伤

（1）损伤机制：重力超过躯干一时所能承担的重量，脊柱运动一时超越了正常的生理范围，当技术动作错误或身体疲劳时更易发生。有时在无精神准备的情况下，某些日常小动作如弯腰拾物、扫地、打喷嚏等，也可引起"闪腰"。

（2）症状诊断：症状轻者在受伤时常无疼痛感，运动结束后会立即感到疼痛。有的在受伤瞬间感到像"断了腰"似的或听到响声，疼痛也较剧烈。

（3）处理：急性扭伤后，一般需卧板床休息，腰后垫上一小枕头，使韧带、肌肉处于松弛状态。可选用针灸、封闭、外贴膏药和按摩等方法，其中按摩对腰扭伤有较好的治疗效果。

六、肩袖损伤

（1）损伤机制：由于肩关节反复旋转或超常活动，引起肩袖肌腱和肩峰下滑囊受到肱骨头与肩峰或喙肩韧带的不断挤压、摩擦和牵扯所致。

（2）症状诊断：急性肩袖损伤后，疼痛多在肩外侧，部分病例疼痛向三角肌止点或颈部放射，不少病人肩痛夜间加剧。

（3）处理：急性损伤时疼痛较剧烈，应将上臂外展 30°固定并休息，以减少肌肉活动而减轻疼痛。用普鲁卡因或与强的松龙混合液进行痛点注射、针灸、理疗和按摩等方法均可采用。若肌腱完全断裂者，应送医院处理。

七、肘关节内侧软组织损伤

（1）损伤机制：任何使手腕屈肌群及前臂旋前圆肌突然猛烈收缩和过度牵扯，或肘关节突然外展、过伸，都可以引起内侧屈肌及旋前圆肌或内侧副韧带和关节囊的损伤。肘关节的突然过伸也可引起前部关节囊拉伤及后部滑膜的挤压伤。

（2）症状诊断：肘内侧疼痛，肘关节屈伸运动受限，局部微肿。若组织断裂，会出现皮下淤斑，并且关节肿胀明显，轮廓不清。慢性病例常在准备活动后疼痛消失，重复受伤动作时疼痛，在完成动作时出现"软肘"现象。

（3）处理：急性损伤时，局部立即用氯乙烷喷射或用冰袋进行冷敷，然后加压包扎，并于屈肘90°使用三角巾悬吊固定。伤后24小时，可外敷新伤药、理疗或用普鲁卡因与强的松龙混合液进行痛点注射等。

八、腕舟骨骨折

（1）损伤机制：腕背部桡侧直接受到暴力攻击而引起骨折者甚为少见。常由传达暴力所致，凡暴力使关节极度背伸桡偏时，腕背伸的冲击暴力向上传递，舟骨被锐利的桡骨远端关节面的背侧缘或茎突切断。舟骨骨折多发生于跌倒用手掌触地时。

（2）症状诊断：新鲜舟骨骨折时，腕部出现红、肿、热、痛及功能障碍等一系列类似关节扭伤时的急性征象，舟骨骨折时的肿胀和压痛以鼻烟窝处最为明显，腕关节背伸桡偏时疼痛加剧。叩击第二、三掌骨头部时，患者自觉腕部桡侧有剧烈疼痛；拇指沿纵轴向腕部推压时，舟骨处出现疼痛（轴心挤压痛）。

（3）处理：新鲜骨折均需固定，一般采用短臂石膏管型固定或小夹板固定的方法治疗。骨折不愈合或已有骨折片坏死的陈旧性舟骨骨折，常需手术治疗。

九、脑震荡

（1）损伤机制：头部受到暴力打击，伤后立即发生一时性的意识障碍。在运动中，当头部被湿的足球、棒球打击或在体操运动中从高处跌下时头部撞地等，都可能发生脑震荡。

（2）症状诊断：患者出现意识障碍，但一般程度都较轻，会出现意识一时性丧失（昏迷）或神情恍惚等情况。患者出现逆行性健忘，即意识清醒后不能回忆受伤时的情况及受伤的经过，但对受伤以前的事能清楚地回忆。伤后数日内会出现较明显的头痛、头晕，之后症状会逐渐减轻。若情绪紧张，活动头部或变换体位时，症状会加重。

（3）处理：急救时让伤员保持平卧、安静，不可坐起或立起。冷敷头部、保暖身体。若昏迷可指掐人中、内关穴，当呼吸发生障碍时，用人工呼吸。重症者，应立即送往医院。

十、中暑

（1）损伤机制：在高温或高热环境中长时间工作，或在湿度高、通风不良的环境中进行体育锻炼，头部因缺乏保护而被烈日直接照射等情况均可导致中暑。

（2）症状诊断：长时间在高湿环境中，人体因出汗过多，会出现头晕、头痛、呕吐等症状，甚至引起热衰竭。此外，太阳的长时间直接照射还可引起脑膜充血和脑组织损伤。

（3）处理：应迅速使患者脱离热环境，到阴凉通风处休息，并采取降温、消暑措施，如解开衣扣，喝清凉饮料，服用人丹、十滴水或藿香正气水等防暑药物。

第四节　康复体育

康复体育是针对各种原因引起的生理缺陷、伤残和疾病所造成的身体整体或局部的机能（永久性或暂时性）障碍者的体育运动；是以人体主动运动的方式，通过各种身体练习，充分发挥机体内在的潜力，改善和提高自身的机能，治疗疾病，康复身体的过程。康复体育的目的在于改善和恢复人体障碍部分的正常功能，增强体质，增进健康，以达到富有成效地进行社会生活和经济生活的水平。

大学生中，肢体残缺者甚少，慢性病、常见病（如心血管疾病、肝病、肺病、肾病、胃肠病、眼病等）却屡见不鲜。这些患者应当是康复的对象。因此，康复是高校体育卫生工作的重要组成部分。

一、康复体育的对象

（1）伤残者：有一定生理缺陷或入学时和在校期间因各种原因造成的

伤残者。他们能够坚持正常学习并具有独立生活能力，完全不能或部分不能参加普通学生的体育活动；或虽能进行一些体育活动，但感到很困难、非常勉强，要承受极大的生理和心理负担（不包括体质较弱的学生）。

（2）慢性病患者：患病期间或患病后的恢复阶段，暂不宜进行正常体育活动者。

（3）由于某种疾病，长期不能参加正常体育活动者。

（4）患某种常见病如近视、轻度神经衰弱或其他轻度神经系统疾病者，可以参加正常的体育活动，但需要实施体育医疗等。

二、康复体育的任务

康复体育是学校体育的一部分，其目标与学校体育的总目标是一致的。但由于实施的对象不同，所以康复体育有自己的特点，其具体任务是：掌握一些体育医疗方法，能自主地、独立地进行康复活动；促进身体机能的恢复和完善，增进健康，全面发展身体；消除康复过程的心理障碍，培养战胜疾病的心理品质。

三、康复体育锻炼的基本方法

（一）身体的全面活动

全面锻炼既包括身体各部位的活动，也包括对内脏器官系统施以全面的影响。对于一般疾病，多数属于身体某一器官产生的机能障碍。人体是各器官系统相互联系、相互协调、又相互制约的统一整体。从一定意义上说，个别器官的疾病是局部机体的疾病。任何一个器官的病变，都会导致其他器官、系统功能的异常，对整个机体产生不好的影响。同样，整个机体机能的增强，也会促进患病器官机能的恢复。因此，要注意身体的全面锻炼。

（二）加强患病部位的功能锻炼

由于疾病使身体相应部位出现运动障碍和机能障碍，致使人们不得不减少或停止患部乃至整个机体的正常活动。长此以往，患病部位就自然成为新陈代谢的薄弱环节，影响营养物质的供给，不利于疾病的恢复。因此，要加强患部的活动，以补偿正常活动的不足，改善代谢过程，促进机能的恢复，使患病部位尽早康复。

（三）康复锻炼与其他治疗手段相结合

康复体育锻炼是一种有效的运动疗法，它的作用与疾病的种类、病史、病情、功能障碍程度以及个人的体质、心理状况等因素有关。因此,康复体育活动有必要与其他治疗手段和必要的休养相配合,以增加恢复的功效。

(四) 要有针对性地实施运动处方

不同疾病导致的功能障碍的性质不同。因此,有针对性地采取适合的锻炼手段,才是收到良好成效的关键。如肢体运动功能障碍,可选用肢体的各种主动运动进行功能锻炼,神经系统的疾病可采用"气功"疗法等。

(五) 康复体育锻炼强调个体活动的主动性、连续性

由于康复锻炼主要针对于患者的患病部位,而此处有时是患者锻炼的薄弱环节,这样往往会使患者丧失锻炼的主观性。因此,应当强调个体活动,并注意启发和培养活动的主动性。俗话说"心诚则灵",就是强调主观意识的作用。强烈的康复欲望,坚定的信心、毅力和参加活动的主动性是取得良好康复效果的精神条件。

另一方面,要做到康复体育活动的连续性。疾病的康复是一个较漫长的机能恢复过程,绝非一朝一夕所能奏效的。对待疾病,要有"既来之,则安之"的稳定情绪,并要遵循人体活动的生理规律,把康复体育作为日常的主要活动,循序渐进、持之以恒。

四、体育锻炼对疾病的预防和康复作用

(一) 改善血液循环和心脏功能,防止心血管系统疾病的发生

1. 预防高血压

健身锻炼可以降低交感神经过度的兴奋性,提高迷走神经的紧张度,降低小动脉平滑肌的敏感性。因而,可以改变动脉痉挛的倾向,预防疾病的发生。调查表明,经常参加体育锻炼的人血压一般稍低于普通人。已有初期高血压者,经过谨慎的慢跑锻炼,也可以取得降低血压和减轻症状的效果。

2. 预防高血脂、血栓和动脉硬化

长期坚持系统的长跑,能改善脂质代谢,有助于消除血液中甘油三酯、胆固醇、低密度脂蛋白和各种代谢毒素,使脂质不容易在血管壁沉积,预防血内脂质过高。已有血清胆固醇过高者,经跑步锻炼后,血脂可下降。长期跑步者,血清甘油三酯的浓度比普通人少一半,且大分子中较黏稠的脂蛋白的浓度也稍低于不跑步者。

3. 预防冠心病

健身锻炼可以提高心脏功能。以跑步为例,跑步锻炼能加速全身的血

液循环，改善心肌的供血状况，使冠状动脉保持良好的血液循环，使心肌得到更多的营养物质，使心肌纤维变粗、心壁增厚、心脏容积增加、心肌发达收缩力量加强。同时，使冠状动脉不因年龄增长而缩窄，保证有足够的血流供给心肌，从而达到预防冠心病的目的。

4. 预防脑中风

长期坚持有氧耐力性运动的人，可以使肌肉得到充分活动，特别是下肢肌肉的不断收缩和放松，能够促进静脉血的快速回流，加快血液循环，减少下肢动脉和盆腔淤血，从而预防静脉内血栓的形成。同时，还可以加快全身的血液流通，调整全身的血流分布，消除淤血现象，而且还能提高血液纤维蛋白的溶解活性，防止血液内纤维蛋白凝固，对预防脑血栓的形成、器官淤血及血栓性静脉炎均有重要作用。

(二) 增强肌肉力量，延缓骨质疏松

适宜的健身锻炼可延缓骨骼系统的衰老，防止老年性骨质疏松的发生。进行体育锻炼时，肢体不断地移动，肌肉急剧地收缩，可强有力地牵拉附着的骨骼，刺激骨细胞的生成，使骨质生成增多、丢失减少。如果长期进行适宜的有氧运动，能够增加肌肉蛋白质及糖原的储备量，使肌纤维变得粗壮而坚韧有力，延缓肌肉的萎缩，推迟肌肉、骨骼组织细胞的衰老。同时，还能增强骨骼的密度，有效地防止钙损失，防止骨质疏松，从而极大地改善人体运动器官的功能。

(三) 预防神经衰弱

经常参加健身锻炼，可提高神经细胞的反应性和灵活性，使人的思维敏捷，动作准确、灵活，大脑的指挥功能熟练稳定。此外，还能促进良好的睡眠，提高机体的免疫功能，增强心肌的功能，加快血液的流动，从而大大改善大脑、心脏本身和全身的血液循环，促进消化器官功能，加快新陈代谢的进行，使人的体质健壮，精力充沛，从而减少神经衰弱等慢性病的发生。

美国有研究发现，体育锻炼有助于推迟和减轻衰老过程中出现的大脑迟钝、记忆力降低等现象。

(四) 有利于糖尿病的预防和康复

有规律性地长期运动有利于糖尿病患者的康复。其作用机理包括：体力活动增加能量消耗，使骨骼肌摄取葡萄糖的能力加强，使葡萄糖转运蛋白，特别是在血浆和骨骼肌中的葡萄糖转运蛋白水平增加，从而使糖原合成酶和葡萄糖的非氧化释放增加。有研究报道，随着年龄增长，活跃者发生糖尿病的风险比静态生活者约小 20% 或更多，运动的保护作用在易感 Ⅱ 型糖尿病的肥胖人群中表现更强；运动对 Ⅰ 型糖尿病可能是重要的治疗手段，对 Ⅱ 型糖尿病有积极的预防作用。有调查表明，运动可以减少血液中的糖分，并增加血液中胰岛素的产生。

（五）有利于癌症的预防和康复

研究显示，部分癌症的发生与运动不足有关。如直肠癌患者在工业化国家人数较多。在农村地区，人们体力活动较多，直肠癌患者较少。经常进行体育锻炼的妇女比总爱坐着的妇女，患乳腺癌的几率小得多。喜爱运动的男子比那些不运动的男子患前列腺炎的几率要小。

（六）有利于肥胖症的预防和治疗

运动在消耗热量和促进新陈代谢的同时，不仅可以减轻体重，而且可以使肌肉代替脂肪。耐力性运动可导致脂代谢产生适应性变化，既可提高脂肪供给能力，又有利于降低血脂。研究表明，长期坚持慢跑、爬山等运动，能强有力地促进新陈代谢，使脂肪分解加强，合成代谢减弱，消耗大量能量，引起体内糖原大量分解，最终使糖供给的比例减少 10% 左右，而更多地摄取与利用血浆游离脂肪酸，从而减少脂肪，达到减少体脂、控制肥胖的目的。据实验统计，如果以基础代谢率作为 1，则跑步的能量代谢率与基础代谢率的比为 $30 \sim 200:1$，正常人用全力跑 400m，约消耗能量 418 J（100cal），慢跑 5 000m，约消耗 1 881 J（450 cal），相当于普通人一天能量供给的 1/5。

五、康复体育的组织形式

康复体育作为一个系统工程，其组织形式应当是多种多样的。（1）与普通学生同班上课，但根据患病情况，要个别对待，安排适宜的内容或减小运动量，提出与普通学生不同的要求。（2）举办各种专项保健学习班，针对某种常见病，组织康复锻炼。如近视眼矫正保健班等。（3）设置保健体育课。在教师的指导下进行，根据对象特点，选择适宜的内容，有计划、有组织地进行教学并进行考核。（4）建立康复体育中心。课余时间，自愿参加，请专人指导，强调个体主动锻炼，开展经常性的康复体育活动。（5）组织讲座，进行卫生保健和疾病防治教育等。

第五章　奥林匹克运动

第一节　古代奥林匹克运动

　　古代奥运会起源于何时说法不一，但大多数学者认为古代奥林匹克运动会起源于公元前776年有文字记载的第1届奥运会。每4年在夏天举办一次，至公元393年，共举办293届，历时1169年，经过了产生、发展和衰落的几个阶段。

一、古代奥运会的产生和发展与当时的自然环境有关

　　古希腊位于巴尔干半岛南端的欧、亚、非三大洲交界处。优越的地理位置使古希腊成为多种文化的交汇之处，并因此加快了社会发展的进程，在科学、文化、艺术和体育等领域里为人类作出了卓越贡献，成为西方文明的发祥地。这些自然条件在相当程度上决定了希腊民族的生活方式，陶冶了希腊民族的性情。温和舒适的气候使希腊人以户外运动为乐趣，造就了希腊人喜欢户外体育活动的习惯和崇尚自然的审美情趣；与大海为伴的生活又养成了希腊人心胸开阔、思变好动和敢于冒险、勇于竞争的性格；背山面海的地理环境促使古希腊人的自然观朝着重现实主义的价值观和重科学、重理性的方向发展。因此，古希腊人对待自然的态度是既钦佩、畏惧又带有征服欲，且以征服欲占上风。可见，古希腊人性格中的征服欲因素是促使竞技运动产生并发展的重要原因。

二、宗教习俗是古奥运会产生和发展的另一原因

　　古奥运会是一种泛希腊的宗教庆典，它与宗教习俗活动关系密切。古希腊宗教具有泛神论的性质，有如下三个特点：一是对奥林匹斯山诸神的膜拜；二是有一套独特的祭祀制度；三是有丰富的宗教神话传说。在古希腊，宗教构成了城邦生活的一个部分，具有明显的世俗性质。

　　《荷马史诗》曾记载了许多祭祀竞技活动，项目涉及战车赛、拳击、摔跤、赛跑、掷铁饼、投标枪、格斗、射箭、翻筋斗、球戏、游泳、跳水等。

三、奴隶制度促使古奥运会产生与发展

公元前 9 至公元前 8 世纪，希腊氏族社会逐步瓦解，城邦制的奴隶社会逐渐形成，建立了二百多个奴隶制城邦，大小城邦都独立自主。整个希腊没有统一的国家，城邦间的战争不断。各种竞技运动赛会成为各城邦显示自己优越性的一种方式，受到各城邦的普遍重视。随着奴隶制度的确立和巩固，希腊经济迅速发展，手工业发达，商业繁荣。初期的商品经济，要求打破城邦界限，进行经济、文化等方面的交流。这就为各城邦共同的社会活动，包括祭祀庆典、竞技运动，提供了良好的社会环境。古希腊的城邦奴隶制为古代文化的繁荣，即为希腊文化创造了条件。因此，希腊的城邦奴隶制是古希腊奥运会产生的社会根源。

四、频繁战争与神圣休战促进了古奥运会的产生与发展

古希腊数百个各自独立的城邦，从未牢固地团结在一个统一的政治体系中，城邦之间经常兵戎相见，战争频繁。因此，战争对古希腊人的生活有很大的影响，战争要求希腊人具有强悍的体格和敏捷的行动能力，古希腊城邦采用各种方法培养符合战争需要的人，希腊人的尚武精神使他们把体育锻炼当作头等大事。尽管各城邦体育制度各有不同，但准备战争都有共同的目的。

人们厌恶战争，渴望和平。古希腊在奥运会举办期间，以神的名义实行休战，以达到减少战争、摆脱灾难的目的。每逢奥运会举办前数月，伊利斯城邦就派出三名使者，头戴橄榄枝编就的桂冠，手持节杖前往各城邦，宣布"奥林匹克休战（Olympic truce）"开始。神圣休战一经宣布，整个伊利斯城邦成为宗教圣地，禁止任何军事行动，也禁止人们带武器进入，通往奥林匹亚的所有道路畅通无阻，任何人不得拦阻。神圣休战使古奥运会摆脱战争的干扰，成为和平友谊的盛会，体现了古希腊人渴望和平的意愿，这一传统使古奥运会得以延续和发展。

五、斯巴达、雅典的教育制度推动了古奥运会的发展

古希腊人的教育思想及其对人体的审美情趣，对古希腊奥运会的产生及传统和精神的形成有重要影响，古希腊各城邦具有代表性的教育制度是斯巴达和雅典的教育制度。

斯巴达教育制度萌芽于公元前 12 世纪，形成于公元前 9 世纪，斯巴达

教育的唯一目的就是要通过严酷的军事体育操练，把氏族贵族的子弟训练成体格强壮的武士，也就是对奴隶残酷暴虐，对氏族贵族服帖恭顺，能死心塌地为维护贵族的利益而效力的人。

建立在奴隶主民主制基础上的雅典教育与斯巴达有很大的不同，它不仅力图将奴隶主的子弟训练成身强力壮的武士，还要培养他们成为有知识的社会活动家。雅典教育更注重人的身心和谐发展。尽管这两种教育体系有很大不同，但体育在其中都占有很重要的地位。

六、古奥运会的衰落

公元前 2 世纪，罗马征服了希腊，闻名于世的古代奥运会走向全面衰落。公元 4 世纪末，统治了希腊的罗马皇帝狄奥多西一世宣布立基督教为国教。因此，把祭祀宙斯神的古代奥运会当作是异教活动。为了维护罗马对希腊的统治，为了巩固基督教的地位，公元 394 年，狄奥多西一世下令终止了古代奥运会。古代奥运会共举办了 293 届，历时 1 169 年。

第二节 现代奥林匹克运动

一、三大思想文化运动为奥林匹克运动的兴起奠定了思想基础

14 至 18 世纪，欧洲大陆出现了三次大规模的思想文化运动，即文艺复兴、宗教改革和启蒙运动。三大思想文化运动砸开了中世纪束缚人们思想的封建枷锁，扫清了资本主义发展道路上的主要思想障碍，迎来了思想解放、人才辈出和科学繁荣的时期，适应新的生产力发展和新生产关系需要的新的思想文化和新的科学艺术纷纷产生，新的体育思想——近代体育思想也应运而生。

三大思想文化运动中产生的一大批伟大人物与欧洲中世纪黑暗的基督教禁欲主义针锋相对，他们痛斥禁欲主义违反人性，指出人的欲望是正当的人生目的，认为必须在灵魂和肉体之间建立和谐，主张身体和精神的统一，注重身体的均衡与协调发展，重视身体的健康和健美，使人们重新发现了体育的价值，认识到只有身体健康才能享受到人生的快乐。这种思想的兴起确立，使传统的道德标准和美与丑的观念发生了根本变化，为奥林匹克运动的兴起奠定了思想基础。

二、工业革命和资产阶级的教育方式为奥林匹克运动的兴起提供了适宜的土壤

资本主义工业革命给人类社会带来了一系列深刻的变革，它推动了近代自然科学的发展，使近代体育有了雄厚的经济基础，促使体育获得了更强的生命力。由于工业化社会中的生产和生活方式给人的生理、心理带来了一系列严峻的挑战，促使人们努力寻求新的、理想的生活方式，对身体活动有了新的认识。人们开始把注意力转向改善人的身体本身，体育因而成为一种新的社会需要而得到进一步发展。

从文艺复兴时代起，资产阶级的教育家就把体育作为培养人才的重要手段加以大力提倡，不仅恢复了古希腊的体育制度，还进一步制定了锻炼身体的各种措施，积极研究各种运动方法，努力让学生的身体得到全面发展。体育已成为一项重要的、不可缺少的教育活动。捷克教育家夸美纽斯按照资产阶级的教育要求，对学校体育进行了系统的论述，并将体育以较成熟的形式引入到学校教育之中，他主张学校应设宽敞的运动场，应开展广泛的体育活动，鼓励学生通过参加体育活动使身心健康发展。夸美纽斯为学校体育的发展作出了重要贡献，被誉为"学校体育之父"。

三、顾拜旦的伟大贡献

法国教育家顾拜旦是公认的现代奥林匹克创始人，他为奥林匹克运动的诞生和发展作出了卓越贡献。他生于1863年1月1日，大学毕业后投身于法国的教育改革。1888年，顾拜旦就任法国学校教育、体育训练筹备委员会秘书长。他曾去希腊雅典对古代奥运会遗址进行过考察和研究，他认为近代体育的发展正在走向国际化，应该借助古希腊体育的经验和传统影响来推进国际体育，于是产生了复兴奥运会的想法。

1891年，顾拜旦创办《体育评论》杂志，以此为阵地热情宣传他的主张，对创办奥运会起了积极的推动作用。1892年，顾拜旦遍访欧洲宣传奥林匹克理想。同年11月25日，他在索波大学（今巴黎大学）召开"恢复奥林匹克运动会"的会议。在这次会议上，他发表了著名的演说，第一次公开和正式地提出创办现代奥运会的倡议。在演说中，顾拜旦阐明：现代奥运会应该像古代奥运会那样，以团结、和平和友谊为宗旨，但应该比古代奥运会有所发展和创新，它应该向一切国家、地区和民族开放，并在世界各地轮流举办。顾拜旦的倡议使现代奥运会从一开始便冲破民族和国家

界限，具有鲜明的国际性。

1894 年 6 月 16 日至 6 月 24 日，根据顾拜旦的建议，来自希腊等 12 个国家和地区的 39 个体育组织的代表，参加了在巴黎索邦神学院举行的国际体育运动代表大会。此次会议通过了成立国际奥委会的决议，选出 15 人任第 1 届国际奥委会委员。大会还决定由奥运会举办国的国际奥委会委员担任国际奥委会主席，顾拜旦任秘书长。大会规定每四年举行一次奥运会，通过了遵循"业余运动"的决议。奥林匹克运动终于登上历史舞台，揭开了人类文明史上又一页新的篇章。

四、夏季奥林匹克运动会和冬季奥林匹克运动会

(一) 夏季奥林匹克运动会

第 1 届夏季奥运会于 1896 年 4 月 6 日至 15 日在雅典隆重举行，以后每四年举办一次，如因故不能举行，届数仍然照算。自 1896 年在希腊雅典举行第 1 届起，到 2004 年雅典奥运会止，共 28 届。由于两次世界大战导致 1916 年第 6 届、1940 年第 12 届和 1944 年第 13 届没有按期举行，实际上只举办了 25 届。

从 1932 年洛杉矶第 10 届夏季奥运会后，国际奥委会规定：奥运会举办时间不得超过 16 天，包括开、闭幕式在内，从而结束了以前那种"马拉松"式的奥运会。夏季奥运会比赛已经发展到 28 种运动项目，即①田径；②游泳、跳水、水球、花样游泳；③体操、艺术体操、蹦床；④足球；⑤篮球；⑥排球、沙滩排球；⑦手球；⑧垒球；⑨棒球；⑩曲棍球；自行车；射击；射箭；击剑；乒乓球；羽毛球；网球；举重；柔道；拳击；摔跤；跆拳道；帆船；赛艇；皮划艇；马术；现代五项；铁人三项。夏季奥运会比赛项目必须包括至少 15 个运动大项。历届夏季奥运会比赛情况见表 5-2-1。

表 5-2-1　历届夏季奥运会基本情况

届　次	年　代	地　点	参赛国家和地区	小　项	参赛运动员总数/女运动员数
1	1896 年	希腊雅典	14	43	241/0
2	1900 年	法国巴黎	24	95	1225/19
3	1904 年	美国圣路易斯	13	91	689/8
4	1908 年	英国伦敦	22	110	2035/36

届　次	年　代	地　点	参赛国家和地区	小项	参赛运动员总数/女运动员数
5	1912 年	瑞典斯德哥尔摩	28	102	2547/57
6	1916 年	因第一次世界大战停办			
7	1920 年	比利时安特卫普	29	154	2669/78
8	1924 年	法国巴黎	44	126	3092/136
9	1928 年	荷兰阿姆斯特丹	46	109	3014/290
10	1932 年	美国洛杉矶	37	117	1408/127
11	1936 年	德国柏林	49	129	4066/328
12	1940 年	因第二次世界大战停办			
13	1944 年	因第二次世界大战停办			
14	1948 年	英国伦敦	59	136	4099/385
15	1952 年	芬兰赫尔辛基	69	149	4925/518
16	1956 年	澳大利亚墨尔本	67	145	3184/371
		瑞典斯德哥尔摩（马术比赛）	29	6	159
17	1960 年	意大利罗马	83	150	3548/610
18	1964 年	日本东京	93	163	5140/683
19	1968 年	墨西哥墨西哥城	112	172	5530/780
20	1972 年	德国慕尼黑	121	172	7123/1058
21	1976 年	加拿大蒙特利尔	92	198	6028/1247
22	1980 年	苏联莫斯科	80	203	5217/1125
23	1984 年	美国洛杉矶	140	221	6797/1567
24	1988 年	韩国汉城	159	237	8465/2186
25	1992 年	西班牙巴塞罗那	169	257	9367/2708
26	1996 年	美国亚特兰大	197	271	10318/3215
27	2000 年	澳大利亚悉尼	199	300	10651/4069
28	2004 年	希腊雅典	201	301	11099/4524
29	2008 年	中国北京	204	302	11438

奥运会各项比赛的优胜者只能获得精神上的奖励：前 3 名各获奖章一

枚，第 1 名为银质镀金奖章，第 2 名为银质奖章，第 3 名为钢质奖章，第 4～8 名只授予奖状。国际奥委会强调，奥运会的比赛只是运动员或运动队之间的竞技，不是国与国之间的较量，因此不正式公布团体名次。

1896 年第 1 届奥运会，希腊人仍沿袭其祖先旧制，拒女性于奥运会门外。1900 年第 2 届奥运会，女性首次获准参加奥运会，虽仅 19 人，但为女性进入世界体坛开创了先例。

奥运会由一个国家的城市而不是由这个国家承办。一个国家可以有几个城市同时提出申请，如无特殊情况，国际奥委会最迟须在 6 年前选定举办地点。

(二) 冬季奥林匹克运动会

1921 年，国际奥委会通过决议，在 1924 年于法国夏蒙尼举行"1924 年国际运动周 (International Sports Week 1924)"，以作为巴黎第 8 届奥运会的相关节目，内容全部都是冬季运动。

没有想到这个国际运动周大受欢迎，国际奥委会在 1926 年，也就是国际运动周举办完之后两年，才在里斯本第 25 届年会中决定追溯这次的国际运动周为第 1 届冬季奥运会，并且决议今后每四年举办一次冬季奥运会，时间与夏季奥运会同一年。

夏蒙尼冬季奥运会于 1924 年 1 月 25 日开幕，2 月 5 日闭幕。现代冬季奥运会比赛已经发展到 17 种运动项目，即①冰球；②雪橇、雪车、无舵雪橇；③冰橇；④冰上溜石；⑤滑冰；⑥短路道速度滑冰；⑦速度滑冰；⑧花样滑冰、单人滑、双人滑、冰上舞蹈；⑨滑雪；⑩滑板滑雪；越野滑雪；速度滑雪；跳台滑雪；高山滑雪；自由式滑雪；现代冬季两项；北欧两项。历届冬季奥运会比赛情况见表 5-2-2。

表 5-2-2　历届冬季奥运会基本情况

届 次	年 代	地 点	参赛国家和地区	小 项	参赛运动员总数/女运动员数
1	1924 年	法国夏蒙尼	16	16	258/13
2	1928 年	瑞士圣莫里茨	25	14	464/26
3	1932 年	美国普莱西德湖	17	14	252/21
4	1936 年	德国加米施-帕滕基兴	28	17	668/80
5	1948 年	瑞士圣莫里茨	28	22	669/77

届　次	年　代	地　点	参赛国家和地区	小　项	参赛运动员总数/女运动员数
6	1952 年	挪威奥斯陆	30	22	694/109
7	1956 年	意大利科蒂纳丹佩佐	32	24	820/132
8	1960 年	美国斯阔谷	30	27	665/143
9	1964 年	奥地利因斯布鲁克	36	34	1091/200
10	1968 年	法国格勒诺布尔	37	35	1158/211
11	1972 年	日本札幌	35	35	1006/206
12	1976 年	奥地利因斯布鲁克	37	37	1123/231
13	1980 年	美国普莱西德湖	37	38	1072/233
14	1984 年	南斯拉夫萨拉热窝	49	39	1274/274
15	1988 年	加拿大卡尔加里	57	46	1423/313
16	1992 年	法国阿尔贝维尔	64	57	1801/488
17	1994 年	挪威利勒哈默尔	68	61	1793/522
18	1998 年	日本长野	72	68	2302/814
19	2002 年	美国盐湖城	77	78	2399/886
20	2006 年	意大利都灵	80	84	2508/960
21	2010 年	加拿大温哥华	82	86	2701

五、国际奥林匹克委员会

国际奥委会是国际性、非政府、非营利的组织，1981 年 9 月 17 日得到瑞士联邦议会的承认，是无限期存在的具有法人资格的协会。

国际奥委会是奥林匹克运动的最高权力机构，它按照《奥林匹克宪章》领导奥林匹克运动。国际奥委会成立之初的任务比较单一，主要是：第一，确保奥运会的定期举行；第二，使奥运会保持崇高的目标；第三，引导竞技运动向正确的方向发展。随着奥林匹克运动的发展，国际奥委会的任务也越来越多，主要是：促进体育道德和教育；促进体育运动和运动竞赛的协调、组织和发展；保证奥运会为人类服务，促进和平；加强团结并维护奥林匹克运动的独立；反对危害奥林匹克运动的任何歧视；贯彻男女平等的原则，促进妇女在体育各层次及各种机构中取得进步；领导体育运动中反对使用兴奋剂的斗争；支持旨在防止危及运动员健康的措施；反对将体育运动和运动员滥用于任何政治及商业目的；支持体育组织和政府当局为运动员社会的和职业的未来作出的努力；支持大众体育的发展；促进对于环境问题的责任感，促进体育运动中的可持续发展并要求以此原则举办奥运会；促进奥运会为举办城市和国家留下有益的遗产；支持将体育运动与文化和教育结合的创新；支持国际奥林匹克学院及其他致力于奥林匹克教育机构的活动。

国际奥委会享有对奥运会的全部权利，包括对奥运会的组织、开发、广播电视和复制的权利；有关奥林匹克标志、奥林匹克旗、奥林匹克格言和奥林匹克会歌的一切权利也完全属于国际奥委会。国际奥委会组织机构包括国际奥委会全会、国际奥委会执行委员会、国际奥委会总部、国际奥委会专门委员会。

第三节　奥林匹克文化的历史作用

奥林匹克文化源于古希腊文化，伴随古代与现代奥林匹克运动的发展，又不断注入新的内容和精神。

广义的奥林匹克文化，包括奥林匹克运动的全部思想体系和活动内容，是奥林匹克运动在实践过程中所创造的物质与精神财富的总和。物质财富即物质文化，主要指奥林匹克运动对人体技能的改造、发展以及所采用的各类场馆、器材等物质文化设施和由此产生的文化形态。精神财富即精神文化，主要指奥林匹克运动对人的内心世界、社会行为的影响，以及与之相关的各项文化艺术活动。古代及现代的奥林匹克运动都蕴藏着丰富的物质与精神文化。

狭义的奥林匹克文化，主要指奥林匹克运动对人的内心世界、社会行为的影响以及与之相关的各项文化艺术活动。古代奥林匹克运动有形体、圣火、演讲、雕塑等文化艺术活动，现代奥林匹克运动继承和发展了这一传统。奥林匹克的各项文化艺术活动与体育运动结合，既提高了体育的品位，也促进了文化艺术的发展。

概括地说，奥林匹克文化是体育运动与文化和教育相融合的产物。奥林匹克文化是以体育为载体的文化，是以教育为核心的文化，是以西方文化为主导的多元文化，是催人向上的世界先进文化。

一、奥林匹克主义

奥林匹克主义是将身心和精神方面的各种品质均衡地结合起来，并使之得到提高的一种人生哲学，它将体育运动与文化和教育融为一体。奥林匹克主义所建立的生活方式是以奋斗中所体验到的乐趣、优秀榜样的教育价值和对伦理基本原则的推崇为基础的。

根据这一表述，人们把奥林匹克主义的基本内容归纳为以下几方面：

（1）奥林匹克主义的中心思想是人的和谐发展。

（2）体育运动是实现人的和谐发展的重要途径。

（3）体育运动必须与教育、文化相结合。

二、奥林匹克运动宗旨

《奥林匹克宪章》以明确的语言表述了这一运动的宗旨："通过没有任何歧视、具有奥林匹克精神（以友谊、团结和公平精神互相了解）的体育活动来教育青年，从而为建立一个和平的、更美好的世界作出贡献。"

三、奥林匹克精神

《奥林匹克宪章》对奥林匹克精神作出了权威的表述：奥林匹克精神就是互相了解、友好、团结和公平竞争的精神。奥林匹克精神强调友谊、团结、互相了解，其目的就在于它为奥林匹克运动提供了一种必不可少的文化氛围和精神境界。各国运动员只有在公平竞争的基础上，竞争才有意义，才能保持和加强团结、友谊的关系，奥林匹克运动才能实现它神圣的目标。

四、奥林匹克格言

奥林匹克格言是"更快、更高、更强"，这句话充分体现了奥林匹克运动的不断进取、永不满足的奋斗精神。它既指在竞技场上，面对强手时，应发扬大无畏的精神，敢于斗争，敢于胜利；同时也是指对自己永不满足，不断战胜自己，向新的极限冲击。不仅如此，这些格言还鼓励人们应该在自己生活的各个方面不断超越自我，不断提高创新，永远保持蓬勃的朝气。

五、奥林匹克文化的象征性

顾拜旦说："奥林匹克运动是一个伟大的象征。"在奥林匹克运动的实践中，其主张的人的和谐发展的生活哲学，所倡导的团结、友谊、进步的精神，所规定的各项公正平等竞争原则，所形成的各项仪式规范等，皆物化成一系列独特而鲜明的艺术形式，如奥林匹克会旗、奥林匹克火炬、奥林匹克会标、奥林匹克歌曲、奥林匹克奖牌、奥林匹克吉祥物等。这些物化的艺术形式充分表达了奥林匹克丰富的文化内涵，成为人类文明的标志。

1. 五环标志

奥林匹克五环标志图案由五个不同颜色、互相套接的圆环组成，五环的颜色规定为蓝、黄、黑、绿、红。环从左到右依次互相套接，上面是蓝、黑、红环，下面是黄、绿环，代表全世界的五大洲已联结在一起，共同为推进现代奥林匹克的发展而不懈努力，代表着奥林匹克友谊的精神及全世界运动员之间的平行；六种颜色（包括白底），则代表着当时全世界各国国旗的颜色。

根据奥林匹克宪章的正式解释，五环图案的含义是："代表五大洲的团结和全世界的运动员在奥林匹克运动会上相聚一堂。"

2. 奥林匹克徽记奥林匹克徽记是由奥林匹克五环同其他特殊图案共同组成的图样。任何国家、地区和奥运会组委会使用的奥林匹克徽记图案，都必须提交国际奥委会执行委员会批准后才能使用，各国奥委会专用的奥林匹克徽记还必须在经国际奥委会批准后六个月内在本国注册，否则国际奥委会将撤销批准。2008年，北京奥运会的会徽"中国印·舞动的北京"以印章作为主体表现形式，将中国传统的印章和书法等艺术形式与运动特征结合起来，人的造型同时形似现代的"京"字，蕴含浓重的中国韵味。

3. 奥林匹克旗

奥林匹克旗系白底无边，中央绘有五色（蓝、黄、黑、绿、红）相交连环圈，蓝色靠近旗杆左上方。原始的五环旗1913年由顾拜旦设计，长3m，宽2 m。国际奥委会在法国巴黎召开第17届年会及第6届奥林匹克代表大会时，首次升起了奥林匹克旗。1920年，第7届奥运会在比利时举行，比利时国家奥委会使用此旗为会旗，会后赠给国际奥委会。国际奥委会正式会旗自此诞生。以后的历届奥运会开幕式上都有会旗（复制品）的交接仪式。

4. 奥运会会标

为了宣传等方面的需要，每届奥运会的主办国奥委会都要设计制作专用的奥运会会标，以突出该届奥运会的地方特色。作为一届奥运会的象征，会标常出现在举办国或其他国家各种与该届奥运会有关的出版物、商品、纪念品或建筑物上，起到了很好地宣传奥林匹克精神的作用，并为奥运会

后来，在张学良将军的资助下，终于派出了一个代表团：代表沈嗣良，教练宋君复，选手刘长春。因旅途疲劳，体力不支，刘长春在 100 m、200 m 预赛中即被淘汰。这是中国运动员第一次正式进入奥运赛场，虽然成绩不佳，但向全世界宣告了中国奥林匹克运动的存在。

1936 年，第 11 届奥运会在德国柏林举行。中国代表团运动员 69 人，考察员 34 人。除符保卢撑竿跳高进入复赛，其余各项初赛即被淘汰。

1948 年，第 14 届奥运会在英国伦敦举行。中国派出 33 名运动员参赛，各项均未进入决赛。

二、中华人民共和国与奥林匹克运动

1949 年 10 月下旬，在原中华全国体育协进会的基础上，在北京召开了全国体育工作者代表大会，改组建立了中华全国体育总会（以下简称全国体总）和对外代表中国的国家奥委会。1979 年后，由于形势发展的需要，全国体总和中国奥委会成立，钟师统任独立后的中国奥委会第一任主席。

1954 年 5 月，在雅典举行的国际奥委会第 49 次会议上，以 23 票对 21 票通过决议，承认中华全国体育总会为中国国家奥委会，但是台湾的体育组织也以"中华民国"的名义被列入国际奥委会承认的国家奥委会名单中。经过多方的努力和斗争，但由于国际奥委会主席布伦戴奇坚持其错误观点和错误立场，全国体总和有关单项体育运动协会不得不在 1958 年 8 月宣布中断与国际奥委会和有关 9 个国际单项体育联合会的关系，国际奥委会委员董守义声明拒绝与布伦戴奇合作。从此，中国与国际奥委会的正常关系被迫中断。

为了寻求中国问题的合理解决，国际奥委会的一些人士进行了长期的努力。国际奥委会主席基拉宁在 1979 年 3 月的国际奥委会执委会会议上指出，在国际奥委会的档案中，确实查不到任何会议讨论承认中国台湾"奥委会"的记录。在 1979 年 4 月的国际奥委会会议上，何振梁明确表示：根据《奥林匹克宪章》，只应承认一个中国奥委会，即设在北京的中国奥委会。台湾作为一个地方机构，以中国台北奥委会的名义留在奥林匹克运动内，但它的旗、歌和章程等应作出相应的改变。1979 年 11 月，国际奥委会全体委员以通讯表决方式通过决议，规定中华人民共和国奥委会的正式名称为"中国奥林匹克委员会"，会址在北京；设在台北的奥委会名称是"中国台北奥林匹克委员会"，其新的会旗、会歌和会徽均须经国际奥委会执委会批准。这样，我国在国际奥林匹克委员会中的合法席位最终得到恢复，中国与国际奥委会的正常联系最终得到恢复。

1984 年 7 月 28 日至 8 月 12 日，第 23 届奥运会在美国洛杉矶举行。中国派出了 353 人的代表团出席，其中运动员 225 人。这是新中国第一次全面正式参加夏季奥运会，举世瞩目。中国运动员在比赛中表现出良好的道德风貌和顽强的拼搏精神，取得 15 枚金牌、8 枚银牌和 9 枚铜牌的优异成绩，在 140 个参赛国家和地区的角逐中，金牌总数名列第 4，极大地振奋了中国人民及海外华人，提高了中国体育的地位。其中，射击运动员许海峰获得此届奥运会的第 1 枚金牌，实现了我国自 1932 年参加奥运会以来奥运金牌"零"的突破，成为中国体育史上划时代的事件。

三、北京申办和举办奥运会

1991 年 2 月 26 日，北京市政府和中国奥委会决定向国际奥委会提出承办 2000 年第 27 届奥运会的申请。1993 年 9 月 23 日，在摩纳哥蒙特卡洛城举行的国际奥委会第 101 次全会上，五个申办国家的代表向全体国际奥委会委员作了最后的陈述报告。在最后一轮投票中，北京得了 43 票，悉尼得了 45 票，北京以两票之差申奥失利。

1999 年 4 月 7 日，北京向国际奥委会递交了承办 2008 年第 29 届奥运会申请书。2000 年 6 月 19 日，北京奥申委向国际奥委会递交了《申请报告》，按照国际奥委会的要求，全面回答了六个方面的 22 个问题。北京将"新北京、新奥运"作为申奥口号，并提出了"绿色奥运、科技奥运、人文奥运"的新理念。2001 年 7 月 13 日，国际奥委会第 112 次全会在莫斯科举行，确定北京为 2008 年奥运会的举办城市，北京以绝对优势胜出。

百年后的雅典，奥运会重归故里，梦想开始的地方重新成为放飞梦想的起点。当雅典奥运圣火缓缓熄灭后，在全世界的期待目光中，火种穿越爱琴海，跨过太平洋，不远万里来到了中国。百年一梦，一梦百年。从希腊到中国，从雅典到北京，炎黄子孙经过了一个世纪的殷切期盼。这次圣火传递，绝非一次平凡的历史演进式传承，而是历史悠久的奥林匹克运动与源远流长的中华文明的一次历史性握手，是西方文化与中国文化的一次雄伟交汇。千百年来流传至今的中国传统文化将对其充满个性魅力的价值观念、文化观念、思维模式和行为模式对奥林匹克运动的发展产生深远的影响。

(一)"科技奥运"的理念

关于"科技奥运"，北京奥组委的解释是：科技奥运将反映科技最新进展，集成全国科技创新成果，推出一届高科技含量的体育盛会；提高北京科技创新能力，推进高新技术成果的产业化及其在人民生活中的广泛应用，使北京奥运会成为展示高科技技术成果和创新实力的窗口。

"科技奥运"是北京申办 2008 年奥运会时提出的核心理念，就是指在比赛场馆和奥运村建设以及通讯、交通和日常使用的设备方面，运用当代高科技和数字技术、网络技术、宽带技术、环境技术、节能节水技术等，还包括运动员日常训练和奥运会竞赛组织工作的高科技介入。"科技奥运"首先提倡"科学精神"，倡导追求真理，其基本内容包括高举科学旗帜，更新观念，增强环保意识，制定和完善如何保护环境和人文景观等制度以及建设奥运会相关设施和改善环境工程等。科学技术在奥运会中起主导作用，"绿色"和"人文"必须由"科技"来支撑。奥林匹克的格言是"更高、更快、更强"，这也是北京在科技进步方面的追求。根据《北京市奥运行动规划》确定的目标，奥运数字世界将以独特的建筑风格体现"数字奥运"和"数字北京"的内涵。它以多功能及综合应用为目标，包括了为 2008 年奥运会提供支持的技术指挥中心、数据中心、资源中心、网管中心等。"数字奥运"是北京为适应全球进入信息社会，实现"科技奥运"承诺的系统工程。

2008 年北京奥运会证明了中国的电信网络不仅仅是世界上最大的网络，而且还是最高效率、最具创新、拥有诸多可赢利业务的网络。2008年，中国用高科技的手段向世界人民转播了奥运火炬通过珠穆朗玛峰最高峰，穿过长江和黄河，踏上长城传递到北京奥运会主会场的整个过程。在"科技奥运"所表现出来的竞技场上的科技竞争，对转变广大人民群众的健身观念和对体育运动的直接参与，树立"生命在于运动，运动讲究科学"的指导思想，提高科学健身的知识水平，引导人们从事健康、文明的群众体育活动，对提升全民健身活动的科学化水平均有深远的战略性影响。

（二）"绿色奥运"的理念

"绿色奥运"的内涵是用保护环境、保护资源、保护生态平衡的可持续发展思想筹办奥运会；通过举办奥运会，促进城市环保基础设施建设和生态环境改善，广泛地开展环境宣传教育活动，提高公众的环境意识，为中国乃至世界留下丰厚的环境遗产。

绿色和环境保护是人类社会永恒的主题。为了实现"绿色奥运"的理念，促进城市的可持续发展，北京加快实施城市的环保规划，科学处理生活垃圾，提高资源利用率，兴建奥林匹克公园，初步建立生态园林城市，扩大人均占有森林和绿地面积，改善水体质量，唤起民众的环境意识，提高城市的文明水平，使北京形成更为完整的绿地系统和更加合理的城市生态系统。

环保和生态建设水平是衡量首都城市现代化水平的一个重要标志，也是能否成功举办一届最出色奥运会的重要因素之一。北京作为中国的首都和历史文化名城，产业基础雄厚，经济实力强大。为了更好地举办 2008 年奥运会，北京组建了奥林匹克公园，初步建立了生态园林城市。北京奥林匹克公园位于城市中轴线的北端，总用地约 1 135 hm^2，是举办 2008 年奥运会的核心区域，其中森林公园 680 hm^2，中心区 291 hm^2，其余为国家奥林匹克体育中心用地及其南侧预留体育用地以及其他用地。现有的北京奥林匹克公园的总体规划注重城市中轴线的历史和文化的延续性，强调了公众性和景观主导性，为设计师留下了再度创作的余地。北部的森林公园内造湖堆山，成为轴线的背景，使中轴线融入自然山水中。中心区内空间形态独特，在建筑完整明确的边界之间形成三种完全不同的空间和景观；西侧是厚实整齐的林荫道，东侧是自由舒展的水系绿化，中间是独特的中轴线空间序列。

（三）"人文奥运"的理念

传播现代奥林匹克精神，展示中华民族灿烂文化，推动东西方文化的交流合作，促进人与自然、人与社会、人的精神与体魄的和谐发展，充分体现"参与奥运、得益奥运"，充分体现"中国风格、人文风采、时代风貌、广泛参与"的特点。人文奥运是文化的奥运，是以人为本的奥运，是实现和谐的奥运，是"更高、更快、更强"与"和谐、和睦、和平"的有机统一。

"人文奥运"的产生和完成必将推动"奥林匹克"精神和人类文明迈向更高的境界。"人文奥运"理念的提高，在"奥运"史上是创举；它闪烁着东方文化的生活哲理与人性观念。现代奥运会是东西文化交融的盛会，它需要大量地、不断地从世界各个民族的文化中汲取有益的养分，丰富自己的内容，特别是源自古希腊的奥林匹克文化与具有悠久历史的中国文化的交流与融合。北京 2008 年奥运会有助于中国传统文化和世界文化进行广泛深入的交流，推动奥林匹克运动中东、西方文化的互补和互动，使奥林匹克运动真正成为跨文化、跨民族、跨国度的世界性文化体系。

"人文奥运"是以文化为基础的创造性活动的战略实践，有着强烈的实践意义。人文奥运不仅是一个文化理念，而且是一个具有实践特性的可开掘、可持续的发展战略。在 2008 年奥运会举办期间，北京汇集了全世界的体育精英乃至各国政要、商界名流和体育爱好者，他们首先从赛场体验到了中国文化、中国人的素质、中国人的体育精神、中国人的友好感情、中国人的包容性乃至中国一些有负面影响的东西。北京在申办期间就明确提出了"人文奥运"的新理念，并将其作为三大主题之一，制定了 2008 年奥运会的文化主题——"和谐、交流和发展"，其中心思想就是促进奥林匹克的理念与各国民族文化的相互交融，使教育与奥林匹克运动人文精神有机地结合，奥林匹克文化的普及，国际化大都市建设与故都文化遗产及自然生态保护工程，中外文化艺术交流与外宣工程、文化、体育、旅游等方面以"人文奥运"为核心，制定一种整体的文化、经济、社会战略，推动社会与经济的协调发展。

"人文奥运"的新理念，使中国人民受到了一次奥林匹克的文化教育，奥林匹克精神得到了最为广泛的普及，提高了人民群众对体育文化理解的深度与广度，这对于人民群众认识体育文化，培养体育文化精神，参与体育文化的传播以及将体育文化作为体育运动的基本内容的一种社会文化现象都有积极而重要的作用。

第六章　田径运动

　　田径运动是人们参加竞技和锻炼身体的走、跑、跳、投等各项身体运动的总称，是一项易于在大学生中开展且健身价值较高的运动项目。经常、系统地参加田径运动锻炼，能有效地提高人体的走、跑、跳、投等基本活动能力，促进人体正常生长发育和各器官、系统机能的发展，全面发展速度、力量、耐力、灵敏和柔韧等身体素质，提高人体对外界环境变化的适应能力。田径运动又是一项重要的竞技运动项目，可分为田赛和径赛两大类。田赛是以高度和远度丈量成绩的项目，径赛是以时间计算成绩的项目。本章主要叙述几种健身价值高且适于在大学生中开展的田径项目。

第一节　走

　　走是人的最基本的活动方式。21 世纪，利用行走来健身已逐渐成为一种时尚。下面介绍几种走路健身方式，希望你也能成为"走步族"的一员。

一、北欧竞步

　　Nordic Walking，是欧美目前最新潮的运动之一，中文将之翻译为北欧式行走、越野行走、滑雪式竞步、北欧竞步等，最早于 1997 年出现在北欧国家芬兰，指持专用手杖徒步行走。

　　相对于普通行走，北欧竞步需要更多的行走技巧：在迈开左腿前行时，要求右手持手杖一同向前，左手则持手杖拄地减轻右腿的负担，同时用力把身体推向前方，使行走时的步伐更大，速度也更快。北欧竞步可以锻炼运动者的耐力和肌肉力量，还能缓解颈部和肩部肌肉的紧张。由于运动期间心率比普通行走时快出约 13%，所以能有效增强心血管系统功能。

　　科学家经过测算认为，在同样速度下，北欧竞步要比普通行走多消耗20% 的热量。如果走得更快，多消耗的热量可以达到 46%，能有效消耗腰、腹、臀部的多余脂肪，达到减肥的目的。为了达到最佳的锻炼效果，每次行走时间不应低于 30 分钟。

二、有氧运动"八步法"

　　(1) 大步走：步幅比散步时稍大，肌肉用力模式就会改变。心脏不太好的人、糖尿病病人、高血压病人，都可以用这种方法去锻炼。100 m 的距离，男性最好用 100 步走完，女性用 110 步走完。

（2）"10 点 10 分"走：如因颈椎病挤压神经，产生麻、胀等不适感，可在走步锻炼时加一个动作，即两手侧平举到钟表上 10 点 10 分的位置走 200 步，可以锻炼颈部肌肉，缓解颈椎痛，有助延缓颈部关节退化。

（3）呼吸锻炼走：走步时心里默念"1、2、3、4"，每 4 步循环一次，要求 1～3 步吸，第 4 步要快呼，呼得越快，肺里的空气吐得就越快，肺部张开的幅度就会越大，肺部细胞张开的总量就多，对新鲜空气吸得越深。这种锻炼会使携氧红血球和二氧化碳交换的几率加大，促进全身细胞充氧，会产生舒服感，有益健康。

（4）扭着走：扭着走的过程相当于给腹腔里的肠子进行良性按摩。这种主动的蠕动可以帮助改善排便功能，防止便秘，锻炼髂腰肌。

（5）高抬腿走：就是高抬大腿行进。这样每天坚持走 200 步，大腿根会感到累，这个"累"能帮助预防疝气。

（6）"认真"走：认真沿直线行进，有意增加走的难度，会改善人体神经系统功能，特别是防止小脑萎缩。"认真"走，不仅能加大肌肉的运动负荷，还能增加神经系统的参与量，锻炼神经系统的指挥能力和控制能力。

（7）"弹"着走：两脚脚趾朝前，每走一步脚趾都要用力，把人弹起来。这种行走方式可使脚弓参与锻炼，防止足部肌群功能下降，防治脚趾痛、拇外翻、脚弓塌陷、踝关节肿胀等病痛。

（8）倒着走：两腿交替后行，可加强腿部和腰部肌肉力量，比正常前行耗氧多；能增强人体平衡感，保健小脑。倒着走时要选择一个自己熟悉的环境，在平坦的路面进行，以保证安全。

第二节　跑

跑是人体水平位移的一种基本运动形式，是单脚支撑与腾空相交替、蹬与摆相配合的周期性运动。跑同时也是人体的一种最基本的活动能力。田径运动中有短跑、中长跑、马拉松跑、跨栏跑、障碍跑和接力跑等竞赛项目。决定跑速的因素主要是步频和步长。本节重点叙述短跑、中长跑、跨栏跑和障碍跑的知识、方法和健身价值，并介绍几种跑的锻炼方法。

一、短跑

短跑是田径运动中距离短、速度快、人体运动器官在大量缺氧情况下完成的极限强度的周期性运动项目。在国内外大型运动会上，短跑的比赛项目有 100m、200m、400 m 三项。

(一) 短跑的健身价值

短跑不仅是竞技运动项目，同时也是具有较高健身价值的健身项目。经常练习短跑，能提高人体神经系统兴奋和抑制的调节能力以及神经系统传导过程的灵活性；能导致有氧系统酶活性的增加，改善肌肉物质代谢的能力，提高人体的最大摄氧能力和人体运动器官及内脏器官在缺氧条件下的工作能力；它还能发展速度、力量、灵敏、柔韧等身体素质，提高快速奔跑能力以及培养练习者的竞争意识和坚毅、顽强的意志品质等。

(二) 短跑的动作方法

田径运动中的短距离跑分为起跑、起跑后的加速跑、途中跑和终点跑四个紧密相连的部分。

1. 起跑

短跑起跑采用蹲踞式，正式比赛必须使用起跑器。听到"各就位"口令后，两手撑地，两脚依次蹬在前、后起跑器的抵足板上，后膝跪地，两臂伸直，两手间隔比肩稍宽，四指并拢与拇指成"八"字形，颈部自然放松。听到"预备"口令后，平稳地抬起臀部，重心适当前移，身体重量主要落在前腿和两臂上。听到发令枪声或其他出发信号后，两手迅速推离地面，两臂屈肘用力做前后摆动，两腿迅速蹬离起跑器，使身体向前上方运动。

2. 起跑后的加速跑

起跑后的加速跑是指从前脚蹬离起跑器到进入途中跑之间的这一段距离。其动作方法是：蹬离起跑器后，步长逐渐加大，上体逐渐抬起，两脚落点逐渐靠近一条直线；两臂有力摆动，当上体逐渐抬起至正常跑的姿势并发挥较高速度时，即转入途中跑。

3. 途中跑

途中跑是短跑加速到最快速度与冲刺跑之间的距离，它是全程跑中距离最长、速度最快的一段，其任务是继续发挥并保持高速度跑。跑的动作按其动作结构分为后蹬与前摆、腾空和着地缓冲三个阶段。

4. 终点跑

终点跑是全程的最后一段距离，它的任务是尽力保持途中跑的高速度跑过终点，包括终点跑技术和撞线技术。进入终点跑时，要求在距离终点线 15～20 m 处，保持上体前倾的姿势，加强摆臂和后蹬，尽量减少跑速的下降。终点撞线技术要求练习者在跑到离终点约一步距离时，上体急速前倾，双臂后摆，以躯干任何部位撞终点线。

二、中长跑

中长跑是发展耐力的项目，是以有氧代谢为主的耐力性和周期性运动项目，它是指 800 m 至 10000 m 之间距离的跑。中长跑能力是衡量练习者心肺功能的重要指标，其比赛项目有 800 m、1500 m、3000 m、5000 m 和 10000 m。要使中长跑锻炼科学、有效，必须掌握合理的技术和方法。

（一）中长跑的健身价值

经常参加中长跑锻炼，能增强呼吸系统、循环系统的机能，发展耐力素质，培养坚毅、顽强的意志品质和克服困难的精神。由于中长跑是人体在有氧情况下进行的，运动中消耗的能量较大，因此，中长跑是提高人体抗疲劳能力的重要手段，同时也是防止体内脂肪过多的有效手段。现代医学观察和研究证明，中长跑还具有预防和治疗某些慢性疾病、增强体质、提高健康水平和延年益寿的作用。

（二）中长跑的动作方法

中长跑起跑时通常采用站立式，起跑前先站在起跑线后 3 m 集合线处，当听到"各就位"口令后，走到起跑线后；当听到出发信号（如枪声）后，迅速出发进入加速跑。起跑后的加速跑上体前倾较大，两腿交替跑进速度较快，摆臂、摆腿和后蹬都应迅速而积极。途中跑时上体接近垂直或稍向前倾，头部正直，躯干自然挺直而不僵硬；摆臂时，肩部放松，两臂弯曲，两手握拳，前后自然摆动。中长跑时，为了保证机体对氧气的需求，呼吸要有一定的频率和深度并与步伐配合起来，一般是 2～3 步一呼气，2--3 步一吸气。

三、跨栏跑与障碍跑

跨栏跑是在快速奔跑中连续跨过固定距离、数量和高度栏架的运动项目，是田径运动中技术比较复杂，对人的素质要求较高，锻炼价值比较高的运动项目。跨栏跑的正式比赛项目有男子 110 m 栏、400 m 栏，女子

100 m栏、400 m栏等。跨栏跑的成绩取决于练习者的平跑速度、跨越栏架的速度以及跑、跨结合的能力。不论哪种距离的跨栏跑都有时间短、难度大的特点，适合于在田径运动基础较好的人群中开展。障碍跑是指在快速奔跑中越过数个不同形式障碍物的跑，它的运动形式有些类似跨栏跑，但障碍物的设置比较灵活。

（一）跨栏跑和障碍跑的健身价值

大学生参加跨栏跑或障碍跑练习，能够有效地发展速度、弹跳力、灵敏性和柔韧性等身体素质，改善中枢神经系统对各相关肌群的调控和支配能力，提高呼吸和心血管系统的功能，培养速度感、节奏感以及勇敢、顽强的精神和克服困难的勇气，还能提高日常生活中跨越不同障碍的能力。

（二）跨栏跑与障碍跑的动作方法

1. 跨栏跑的动作方法

跨栏跑的动作分为起跑上第一栏技术、跨栏步技术、栏间跑技术和终点跑技术四个部分，具体方法是：蹲踞式起跑后，两腿积极后蹬，有力摆臂并积极加速，准确踏上起跨点后迅速过栏，完成起跨和过栏动作。在全程跨栏跑中，首先要跨好第一栏，这对积极发挥速度、建立良好节奏有着十分重要的意义（图6-2-1）。

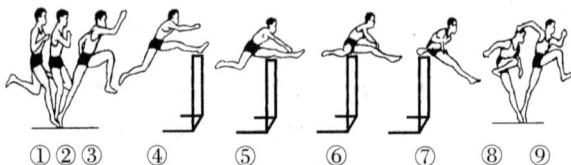

图 6-2-1　跨栏跑的动作方法

2. 障碍跑的动作方法

障碍跑的动作方法是根据障碍物的形式而定，不同的障碍物形式，越过的方法不同。

（1）"踏上式"越过障碍方法：在跑道上设置高30～50 cm的障碍物（如跳箱盖、体操凳或其他器械），起跨腿用力蹬地起跨，上体稍向前倾，摆动腿屈膝前摆高抬，用前脚掌踏上障碍物。当重心移过支撑点上方时，支撑腿迅速伸直蹬离障碍物；另一腿迅速前迈，用脚掌着地，然后继续向前跑进（图6-2-2）。

图 6-2-2 "踏上式"越过障碍法

（2）"跨步式"越过障碍法：在跑道上设置高 30～50 cm 的障碍物，如跳箱盖、体操凳、木栅栏或用两条相距 1.5 m 左右的石灰线设置"壕沟"。练习时，助跑 10～15 m，当跑到障碍物前 1～1.5 m 处时，起跨腿用力蹬地起跨，摆动腿屈膝高抬向前跨步。上体稍前倾，起跨腿同侧臂前摆，异侧臂后摆，然后起跨腿屈膝向前提拉越过障碍物，摆动腿伸直准备落地。

当摆动腿前脚掌落地后，继续向前跑进（图 6-2-3）。

图 6-2-3 "跨步式"越过障碍法

（3）"钻过式"越过障碍法：在跑道上放置一个或数个相连的普通栏架。助跑 10～15 m，当跑到障碍物前 1～1.5 m 时，采用屈膝团身的方法迅速钻过障碍物，然后起身继续向前跑进。

（4）手脚支撑越过障碍法：在跑道上横放跳箱或设置高 1 m 左右的横木。助跑 10～15 m，当跑到障碍物前约 60 cm 处时，用右手扶在障碍物右侧，右脚起跳，左脚踏上障碍物左侧，右臂伸直，将身体支撑在障碍物上，然后右腿屈膝越过。

除了以上几种越过障碍的方法外，还有"绕过式"、"走独木桥式"、"攀越板墙式"等方法。练习者还可以通过自己的想象或在老师的指导下进行各种方法的锻炼。

四、接力跑技术

接力跑形式多样，在大型室外田径比赛中，正式设置的场内竞赛项目为男、女 4×100 m 接力跑和男、女 4×400 m 接力跑。规则要求必须在 20 m 长的接力区内完成传接棒动作，但 4×100 m 接力跑的接棒运动员可在接力区起跑线后 10 m 的预跑区内起跑。

目前，男子 4×100m 接力跑的世界纪录为 37.40 秒，女子为 41.37 秒。男子 4×400 m 接力跑的世界纪录为 2：54.29 秒，女子为 3：15.17 秒。

（一）4×100m 接力跑技术

1. 起跑

（1）持棒起跑：第一棒运动员采用蹲踞式起跑，通常右手持棒，其基本技术与短跑起跑相同，但接力棒不得触及起跑线及起跑线前地面。持棒的方法是用中指、无名指和小指握住棒的末端，用拇指和食指分开撑地。

（2）接棒人起跑：第二、第三、第四棒运动员多采用半蹲式或站立式起跑。第二、第四棒选手站在跑道外侧，第三棒选手站在跑道内侧。接棒运动员起跑姿势的选择，主要取决于能否快速起跑和进入加速跑，能否清晰地看到传棒选手以及设定的起动标志。

2. 传接棒方法

一般采用不看棒的传接棒方法，这种方法分为两种：

（1）上挑式：接棒人手臂自然后伸，手臂与躯干约成 40°～45°角，掌心向后，虎口张开朝下。传棒人将棒由下向前上方"挑"送到接棒人手中。

此种方法的优点是接棒人手臂后伸的动作比较放松，易掌握。缺点是第二棒接棒后，手已握在棒的中部，这样不便于持棒快跑。另外，第三、第四棒传接棒时，棒的前端已所剩不多，所以相对容易掉棒。

（2）下压式：接棒人手臂后伸，与躯干约成 50°～60°角，掌心向上，虎口向后，拇指向内。传棒人将棒的前端由上向下"压"送到接棒人手中。

此种方法的优点是每一次传接棒都能握住棒的一端，便于持棒快跑。缺点是接棒人在手臂后伸时相对紧张。

在 4×100 m 接力跑中也可以采用混合式的传接棒方法：第一棒运动员右手持棒，沿弯道内侧跑进，用上挑式将棒传出；第二棒运动员左手接棒，沿跑道外侧跑进，用下压式将棒传出；第三棒运动员右手接棒，沿跑道内侧跑进，用上挑式将棒传到第四棒运动员的手中。

3. 传接棒的时机

在 20 m 接力区和 10 m 预跑区的 30 m 内，传接双方都能发挥出接近自己最高跑速时，为传接棒的良好时机。一般把这一时机设计在离接力区末端 3～4.5 m 处出现。此时，传棒运动员仍处于高速跑进之中，而接棒运动员也能加速到一定的水平。

4. 传接棒时的获益距离

一般当传棒人距接棒人 2～1.5 m 左右时，即发出接棒口令，随即接棒人迅速后伸手臂接棒。传接双方在高速跑进中顺利完成传接动作瞬间身体重心相距的最大水平距离，习惯上称为获益距离。如果每一接力区能产生 1.5 m 左右的获益距离，那么全程将有 4.5 m 甚至更多的获益距离，这对提高 4×100 m 接力跑的成绩有重要意义。获益距离取决于运动员的身高、臂长、手臂的伸展程度以及传接棒技术的熟练程度。

5. 接棒人起跑标志的确定

起跑标志的作用是当传棒人跑到此标志时接棒人开始起跑。此标志离接棒人起跑处的距离是根据传接双方的跑速以及传接棒技术的熟练程度等因素来确定的。其计算方法有多种，下面介绍比较简单易行的一种：

标志距离＝$V×T-（D-D1）$

V：传棒人最后 30 m 的平均速度；

T：接棒人从起跑至接棒点所用时间；

D：接棒人从起跑至接棒点所跑距离；

$D1$：获益距离，一般设计为 15 m。

以上计算尚属粗略，要在反复调整中才能最后确定。其中，根据接棒人起跑加速的能力确定 D 是很重要的一环。

6. 接力队员的棒次安排

4×100 m 接力跑的成绩主要取决于各棒运动员的短跑速度和传接棒技术。一般第一棒应选择起跑好并善跑弯道的选手；第二棒应是传接棒技术熟练且专项耐力较好的运动员；第三棒除应具备第二棒的长处外，还要善跑弯道；第四棒通常是短跑成绩最好、冲刺能力最强的运动员。

（二）4×400 m 接力跑技术

4×400 m 接力跑的传接棒技术相对简单，但由于传棒人最后跑速已不快，所以接棒人应慢速跑进，目视传棒人，顺其跑速接棒，然后再快速跑出。

第一棒采用蹲踞式起跑，持棒方法同 4×100m 接力第一棒。第二棒采用站立式起跑，通常站在接力区后沿的前面，头部转向后方，眼盯同队的传棒队员。如果传棒人最后仍有一定的速度，那么接棒人可以早些起跑；如果已较缓慢，则应晚些起跑；如果已筋疲力尽，则要主动接棒，并力争早些完成传接棒动作。第三、四棒的接棒方法基本同第二棒，只是要注意服从裁判安排，并注意在不影响其他队跑进的情况下从两侧退出跑道。

4×400 m 接力跑各棒次运动员的安排原则一般为：

（1）第一棒安排技术良好、实力较强的选手，力争在第一个 400 m 成为领先者，这样有利于第二棒运动员水平的充分发挥，并对全队士气起到鼓舞作用。

（2）第四棒应是全队实力最强的选手。接力跑的胜负有时会突出地表现在最后一棒运动员的竞争上。

（3）按运动员实力及竞技状态排序，一般为：乙—丙—丁—甲。

第三节　跳跃

跳是人类的基本活动技能之一，是全身肌肉协调用力，克服自身重量的运动。田径运动中的跳跃，是人体运用自身的能力或借助一定的器材，通过一定的运动形式，使人体腾越尽可能的高度和远度的运动项目，是周期性和非周期性相结合的混合性质的运动。不管是哪一个项目的动作过程，都可以划分为助跑、起跳、腾空、落地四个紧密相连的阶段，其中助跑和起跳阶段是影响跳跃成绩的主要阶段。本节主要介绍被列为高校体育主要教学内容的跳高、跳远（蹲踞式、挺身式、立定跳远）项目。

一、跳高

跳高是人体通过快速助跑和有力起跳，采用合理的过杆姿势，使身体腾越尽可能高的垂直障碍的运动项目。1864年，跳高首次被英国作为一项竞技项目列入田径比赛。在跳高技术发展的一百多年里，曾出现过跨越式、剪式、滚式、俯卧式、背越式五种姿势。目前，在跳高竞技场上，背越式是最为流行的姿势。在学校体育教学中，跨越式和背越式经常被列为跳高项目的主要教学内容。

二、跳远

跳远也叫急行跳远，是人体通过快速助跑和有力起跳，采用合理的空中姿势和动作，使身体腾越尽可能远的水平距离的运动项目。据文献记载，在古希腊奥运会上，跳远就是五项运动比赛项目之一。在跳远技术的发展过程中，曾出现过蹲踞式、挺身式和走步式三种不同的空中姿势。三步半的走步是当今跳远竞技场上最为流行的姿势。但是，由于其动作难度较高，要求人体腾空后有较长的滞空时间，因此，在高校教学中多采用蹲踞式、挺身式和立定跳远三种方法。

（一）跳远的健身价值

跳远不仅是一项竞技运动项目，也是一种锻炼身体的手段，是现代学校体育教学的主要内容之一。经常练习跳远能有效发展速度、下肢快速力量和灵巧性，提高神经系统、心脏和血管的功能，增进健康，培养勇敢、顽强、果断等良好心理品质。

（二）跳远的动作方法

1. 蹲踞式跳远的动作方法

通过快速的助跑和起跳以后，形成空中"腾空步"姿势，在"腾空步"的基础上，摆动腿继续高抬，两臂向前摆动，在跳跃距离1/3～1/2时，起跳腿向前上方提举与摆动腿靠拢，形成空中蹲踞姿势，然后两腿屈膝进一步向胸部靠近，准备下落着地，落地前两臂由体前经体侧摆到体后，接着两腿膝关节伸直，小腿尽量前伸落地（图6-3-1）。

图 6-3-1　蹲踞式跳远

2. 挺身式跳远的动作方法

通过助跑起跳以后，在完成"腾空步"的基础上，起跳腿继续蹬伸留在体后，然后摆动腿展髋下放，与起跳腿靠拢，两臂外展，并挺胸、送髋使躯干成反弓形，形成展体并拉开身体前部肌群，然后两腿同时前收举腿。两臂开始时一前一后，当摆动腿继续向后运动，继而收腹举腿，两臂上举，准备做落地动作，落地时注意举大腿、伸小腿（图6-3-2）。

图 6-3-2　挺身式跳远

第四节　投掷

田径运动中的投掷，是人体通过一定的运动形式，抛掷手持的规定器械，并尽可能获得远度的运动项目。它是以力量为基础、以速度为核心的田赛项目。虽然各种投掷项目的器械、场地、运动形式等有所不同，但都可以分成准备（包括握持器械和预备姿势）、预加速（包括助跑、滑步或旋转三种）、最后用力和结束（出手以后的身体平衡）四个紧密相连的技术阶段。正规的比赛项目有铅球、标枪、铁饼、链球四项。本节主要介绍被列为高校体育主要教学内容的铅球项目。

一、投掷运动的健身价值

投掷是一种表现人体力量和协调能力的运动项目。一般来说，从事投掷练习可使肌肉发达，改善肌肉机能的灵活性，提高速度和力量。大量研究证明：标枪运动员的大脑皮质的兴奋过程具有高度的均衡性，前庭分析器具有很高的稳定性。铅球运动员的动作具有很高的灵敏性、节奏感和速度感。经常参加投掷锻炼者，其身体动作具有很强的协调性和灵敏性，其中枢神经系统对快慢、轻重的反应快速。

二、推铅球技术

推铅球是速度力量型项目。目前在竞技体育比赛中，推铅球技术主要有两种，即背向滑步推铅球和背向旋转推铅球。在此仅介绍背向滑步推铅球技术。为了便于分析，把铅球技术分为握持铅球、滑步前的预备姿势、滑步、最后用力和维持身体平衡五部分（图 6-4-1）。

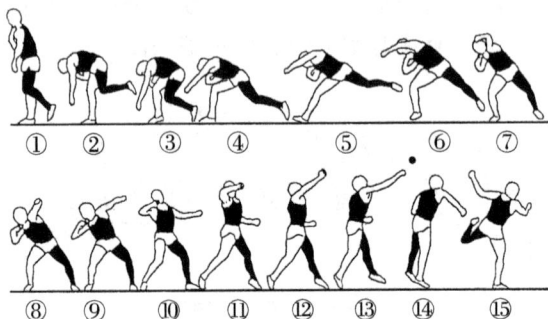

图 6-4-1　背向滑步推铅球

（一）握持铅球

（1）握球（以右手投掷为例）：五指自然分开，将球放在食、中、无名指指根处，拇指和小拇指扶在球的两侧，手腕背屈。

（2）持球：握好球后，将球放在锁骨窝处，贴于颈部，下颌向右转，右臂屈肘，掌心向内，上臂与肩齐平或略低于肩，左臂自然上举，两眼平视前方。

（二）滑步前的预备姿势

预备姿势是滑步前的准备动作，它对铅球运行距离的长短和身体的平衡有重要的作用，并为顺利地进入滑步动作创造良好的条件。滑步前的预备姿势可分为高姿和低姿两种，大多数人采用高姿预备姿势，即持球后，背对投掷方向，两脚前后开立，右脚在前，脚尖贴近投掷圈的后沿；左脚在后，左膝稍屈，以前脚掌或脚尖轻轻点地，上体正直或稍前倾，目视前下方，身体重心压在右腿上。待身体平稳后，上体逐渐前倾，左腿向后上方抬起，左臂自然下垂。然后，右腿弯曲，左腿收回，形成"团身"姿势。这时，上体要与地面基本保持平行，右膝的投影点要在右脚脚尖的前面，铅球的投影点要在右膝的前面，左膝收至右膝腘窝处，身体重心落在右脚前脚掌上，眼睛看前下方2～3 m处。

（三）滑步

滑步的目的是使铅球获得一定的水平速度，并为最后用力创造良好的条件。滑步推铅球技术好的运动员，其滑步推铅球的成绩可以比原地推铅球远1.5～3 m。决定滑步效果的因素主要有三个方面：一是左腿摆动的力量、速度和方向；二是右腿蹬地的力量、速度和角度；三是左腿摆动与右腿蹬地的协调配合。预备姿势完成后，臀部带动身体重心略向投掷方向移动，使其移离身体的支撑点（右脚），便于滑步和避免身体重心起伏过大。接着，左腿以大腿带动小腿迅速向抵趾板方向摆出并外旋，右腿积极蹬伸，并及时拉收、内旋，两腿摆蹬协调配合，推动身体向投掷方向快速移动，形成最后用力前的良好姿势。

滑步开始时，右脚蹬地的方法有两种：一种是脚前掌蹬地，另一种是脚后跟蹬地。前者动作简单、省力，便于拉收右腿，容易掌握；但右腿蹬地不充分，力量小，蹬地角度大，滑步时易造成身体重心上下起伏较大。后者右腿蹬地充分，力量大，蹬地角度小，能减少滑步时身体重心的起伏，更好地发挥水平速度，但对腿部的力量和灵活性要求较高，拉收右腿动作难度较大。

（四）最后用力

最后用力是从左脚落地前开始至铅球离手。最后用力是推铅球技术的关键环节，它对铅球出手初速度的贡献率高达80％～85％，并直接影响着铅球出手角度和出手高度。

当滑步结束右脚着地时，右腿迅速蹬转，左脚积极着地。滑步结束后，右髋向投掷方向转动，努力保持肩轴与髋轴的扭紧姿势，上体在转动中逐渐抬起。为加快上体转动和抬起，左臂由胸前向投掷方向牵引摆动，使身体由背对投掷方向转至侧对投掷方向。此时肩轴仍落后于髋轴，左臂和左肩高于右肩，体重大部分仍在弯曲而压紧的右腿上，身体形成侧弓姿势，拉长的肌群成待发之势，为躯干最后用力动作创造有利条件。

身体形成侧弓后，右腿继续蹬伸，加速右髋向投掷方向转动和上体的前移，体重逐渐移至左腿，左膝被动微屈。左臂由上向身体左侧靠压制动，同时快速转体，挺胸抬头，用力推球。当铅球将要离手时，右手屈腕，手指有弹性地拨球，以加快铅球出手速度。铅球出手角度一般是 $35°\sim39°$。

最后用力前，髋轴在前，肩轴在后，使躯干肌群充分扭紧。最后用力开始后，右腿用力蹬伸，推动右髋转动，使肩轴更加落后于髋轴，从而使躯干肌群得到最大限度的预先拉长。当髋轴转至接近正对投掷方向时，肩轴迅速转动，赶超髋轴，形成自下而上的用力顺序，使下肢和躯干肌肉的力量得到充分的发挥。最后用力过程中，右腿正确的蹬伸用力，能保证髋部正确的运动，而髋部动作直接影响着转体和身体侧弓动作的形成。左腿的支撑动作非常重要，它可以有效地保证动量转换，从而加快上体和铅球向前上方运动的速度，提高铅球的出手高度，并使铅球获得较大的垂直分力，进而达到理想的出手速度和出手角度。

（五）维持身体平衡

铅球离手后，两腿前后交换，身体左转的同时降低身体重心，以便减缓向前冲力，维持身体平衡，避免出圈犯规。

第七章　球类运动

第一节　篮球

一、篮球运动概述

篮球运动是将球投入对方球篮，以得分多少决定胜负的集体球类运动项目，是 1891 年 12 月由旅居美国的加拿大人詹姆士·奈史密斯博士发明的，是以游戏的形式，用足球作比赛工具，用两只桃篮作为投掷目标，遂取名为"篮球"。

1894 年篮球运动传入我国天津。1936 年，在柏林举行的第 11 届奥运会上，男子篮球被列为奥运会正式比赛项目。1976 年女子篮球被列为奥运会正式比赛项目。1932 年在瑞士日内瓦成立了国际业余篮球联合会，并正式出版了第一本国际篮球竞赛规则书籍。从那时起篮球运动逐渐得到发展。目前，世界男子篮球水平最高的国家是美国，其次是欧洲的南斯拉夫、克罗地亚等国。

篮球运动自发明到现在已经有一百多年的历史，它的发展趋势是：身材高、速度快、对抗激烈，技术全面、技巧高超，女子向男子化方向发展。参加近几届奥运会比赛的美国、南斯拉夫等男篮强队，平均身高都在 2 米以上，平均每场比赛得分也在 80 分以上，投篮命中率在 50％ 左右。中国篮球运动 50 多年来蓬勃发展，中国男篮在 1992 年第 25 届奥运会上获得第 9 名，在 1996 年第 26 届、2000 年第 27 届、2004 年第 28 届奥运会上均获得第 8 名。女篮在 1992 年第 25 届奥运会上获得第 2 名，这是中国篮球在大赛中取得的最好成绩。1995 年起，我国拥有了自己的职业联赛——CBA 和 WCBA，1998 年推出了中国大学生篮球联赛——CUBA。

二、篮球基本技术

篮球技术是在篮球比赛中所运用的各种专门动作方法的总称，分为进攻和防守两大部分。

（一）移动

移动是在篮球比赛中，控制自己身体和改变位置、方向速度及争取高

度所采用的各种方法的总称。它们是掌握和运用攻防技术的基础，移动的
种类很多。

1. 起动

准备姿势：两脚前后或左右开立，两膝微屈，上体稍前倾，起动时以
后脚或异侧脚的前脚掌用力蹬地，同时上体迅速前倾或侧转，向跑动方向
移动重心，起动后的前两步应短促、迅速。

2. 跑

跑是队员在球场上改变位置、提高速度的重要方法，也是移动中运用
最多的一项技术，分为：

（1）变向跑：跑动中突然改变方向摆脱防守的一种方法。动作要点：
从右侧跑向左变向时右脚蹬地，屈膝内扣，转移重心，左脚快迈，上体前
倾加速跑动（图 7-1-1）。

图 7-1-1

（2）变速跑：是队员在跑动中利用速度快慢摆脱对手。动作要点：加
速时，蹬地要突然而短促有力，上体前倾；减速时上体要直，步幅放大并
缓冲抵地。

（3）侧身跑：比赛中队员在移动时为了更好地观察场上情况而采用的
方法。

动作要点：上体侧身转肩，脚尖向前，看球跑动。

3. 急停

急停是队员在跑动中突然制动速度的一种方法。球场上常用的急停动
作有两种：

（1）跳步急停（一步急停）：在跑动中用单脚或双脚起跳，这个"跳"要短促，低平，上体后仰，落地时两脚平行，屈膝，并注意双脚前脚掌着地，腰背要直，手张开放于胸前。

（2）跨步急停（二步急停）：在快速跑动中，先向前跨一大步，用全脚掌抵住地面，迅速屈膝，同时身体稍向后倾，转移重心，减缓向前的冲力，然后连贯地跨出第二步。脚着地时，脚尖稍向内转，脚掌内侧用力，屈膝，重心落在两腿之间。

4. 转身

转身是以中枢脚为轴，另一只脚蹬地使身体转动。若一脚从中枢脚脚尖前绕过移动为前转身；若一脚从中枢脚脚跟后绕过移动为后转身。但转身时身体重心不要起伏或前倾，步子不要过大，可用球来带动身体的转动。

5. 练习方法

（1）结合接球做跳步急停、跨步急停，保持"三威胁"姿势。

（2）原地做"三威胁"姿势接后转身、前转身的练习。

（3）沿篮球场边线做3～5步变速跑。

（4）看信号起动快跑、急停。

（5）沿篮球场边线跑，到中线时做侧身跑，回头看后场篮板。

（二）传、接球

1. 传球

传球是在篮球比赛中，持球队员有目的地、准确地把球输送给自己的同伴。它是组织队员进攻配合的纽带。及时准确的传球能够创造良好的进攻机会和投篮时机。

（1）双手胸前传球：双手持球于胸前，指根以上握球，五指自然分开，两拇指成八字形，手心空出，双手持球于胸前，两脚前后开立屈膝。传球时，后脚蹬地，重心前移，同时两臂前伸，手腕两拇指用力下压，手指外翻，用抖腕和手指力量将球传出。

（2）双手击地传球：动作方法与双手胸前传球基本相同，两臂向前下方用力，腕、指快速抖动将球传出。击地点一般在距接球者三分之二的地方。多用于向内线传球、突破。

（3）单手肩上传球：双手持球于胸前，两脚平行开立，传球前，左脚向前跨半步，向右转体将球引至右肩侧上方。出球时，右脚蹬地的同时转体带动上臂，肘在前，前臂迅速前甩，扣腕，手指用力下压将球传出。多用于中、远距离传球。

2. 接球

接球是指将飞行的球停止并控制在自己手里。接球是进攻的基础，只有接好球，才能进行传球、投篮、突破等攻击动作。练习接球时要注意：（1）要积极主动地接球。（2）动作要放松。

接球的动作要领：接球时两手自然放松地伸向球来的方向，手腕、手指不要紧张，两拇指成八字形，手指触球时，两臂顺势屈肘后引缓冲来球的力量，两手持球于胸腹前，成基本站立姿势。

3. 传、接球的练习方法

（1）两人一组原地传接球；

（2）迎面上步接传球；

（3）五角星传接球；

（4）横向移动换位传接球；

（5）二防三传接球；

（6）两人直线跑动中传接球上篮。

（三）运球

持球队员在原地或移动中，单手连续按拍和迎引从地面反弹起来的球叫运球。运球是比赛中个人控制球、支配球、摆脱防守、突破防守的重要手段。运球时要注意：运球要有目的；运球从后场向前推进时要用弱手运球；运球当中不要轻易停球。

1. 运球的基本要领

运球技术的基本要领适合各种运球。抬头，目视前方，不运球的手抬起，以保护球，屈膝，背要直，重心低，用手掌的边缘触球，手掌心空出，将球向前推进，运球的高度视情况而定。

2. 运球的方法

（1）高运球：抬头，目视前方，上体稍向前倾，以肘关节为轴，用手按拍球的后上方，球的落点在身体前侧方，球反弹的高度在腰、胸之间，一般拍一次跑两步。

（2）低运球：当防守靠近时两膝深屈，降低身体重心，抬头，目视前方，用身体和腿保护球，同时用手短促地按拍球，球的反弹高度在膝部，以摆脱防守。

（3）体前变向换手运球：运球者从右手低运球开始，向防守者左侧后方快速推进，同时左臂自然抬起侧身保护球；当防守者身体重心左移时，运球变向，右手按拍球的右侧上方，同时上右腿，左转侧肩保护好球，换至左手运球。

（4）背后运球：右手运球，向对手左侧运球。当防守者身体重心左移时右腿在前突然用右手拍球的外侧，左脚上步的同时使球从身后反弹至左前方，右腿迅速向左前跨步，以臂、腿保护球，换至左手运球。

（5）运球转身：当防守者堵截运球路线时运球队员将球控制在身体右侧；左脚向前跨出一步为中枢脚，置于对手两脚之间，然后右脚用力蹬地后撤，顺势做后转身的同时，右手按拍球的右侧前方，将球拉引向身体的侧后方落地，转身后换手用左手继续运球。

（6）胯下运球：当防守迎面堵截时，右手运球，在左腿向前跨出后，用右手按拍球的右侧后上方，将球从右拍至胯下，反弹至左侧，用左手继续运球。

3. 运球的练习方法

（1）原地高运球或低运球；

（2）原地体前横运球；

（3）原地体侧前后运球；

（4）原地一人两球运球；

（5）原地胯下运球练习；

（6）两人一组运球互抢练习；

（7）运球过障碍物练习：当接近这些防守者时，队员运用胯下、背运球、后转身、变向等方法做过人动作。在做过人动作时一定要贴着防守者擦身而过。

（四）投篮

投篮是队员根据人体运动的科学原理，运用正确的身体姿势和手法，将球从篮圈上面投入球篮的各种动作方法的总称。

1. 单手肩上投篮：接球后，做好"三威胁"姿势。右手投篮时，右脚在前，脚尖正对球篮，屈膝，身体重心在两腿之间，躯干保持正直，不前倾，右手五个手指自然分开，手指和掌触球，掌心空出，食指放在球的中间（初学者用食指按住球的气眼）。将球举在头部右侧上方。躯干与投篮的肩、肘、腕形成三个90°角。投篮时从下肢蹬地发力，伸展腰腹向前上方抬肘伸臂，手腕前屈，食指最后用力并指向篮圈，球出手后要有跟随动作，使球向前旋转（图7-1-2）。

图 7-1-2

练习方法：

（1）"意练"：学会正确的投篮动作要领后，闭着眼睛想完整、正确的投篮动作。

（2）无球的徒手模仿单手肩上投篮动作。

（3）"抄球"练习：练习者单手拍一下球，马上将球抄回身前，双手持球，紧接着举球准备投篮。

（4）原地投篮练习：在做好以上三个练习之后，由近到远，认真做好每一次投篮。

2. 行进间单手肩上投篮：以右手投篮为例，右脚向前跨出时，接着迅速上左脚起跳，右腿屈膝上抬，同时举球至头右侧，上体稍向后仰，当身体跳至最高点时，右臂向上伸直，用手腕前屈和指力将球投出（图7-1-3）。

图 7-1-3

3. 行进间单手低手投篮：跑动步伐与行进间单手肩上投篮基本相同，只在接球的第二步加快速度，向前起跳，同时右手臂向前上方伸出，五指分开，托球下部，掌心向上，接近球篮时，手腕用力上挑，球从指端投出，使球向前旋转投向球篮（图 7-1-4）。

图 7-1-4

行进间投篮的练习方法：

（1）队员排成一路站在中线处，按顺序跑向篮下接球上篮。由慢到快，由容易到增加难度反复练习。

（2）全场运球上篮。

（3）运球后转身，再运球上篮。

（4）运球、传球、侧身跑接球上篮。

4. 跳起投篮：双手持球于胸前，两脚正对球篮，前后开立，屈膝，重心在两脚之间。两腿用力蹬地垂直起跳，同时将球举至右肩上，左手扶在球左侧下方，当身体接近最高点时，右臂向前上方伸直，手腕前屈，拨球将球投出。在空中要保持身体平衡，球出手后，自然落地，屈膝，准备下一个动作。

练习方法：

（1）原地跳起投篮；

（2）半场传球、侧身跑、接球急停跳起投篮；

（3）半场运球急停跳起投篮。

（五）持球突破

持球突破是持球队员运用脚步动作与运球技术相结合，快速超越对手，攻击性很强的进攻技术。在比赛中当防守队员脚步移动缓慢或离自己较近时，或对手失去了正确的防守位置或失去平衡时，抓住时机突破。离防守队员较远时，可做投篮动作，引诱对手上前防守，快速突破，常见的持球突破有两种：

1. 同侧步（顺步）持球突破：突破时，用右脚掌内侧用力蹬地，向对手左侧跨出一步，同时上体右转，左肩下压，右手放球至右脚侧前方，左脚迅速跨步抢位，右手推运球，加速超越对手。

2. 交叉步持球突破：突破时，用左脚掌内侧向左后方用力蹬地，迅速向防守队员左侧跨出一大步，同时转体探肩，贴近对手身体，在右脚（中枢脚）离地前，右手放球至左脚右侧前方，右脚蹬地跨步超越对手。

练习方法：

（1）原地持球做交叉步、同侧步突破，以掌握动作方法。

（2）原地做后转身与同侧步突破或前转身与交叉步突破。

（3）以投篮为假动作做交叉步、同侧步突破。

（4）移动中接球突破（图 7-1-5）：④以跨步急停或跳步急停动作，在防守△急停接球，接球后持球突破。

（5）移动中接球后瞄篮再突破（图 7-1-6）：④接球后与防守队员有一定距离，这时④做瞄篮动作吸引△上步，立即从底线突破上篮。

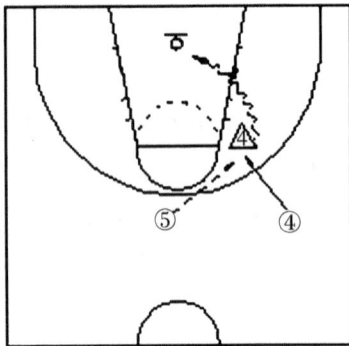
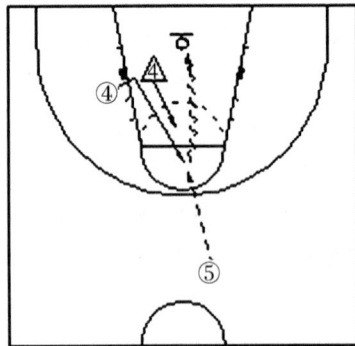

图 7-1-5   图 7-1-6

（六）个人防守

防守技术是队员在防守时，为了阻挠和破坏对手的进攻，达到夺球反攻的目的所采取的各种专门动作的总称。篮球比赛是由进攻和防守两大部分组成的，进攻的目的在于攻破防守，投篮得分；防守的目的在于阻止、破坏对手的进攻，并力图从对手中将球抢过来，转守为攻。一般来讲进攻一次就要防守一次，但防守能力强，争抢球多，就能够增加一些进攻机会。

1. 防守基本技术

（1）防守的基本姿势：两脚开立略比肩宽，屈膝，降低重心，两臂张开，直腰含胸，上体稍前倾。

（2）滑步：滑步分为侧滑步、前滑步、后滑步。滑步的动作要领：用同向滑步的腿发力，另一腿跟随；滑步时两脚不能并上，身体重心不要起伏（图 7-1-7）。

图 7-1-7

2. 防守有球队员：防守者保持与进攻者一臂的距离，两脚前后开立，前脚的脚跟和后脚的脚尖在一条平行线上，前脚顶住进攻队员的中枢脚膝关节弯曲，背要直，双手张开，后脚同侧手稍向上抬起，防传球，另一手向下侧伸，防运球变向。头不能晃动，头与躯干正对球。

3. 防守无球队员：防守无球队员时要保持"球—我—他"的选位原则，我与球和所防对手三者成钝角三角形，防守者始终站在钝角处，以盯人为主，人、球、区三者兼顾，切断对手和持球人的接传球路线，近球区防守，内脚在前近身紧逼，远球区防守时向球和球篮方向回缩，注意协防。当对手向球跑时堵卡在前，对手远离球时防其后，堵死对手进攻威胁最大的一面，不让对手在其有利的位置上得到球。

4. 打球：打球可分为打原地持球队员的球、打运球和打上篮队员的球。

（1）打原地持球队员的球：当持球队员身体重心较高、球又暴露时，防守队员突然上步，用单手自上而下或自下而上快速准确的动作（用手指、手掌击球，用手指小臂与手腕的短促快速动作弹击）将对方手中的球打掉。

（2）打运球：在进攻队员运球时，当球刚从地面弹起，防守队员突然上步，用靠近球的手将球迅速打掉。

（3）打上篮队员的球：防守队员侧身跟随运球队员，当对方上篮跨出第二步，刚要起跳把球从体侧移到腰腹部位的瞬间，防守队员用右（左）手自上往下的斜击方法将球打落。

5. 抢球动作方法

在比赛中抢球动作的时机有：进攻队员终止运球刚拿起球时；持球转

身将球暴露时；进攻队员跳起接球，以及抢到篮板球刚落地保护球不好时；防守者出其不意地将球打掉。抢球动作要快，一手在上，一手在下直握，当手指接触球，手臂迅速向腰腹回收的同时，利用拧、拉和身体扭转力量，将球抢过来。

6. 断球

断球有横断球和纵断球。断球时首先要判断进攻队员的传球意图，在准备断球时，先降低重心，略放松对手，隐蔽自己的真实意图，当持球者传球时迅速起动，以短而快的助跑（横断球）或突然绕步（纵断球），同时单脚或双脚蹬地跃出，身体伸展，两臂前伸将球截获。

（七）抢篮板球

比赛中双方队员在空中争抢投篮未中的球统称为篮板球。篮板球是获得控制球权的重要手段，是增加进攻次数和发动快攻的重要保证。

1. 进攻队员抢篮球板：当同伴或自己投篮时处在近篮的进攻队员应判断球的反弹方向，快速起动摆脱防守，抢占有利位置。起跳，跳至最高点补篮或抢篮板球。落地时屈膝，重心放在两脚之间，将球持于胸腹之间，肘外展。

2. 防守队员抢篮板球：防守队员屈膝上体前倾，重心在两脚之间两臂屈肘侧张占据较大的面积。进攻方投篮时，注意对手的动向，运用上步、撤步和转身占据有利位置，把进攻队员挡在身后，同时判断球的落点，起跳至最高点用双手、单手抢球或将球点拨给同伴。如果在空中未传球，落地时保护好球迅速完成第一传。

三、规则简介

（一）场地器材

篮球比赛场地应是一个长方形的坚实平面，无障碍物。天花板或最低障碍物的高度至少应为 7 米。球场从界线的内沿量起，长 28 米，宽 15 米。球场照明要均匀，光度要充足。灯光设备的安置不得妨碍队员的视觉。篮板横宽 1.80 米，竖高 1.05 米，下沿距地面 2.90 米。篮圈内径 0.45 米，漆成橙色，顶面要成水平，离地板 3.05 米，与篮板两垂直边的距离相等。男子篮球比赛用 7 号球，圆周不得小于 0.749 米，不得大于 0.780 米，重量不得少于 567 克，不得大于 650 克；女子篮球比赛用 6 号球，圆周不得小于 0.724 米，不得大于 0.737 米，重量不得少于 510 克，不得大于 567 克。

（二）比赛的进行、得分和决胜

一队五人，其中一人为队长，候补球员最多七人，但可依主办单位而增加人数。比赛分四节，每节各 10 分钟，NBA 为 12 分钟（全明星新秀赛为每节 20 分钟，共 2 节），每节之间休息 5 分钟，NBA 为 130 秒，中场休息 10 分钟，NBA 为 15 分钟，另在 NBA 中在第 4 节和任何加时赛之间休息 100 秒。比赛开始由两队各推出一名跳球员至中央跳球区，由主审裁判抛球双方跳球，开始比赛。球投进篮框经裁判认可后，便算得分。3 分线内侧投入可得 2 分；3 分线外侧投入可得 3 分，不管是脚跟还是脚尖踩到 3 分线进的球视为 2 分球。罚球投进得 1 分。比赛结束两队积分相同时，则举行延长赛 5 分钟，若 5 分钟后比分仍相同，则再次进行 5 分钟延长赛，直至比出胜负为止。

（三）暂停和替换

2 ∗ 20 分钟的比赛，每队每半时的比赛时间内可以准许请求两次要登记的暂停，每一决胜期内准许 1 次。4 ∗ 12 分钟的比赛，每队每半时（两节）的比赛时间内可以准许请求 3 次要登记的暂停，每一决胜期内准许 1 次暂停。暂停时间为 60 秒。替换选手要在 20 秒内完成，替换次数则不限定。交换选手的时间选在有人犯规、争球、叫暂停时。

（四）罚则

罚球：每名球员各有 4 次被允许犯规的机会，第 5 次即犯满退场（NBA 中为 6 次）。且不能在同一场比赛中再度上场。罚球是在谁都不能阻挡、防守的情况下投篮，是作为对犯规队伍的处罚，给予另一队的机会。罚球要站在罚球线后，从裁判手中接过球后 10 秒内要投篮。在投篮后，球触到篮框前均不能踩越罚球线。

24 秒钟规则：进攻球队在场上控球时必须在 24 秒钟内完成一次进攻。

8 秒钟规则：球队从后场控制球开始，必须在 8 秒钟内使球进入前场（对方的半场）。

5 秒钟规则：持球后，球员必须在 5 秒钟之内掷界外球出手，FIBA（国际篮联）规则规定罚球也必须在 5 秒钟内出手。

3 秒钟规则：分为进攻 3 秒和防守 3 秒。进攻 3 秒：进攻方球员不得滞留于 3 秒区 3 秒以上；防守 3 秒：当某防守方球员对应的进攻方球员不在 3 秒区或者 3 秒区边缘、且彻底摆脱防守球员时，防守方球员不得滞留禁区 3 秒以上。

侵人犯规：与对方发生身体接触而产生的犯规行为。

技术犯规：队员或教练员因表现恶劣而被判犯规，比如与裁判发生争执等情况。

取消比赛资格的犯规：球员做出的不体现运动员精神的犯规动作，比如打人。发生此类情况后，球员应立即被罚出场外。

队员5次犯规：无论是侵人犯规，还是技术犯规，一名球员犯规共5次（NBA规定为6次）必须离开球场，不得再进行比赛。

违例：既不属于侵人犯规，也不属于技术犯规的违反规则的行为。主要的违例行为是：非法运球、带球走、3秒、5秒、8秒、24秒违例、球回后场、使球出界、拳击球、脚踢球等。

队员出界：球员带球或球本身触及界线或界线以外区域，即属球出界。在球触线或线外区域之前，球在空中不算出界。

干扰球：投篮的球向篮下落时，双方队员都不得触球。当球在球篮里的时候，防守队员不得触球。球碰板后对方不得碰球，直到球下落。

被紧密盯防的选手：被防守队员紧密盯防的球员必须在5秒钟之内传球、运球或投篮，否则其队将失去控球权（NBA中无此规定）。

球回后场：球队如已将球从后场带至前场，该球队球员便不能再将球移过中线，带回后场。

第二节　足球

一、足球运动概述

中国是古代足球运动的发源地。根据有关史料记载，我国古代足球游戏起源于公元前475～公元前221年的战国时代。古代足球游戏称为"蹴鞠"或"蹋鞠"。"蹴"和"蹋"都是用脚踢的意思。"鞠"指的是球。在球的制作上，我们的祖先采用皮革内填毛发等有弹性的材料来制作球。汉代，"蹴鞠"已是一项重要的游戏活动，并演变成为军事训练的一种手段，而且增加了竞赛性和军事性，那时已有专供蹴鞠比赛用的"鞠城"（即球场），并有比赛规则。

据史料记载，早在中世纪，英国就有了类似今天的足球活动。现代足球运动在英国兴起，通过英国的海员、退伍军官、商人、工程师和牧师等将足球传播到欧洲大陆和世界其他地方。此时的足球运动处于起步阶段，加之足球的开展不需要特别的装备和器材，足球很容易被世界各地的人们接受。由于比赛时重攻轻守，技战术水平低，发展也较缓慢。

20 世纪初，足球运动已经在世界各地广泛开展起来。1904 年 5 月 21 日在巴黎由法国、瑞士、瑞典、比利时、西班牙、丹麦、荷兰等七国的代表发起成立国际性的足球组织——国际足球联合会（FIFA），法国的罗伯特·格林当选为国际足联首任主席，国际足联总部设在瑞士的苏黎世。随后，世界各大洲的足球联合会也相继成立。

从 1900 年第 2 届奥运会开始，足球被列为奥运会的正式比赛项目。国际足联从 1924 年第 8 届奥运会开始，负责奥运会足球赛的组织工作，从此足球运动成为世界性的体育运动项目。

1931 年中国加入了国际足球联合会，1955 年 1 月 3 日，中国足球协会成立。为了进一步促进和提高我国足球运动水平，从 1956 年起，我国开始实行甲、乙级足球联赛制度，实行运动员、教练员和裁判员等级制度。

1957 年，中国足球队第一次参加世界足球锦标赛。

1978 年，我国恢复全国甲、乙级联赛，并改为双循环升降制，逐步建立了全国成年、青少年的各项稳定而系统的竞赛制度。国际足联恢复了我国的合法席位，这为我国参加国际足球比赛和提高运动水平创造了有利条件。1981 年，中国队参加了第 12 届世界杯足球赛亚太区预选赛，获得第四组第 1 名，在四个小组第 1 名的复赛中，也取得了较好成绩。1982 年，中国青年足球队获得亚洲第 2 名，并获得参加 1983 年在墨西哥举行的第四届世界青年足球锦标赛的资格。1985 年国际足联在北京举行了首届 16 岁以下世界足球锦标赛，中国队进入了前 8 名。1987 年参加了第 24 届奥运会足球预选赛，获得东亚赛区第 1 名，取得了参加 1988 年汉城奥运会的比赛资格。

二、足球基本技术

足球技术，是指运动员在比赛中所采取的合理动作的总称。

（一）无球技术与练习方法

无球技术是指运动员在比赛中，不控球的情况下所采取的合理动作的总称。

1. 跑

足球跑的技术和正常跑的技术有所不同。田径式的冲刺跑在足球中很少运用，因为足球比赛要求运动员快速向前跑动、向后跑动、向侧跑动、弧线跑动、拆线跑动及有快慢结合的变速跑动等。足球跑与田径跑的主要区别在于：其一，田径跑的腾空时间长，而足球跑的腾空时间短，因为足球跑需要随时变向或变速，并降低重心；其二，足球跑的双臂摆幅比正常冲刺跑小，这样有助于保持身体平衡和更敏捷地调整步法。

2. 起动

起动是指运动员由静止或活动中突然加速快跑，占据有利空间或地域的一种技术，应尽量保持慢跑、走、滑步状态，避免静态起动。脚的站位要利于向任何方向蹬出，起动时要求蹬地有力、重心微下降、上体前倾，起动时前几步应短促。

3. 急停

急停是由快速运动状态突然转换成静止状态的一种制动方法。急停时制动脚尽量全脚掌着地，同时屈膝、降重心，并使重心向原运动的反方向偏移，脚掌用力蹬地以抵消身体惯性。

4. 转身

转身是利用脚步的移动和身体的转动来改变自己原来所处状态的一种方法。一般分前转身、后转身两种。低重心在上面"急停"和"起动"中提及，在转身动作中也同样重要。急停、起动与转身紧密相随。

动作要领：

（1）用力蹬伸转动方向的远侧腿；

（2）两臂用力摆动以推动身体转向；

（3）脚尖指向转动方向；

（4）避免在改变跑动方向时交叉腿转身。

5. 跳跃

跳跃是为了取得有利的空间位置而采用的一种移动方法。分为单足跳、双足跳和跳跃三种。

（1）单足跳的方法与动作要领

在可能的情况下，尽量多用单足跳。要先快跑，起跳前最后一步要大，脚跟先着地，身体稍后倾以协助制动，双臂及摆动腿用力上摆。

（2）双足跳的方法与动作要领

应避免原地静态起跳，尽量跨步起跳，双脚与肩同宽，待膝到最佳发力角度起跳。

（3）跳跃的方法与动作要领

这种跳跃应视情形随机运用，在快跑中迅速收腿跳过障碍。

动作要领：

①全神贯注、快速提腿；

②收腿于体下或体侧；

③保持空中的平衡；

④跳跃后，脚应积极用力蹬地再起动。

6. 移动步

移动步指运动员在比赛中为了抢占有利位置，采用适当的撤步法进行移动，一般有跨步、交叉步等，应多种步法结合使用。

动作要领：

（1）身体重心要低，准备随时起动和第二动作；

（2）多种步法结合，力求快速、简练、合理。

7. 假动作

假动作是指以肩、腿、髋、臂的虚晃移动，来扰乱防守或进攻队员的意图，使其产生错误的判断而采取错误的行动。以低重心和合理的站位来保持自身的平衡非常重要；以逼真而稍慢的假动作来诱骗对手做出错误的反应，以隐蔽而迅速的真动作来摆脱对手。

动作要领：

（1）利用身体各部位实施虚晃；

（2）控制好身体重心的变化；

（3）两臂在体侧张开；

（4）抬头并注视对手，观察对手的反应。

（二）有球技术与练习方法

有球技术是足球技术的主要部分。单纯的原地技术动作已不能适应足球运动的发展。

球性练习动作要领：

1. 拨球：用脚背内侧或脚背外侧击拨球的后部或侧后部，使球向前或侧前方滚动，脚背内侧拨称"里拨"，脚背外侧拨称"外拨"。

2. 拉球：用前脚掌踏在球上部或侧上部，支撑脚站于球侧，把球由前向后或由左（右）向右（左）拉等。

3. 扣球：以脚背内侧或脚背外侧向里（外）扣球的侧后部，方法与拨球相近，但用力方法不同。扣球的用力是突然的，并伴随着突然的转身。脚背内侧扣球称"里扣"，脚背外侧扣球称"外扣"。

4. 挑球：用脚背触球下部并突然将球向前上方挑起，挑球时脚尖翘起，挑球不宜过高。

5. 击球：用脚内侧、脚背外侧击球侧后部。如：双脚内侧胯下往返击球。

6. 运球

运球主要是指运地滚球，运地滚球主要是以脚的各种部位去推拨球。

（1）脚内侧运球

运球前进时，上体放松、肩部指向运球方向，身体侧转，支撑脚始终领先于球，膝关节微屈，重心放在支撑脚上并位于球的侧前方，另一只脚提起屈膝，用脚同侧控球前进，然后着地（图7-2-1）。

图 7-2-1

（2）脚背内侧运球

跑动时身体自然放松，上体稍前倾并稍向运球方向转动，两臂自然摆动，步幅要小一些。运球脚提起时，膝关节弯曲，脚跟提起，脚尖稍外转，在迈步前伸脚着地前，用脚背内侧向前侧推发球，球向前侧曲线或弧线运行（图7-2-2）。

图 7-2-2

（3）脚背正面运球

运球移动时与正常跑动时姿势相同，上体稍前倾，步幅不宜过大，运球腿提起，膝关节稍屈，髋关节前送，提踵脚尖下指，在着地前用脚背正面部位触球后中部推送前进（图7-2-3）。

图 7-2-3

（4）脚背外侧运球

运球移动时与正常跑动时相同，上体稍前倾，步幅不宜过大，运球腿提起，膝关节稍屈，髋关节前送，提踵，脚尖绕矢状轴向内旋转，以脚背外侧正对运球方向，在运球脚落地前用脚背外侧推拨球的后中部。

7. 踢球

踢球就是运动员有目的地用脚的某一部位将球踢向预定目标的技术动作。

（1）脚内侧踢球（脚弓踢球）

直线助跑，最后一步稍大，支撑脚与球平行着地，脚尖正对出球方向，支撑腿膝关节微屈，重心略下降。在开始支撑的同时，踢球腿由大腿带动小腿前摆，摆动腿外旋。当膝关节摆动至球正上方时，小腿以膝关节为轴做爆发式加速摆动，在触球前脚跟送出，脚尖微翘起，脚底与地面平行，踝关节紧张固定，脚内侧对准球，击球的中部。击球后身体跟随移动，髋关节送出，踢球后跟着向前一两步可加大踢球力量。

由于踢腿方式不同就可能造成不同的效果，大腿带动小腿做爆发式的摆动，击球后随球前移，这种方法脚触球时间长，摆动距离大，击球力量相对较大。而主要靠小腿做爆发式击球，不跟随前移，则触球时间较短，力量相对较小。

（2）脚内侧踢空中球

原地或跑上前去迎球时，判断来球、移动到位、摆动腿抬起，以髋关节为轴外展，小腿以膝关节为轴由后向前摆动，使脚内侧正对来球然后向前平击球的中部。

（3）脚内侧向踢球腿同侧方向踢球

以支撑脚前脚掌为轴，身体向同侧方向转动，用脚内侧将球击出。

103

（4）脚内侧向踢球腿异侧踢球

支撑脚脚尖向出球方向侧转，击球施力主要靠小腿爆发式摆动，将球向侧向击出。

（5）脚内侧踢各种来向的地滚球

击球动作与踢定位球时基本相同，但要注意脚触球的瞬间，支撑脚与球打对位置能否保证与踢定位球的基本相同，击球方向要考虑到球与脚接触时的入射角及来球的速度；由于来球方向不同，踢球腿摆动主要依靠小腿爆发式摆动。

（6）脚背正面踢球（正脚背踢球）

①脚背踢定位球

最大的特点为直线正面助跑，最后一步稍大，支撑脚积极着地支撑，在球的侧面 10～12 厘米处，脚尖正对出球方向，膝关节微屈，两臂自然张开，支撑的同时踢球腿以髋关节为轴，大腿带动小腿由后向前摆动。当膝关节摆至接近球正上方时，小腿做鞭打爆发式的摆动，击球刹那，脚尖朝下，脚背绷紧，以脚背正面击球的后中部。击球后身体及踢球腿随球前移。

②脚背正面踢反弹球

根据来球的速度、轨迹、落点，支撑脚踏在球落点的侧面，当球落地时，踢球腿爆发式前摆，当球刚弹离地面时，用脚背击球的后中部，击球的一刹那，踝关节用力、绷紧脚背、送髋、膝关节向前平移，踢球后跟随出球方向跑一两步。

③脚背正面踢侧面半高球

完成这种踢球，要有良好的判断能力。根据速度、运行轨迹，选好击球点（体侧一步距离），髋关节对来球方向，身体向支撑脚一侧倾斜展腹、转肩。踢球腿抬起，大腿伸小腿屈，大腿带动小腿由后向前做鞭状急速摆动，在髋关节高度用脚背正面部位击球的中部，同时身体向出球方向扭转，击球后踢球脚随球前摆着地，保持身体平衡。

④脚背正面踢倒勾球

判断来球，选好击球点，迅速移动到位。踢球腿用力蹬地起跳，同时另一腿迅速上摆身体也腾空，双眼注视来球，腾空后蹬地起跳的踢球腿上摆，另一腿下摆，以保持身体平衡，以脚背正面击球后部。踢球后，手掌向下着地、双臂撑地后，屈肘缓冲，然后以背部、腰部、臀部依次着地，减缓倒地力量。这种击球由于背对出球方向，且击球点高，动作突然，运用得当，可收到意想不到的效果。

（7）脚背内侧踢球（内脚背踢球）

①脚背内侧踢定位球

斜线助跑，助跑方向与出球方向约成 45°角，最后一步稍大，以支撑脚的脚底外缘滚动式着地，脚尖指向出球方向，支撑于球侧后方约 20～25 厘米处，膝关节微屈。在支撑的同时，大腿带动小腿以髋关节为轴，由后向前摆动，当大腿摆至与支撑腿接近的同一平面时，小腿做爆发式鞭打动作，脚尖外转脚外翻、脚背绷直，以脚背内侧击球。击球后踢球腿及身体随球向前跑动一两步。可以根据击球部位的不同，踢出平球、高球等不同性质的球。

②脚背内侧踢弧线球

该种技术无论长短传球都可以运用，并且可以进行射门，是定位球进攻时所使用的脚法之一。

斜向约 30°助跑，支撑脚站位在球的侧方稍后一点，脚尖指向前方，大腿带动小腿做鞭状摆动，摆腿方向不通过球心，以内脚背击球侧中部或侧中部偏下一点，使球侧旋，击球后踢球腿沿原摆腿方向继续摆动，身体跟前移动。

③脚背内侧踢各种方向来的地滚球

根据来球的方向、速度，选择好击球时的位置，及时移动到位。根据球滚动的方向，选择支撑腿的站位，例如：向前滚动的球，支撑点应选择在球的侧前方；迎面来的球，支撑点应选择在球的侧后方等，支撑脚脚尖朝着出球方向，并配合球速来调整踢球腿的摆腿速度，以保证脚击球瞬间，球与脚的相对位置仍能保持规格要求。

④脚背内侧踢空球

注视来球，根据来球方向、速度、飞行轨迹，选好击球点并移动到位。身体侧对出球方向，用来球方向的异侧脚支撑，脚尖指向出球方向，身体向支撑脚一侧倾斜，并展开腹部。大腿带动小腿由后向前摆动，并于大腿摆至接近与击球点成一直线时，小腿做爆发式加速前摆，用脚背内侧击球中部，同时身体向出球方向扭转。击球后，踢球腿顺势前摆以维持身体平衡。

（8）脚背外侧踢球（外脚背踢球）

①脚背外侧踢定位球

直线或斜线助跑，助跑最后一步稍大，支撑脚于球的侧面 10～25 厘米，支撑腿膝关节微屈，踢球腿大腿带动小腿摆动，当膝关节摆至接近于球的正上方时，小腿做爆发式摆动，膝关节和脚尖内转，击球瞬间脚背绷紧，脚尖内下指，以脚背外侧击球后中部，击球后身体跟随踢球腿的摆动前移。

②脚背外侧踢地滚球

脚背外侧可以踢来自前方、侧前方、踢球腿同侧的正侧方、侧后方等方向的地滚球。踢球的技术要领和要求与踢定位球相同，但要保证脚触球的刹那支撑脚与球的相对位置符合技术动作要求，在支撑脚站位时应特别注意要考虑到来球的滚动速度与方向，以保证击球瞬间支撑脚的位置与踢定位球时相同。

③脚背外侧踢弧线球

助跑方向与踢球腿的摆动方向相同，最后一步稍大，支撑脚踏在球的侧后方约15～20厘米处，脚尖指向与助跑方向相同，腿摆动；膝关节接近垂直地面时，小腿加力爆发外侧击球的侧后中部，使用力方向不通过球的重心，原摆腿方向继续前摆，身体跟随移动。

④脚背外侧敲击球

与以上各种方法不同，这种踢球摆腿方法是以膝关节为轴的小腿爆发式弹摆，其摆动方向有前摆、侧前摆、侧摆等。击球后踢球腿迅速收回，其特点是完成动作幅度小、快而突然，具有较强的隐蔽性，多用于快速运球和掩护运球中的传球。

（9）脚尖踢球

这种踢球技术可分为脚尖捅球和搓球。特点是动作省力，出球异常迅速，多用于雨天泥泞场地和球离身体较远时进行破坏，缺点是搓球力量较小且球回旋，同伴较难接球，捅球脚尖触球面积较小，方向较难控制。

（10）脚跟踢球

这种踢球方法多在特殊场合使用。它具有很强的突然性和隐蔽性，但出球力量较小。多用于对手在体侧紧逼和门前混乱时，向身后的同伴传球或射门等。

8. 接球

接球是指有意识、有目的地用身体和合理部位，以改变运动中的球的力量、方向，使球处于所需要的控制范围内。

（1）脚底接地滚球

身体正对球前移，支撑腿膝关节微屈，脚尖正对来球方向，接球腿抬起，脚尖翘起并顺势前伸，脚跟离地，但不得高于球的高度，以防球从脚底漏过。

在触球的一刹那，前脚掌下压、触球上部，随后根据第二动作的需要，将球推或拉向前、后、左、右各方向，并随球移动。

（2）脚底接反弹球

判断来球落点，迅速移动到位，支撑脚脚尖朝前，支撑于球的落点侧后方，接球脚提起，脚掌对准球的落点，脚尖翘起，球落地瞬间，用前脚掌去触球的中上部，随后根据需要将球推、拉向各方向，并随球移动。停球时，脚离地不可太高，一般一球高度左右，否则，球的反弹过大会造成停球失控。

（3）脚背外侧接反弹球

判断球的落点并移动到位，支撑脚站在来球落点的侧后方，运用脚背外侧轻轻压球的上半部，其他环节同脚背外侧接地滚球。

（4）脚背外侧接空中球

当球从正面和侧面飞来时，判断好空中接球点，支撑腿支撑于球的侧面的一腿距离，接球腿根据来球速度和飞行高度，在大腿带动下摆起，伸小腿，脚尖内转，以脚背外侧迎球。接球的一瞬间，小腿自然向下，以脚背外侧向下切压球的侧中上部，同时身体稍向后转，缓冲来球力量，接球后迅速进行第二动作，进行摆脱。

（5）脚背正面接球

判断球的落点，及时移动到落点附近。如球下落时速度较快，可以支撑脚蹬地跳起，接球腿大腿带动小腿摆起上迎，小腿伸出，以脚背正面触球底部，脚尖微翘起；当脚触球的一刹那，接球腿与球同步下撤，将球接到身体附近，并迅速跟上第二动作进行摆脱。

（6）"挺胸式"接球

判断好来球落点，两膝微屈站立，两臂自然张开，微收下颌，接触球瞬间两脚蹬地膝关节伸直，同时提起脚跟，用胸部轻托球下部，使球微微向胸前上方弹起。

（7）"收胸式"接球

两脚开立，膝关节微屈，两臂自然张开，挺胸迎向飞来的齐胸高平直球，胸部触球瞬间，迅速收胸、收腹，同时臀部后移或加以转体，将球停于体前或体侧。

9. 抢截球

抢截球技术是指运动员在规则允许的范围内，使用身体的合理部位，把对手对球的控制权夺过来或破坏掉。当一支球队失去控球权时，该队的每一名队员都应该立即进入防守角色，尽快将控球权夺回，因此，每名队员都应具备出色的抢截球技术。

抢截球包含两个内容：一个是在对手控制球时从其脚下将球抢过来或破坏掉；另一个是利用对方传接球过程将球抢断或破坏掉。

总之，足球有攻有守，每一名队员在比赛中不停地进行攻守角色的转换，抢截球是每一名队员都必须掌握的重要技术。

10. 假动作

在足球比赛中，常采取一些虚假动作掩盖自己的真实意图，使对手产生错误判断并实施错误的行动，以获得时间、空间优势及控球权，达到自己射门得分的目的。所有的这些虚假动作的实施都称之为假动作。几乎所有的技术动作都有假动作存在。为了便于概括分析，一般将其分为无球假动作与有球假动作。

11. 守门员

守门员技术是比赛中守门员所采取的各种有效防御动作和接球后进行助攻动作的总称。守门员的一般要求有：

（1）养成正确的准备姿势和接球手法；

（2）守门员应尽量扩大视野，正确判断场上形势，接着球后应立即做好组织进攻和配合进攻的准备和实施动作；

（3）发球时，首先要考虑到准确、到位、利于同伴接控球，其次再强调快速，以减少不必要的失误；

（4）守门员要求具有沉着冷静、勇猛果断的良好素质；

（5）认真了解规则对守门员的要求，合理运用规则。

三、足球规则简介

（一）场地器材

比赛场地应为长方形，其长度不得多于 120 米或少于 90 米，宽度不得多于 90 米或少于 45 米（国际比赛的场地长度不得多于 110 米或少于 100 米，宽度不得多于 75 米或少于 64 米）。比赛的场地可因地制宜，但在任何情况下，边线的长度必须长于球门线的长度，场内各区域的面积不得变更。球场地面必须平坦，硬度合适，以不伤害运动员和不影响球的正常运行为原则。世界杯决赛阶段比赛场地为长 105 米、宽 68 米。国际足联核准的足球重量介于 420～445 克，周长介于 68.5～69.5 厘米，压力在海平面上介于 0.6～1.1 个大气压之间。

（二）比赛的开始、得分和决胜

一场比赛应有两队参加，每队上场队员不得多于 11 名（7 人制为 7 名），其中必须有一名守门员。如果任何一队少于 7 人（7 人制为 5 人）则比赛不能开始；在比赛中则判队员少于规定人数的队为弃权，对方 2：0 胜，如对方净胜球数超过 2 个，则按实际比分计。通过掷币，猜中的队决定上半场比赛的进攻方向。另一队开球开始比赛，猜中的队在下半场开球开始比赛。下半场比赛两队交换比赛场地。比赛时间分为两个 45 分钟（7 人制为 30 分钟）相等的半场。在每半场比赛因各种原因损失的所有时间应被扣除。在每半场比赛结束时，如因执行罚点球，应允许延长时间执行罚完点球为止。上下半场之间的休息时间不得超过 15 分钟（7 人制为 10 分钟）。当球的整体从球门柱间及横梁下越过球门线，而此前未违反竞赛规则，即为进球得分。在比赛中进球数较多的队为胜者。如两队进球数相等或均未进球，则比赛为平局。半决赛及决赛，若在比赛时间内不能决出胜负，立即进行点球决战。

（三）替换和暂停

如果比赛开始前未通知裁判员或各参赛队未达成任何协议，则可以使用的替补队员人数不得超过 3 名。替补队员名单必须在比赛开始前交给裁判员。未被提名的替补队员不得参加比赛。在经裁判员同意后，在比赛暂停时，替补队员可替换队员。只有在被替补队员下场后，替补队员才能上场。任何场上队员都可与守门员互换位置，但必须提前通知裁判员，并在比赛暂停时完成互换。自比赛开始至比赛终了时，比赛均应在进行中，包括：（1）球从球门柱、横木或角旗杆弹回场内。（2）球从场上的裁判员或巡边员身上弹落于场内。（3）场上队员犯规而裁判员并未判罚。只有当球在地面或空中全部越过球门线或边线时或当比赛已被裁判员停止时才成死球，即为足球比赛的"暂停"。

（四）简单规则

1. 开球

开球是比赛开始和重新开始的一种方式。各队队员在本方半场内，对方队员距球至少 9.15 米，开球队员在球未经其他队员触及前不得再次触球。开球适用在：比赛开始时、进球得分后、下半场比赛开始时、决胜期两个半场开始时。开球可以直接射门得分。

2. 球门球

当球的整体不论从地面或空中越过球门线，而最后触球者为攻方队员，且不是进球得分时，由守方队员从球门区内的任何一点踢球门球。踢球队员在其他队员触球前不得再次触球；当球被直接踢出罚球区，比赛即为进行。如果球未被直接踢出罚球区进入比赛应重踢。球门球可以直接射入对方球门而得分。

3. 掷界外球

当球的整体不论从地面或空中越过边线时，由最后触球队员的对方，在球越出边线处掷界外球。在球掷出的一瞬间，掷球队员必须面向比赛场地，任何一只脚的部分站在边线上或站在边线外的地上，使用双手将球从头后经头上掷出，并在其他队员触球前不得再次触球。

4. 角球

当球的整体不论在地面或空中越过球门线，而最后触球者为守方队员，且不是进球得分时，由攻方队员在离球出界处最近的角旗杆的角球弧附近踢处于角球弧内的角球，并且在踢球过程中不得移动角旗杆以及在其他队员触球前不得再次触球。

5. 越位

队员在对方半场较球和最后第二名对方队员更接近于对方球门线即处于越位位置。处于越位位置的队员，在同队队员踢或触及球的一瞬间，裁判员认为其：干扰比赛、干扰对方队员、利用越位位置获得利益时才被判为越位犯规。而直接从球门球、掷界外球、角球中接到球则不构成越位犯规。

6. 犯规与不正当行为

踢、绊摔、打或企图踢、绊摔、打对方队员，推、拉对方队员，向对方吐唾沫或草率地、鲁莽地使用过分的力量跳向、冲撞对方队员，以及在抢断时，于触球前触及对方和故意手球（不包括守门员在本方罚球区内），将判由对方在犯规发生地点踢直接任意球。而无论球在什么位置，如队员在本方罚球区发生上述情况，应被判罚点球。如果守门员在本方罚球区内：（1）用手控制球后在发出球之前持球超过 6 秒。（2）在发出球之后未经其他队员触及，再次用手触球。（3）用手触及同队队员故意踢给他的球。（4）用手触及同队队员直接掷入的界外球。或裁判员认为：队员动作具有危险性、阻挡对方队员、阻挡对方守门员从其手中发球、违反其他规则而停止比赛被警告或罚令出场时，则判罚在犯规发生地点踢间接任意球。

7. 任意球

任意球分为直接任意球和间接任意球两种。无论是直接任意球还是间接任意球，踢球时必须将球放定，踢球队员在球未经其他队员触及前，不得再次触球，所有对方队员距球至少 9.15 米。直接任意球直接踢入对方球门，判为得分。直接踢入本方球门，判给对方踢角球。间接任意球只有当球进门前触及到另一名队员才可得分。如果间接任意球直接踢入对方球门，判为球门球；如果间接任意球直接踢入本方球门，判给对方踢角球。

8. 罚球点球

在本方罚球区内由于违反了可判为直接任意球的规则而被判罚的任意球，应执行罚球点球。在每半场比赛或决胜期上下半场结束时，应允许延长时间执行完罚球点球。罚球时球应放定在罚球点上。主罚点球的队员及时确认由其主罚并处在罚球点附近。防守方守门员留在本方球门柱间的球门线上，面对主罚队员，直至球被踢出。而除主罚队员外的队员应处于比赛场地内，罚球点后的罚球区外并距罚球点至少 9.15 米。罚球点球可以直接进球得分。

第三节　排球

排球运动是由两支人数相等的球队，在被球网隔开的两个均等的场区内，根据规则以身体任何部位，将球从网上击入对方场区，而不使其在本方场区内落地的体育项目。群众排球运动的休闲娱乐性较强，深受广大群众喜爱；竞技排球比赛要求队员攻防技术全面，网上竞争激烈、观赏性强。参加排球运动可以增进健康，培养人的机智、灵敏、果断、沉着等心理品质和团队精神。

一、排球基本技术

排球技术是指运动员在比赛规则允许的条件下采用的各种合理的击球动作和配合动作的总称。排球技术有两种：一种是有球技术，包括传球、垫球、扣球、发球和拦网；另一种是无球技术，包括准备姿势、移动、起跳及各种掩护动作等。

（一）准备姿势和移动

1. 准备姿势

面对来球，双脚左右开立比肩稍宽，一脚稍前，脚跟稍提起，两膝弯曲成半蹲，上体前倾，两臂自然弯曲置于腹前，两眼注视来球（图 7-3-1）。

图 7-3-1　准备姿势　　　　　图 7-3-2　交叉步

2. 移动

移动是由起动到制动的过程。常用的移动步法有：并步与滑步、跑步、交叉步（图 7-3-2）、侧跨步和前跨步等。

（二）传球

传球是组织各种战术的基础，是用手指、手腕的弹击力将球传至一定目标的击球方法。传球分为正面传球、背传球、侧传球和跳传球。

1. 正面传球

面对来球，双手抬起，置于脸前，击球点在额前上方约一球处，利用前臂的力量，配合双脚蹬地、伸膝和身体的协调动作将球传出。随着准备传出球的远近、方向、弧度等变化，击球点也应有所变化（图 7-3-3）。

图 7-3-3　正面传球

2. 侧传球

传球时，身体不转动，靠双臂向侧方传球，手形与正面传球相同，但击球点应偏向传出方向一侧；触球时，双臂向传球方向伸展，异侧手臂的动作幅度应大些，速度稍快些，同时上体也向传球方向倾斜、侧屈，将球传出（图 7-3-4）。

图 7-3-4　侧传球

3. 调整传球

当接发球和防守起来的球无法进行近网传球时，由二传队员或场上其他队员将球传给扣球队员进攻，这种传球称为调整传球。

学练方法：

（1）徒手做传球动作模仿练习。

（2）两人一组，一抛一传或对面连续传球。

（3）调整传球，5号位专人抛球，2号位队员从进攻线后跑上调整传球至4号位，要求传出的球要适合扣球。

（三）垫球

手臂或身体其他部位利用来球的反弹力将球击出的动作方法。垫球分为正面垫球、体侧垫球、跨步垫球、背垫球、滚翻垫球和鱼跃垫球等。由于两臂击球面持平，控制球面较大，故起球效果好，动作相对简单，便于初学者掌握。

1. 正面垫球

身体对正来球，成半蹲姿势，两臂置于腹前，两手掌紧靠，两手指重叠后互握，两拇指平行，手腕下压，手腕和小臂成一个平面；两脚开立，比肩稍宽，一脚稍前，另一脚稍后；当球到腹前一臂距离时，双臂夹紧插入球下，向前上方蹬地抬臂，用前臂腕关节以上10cm左右桡骨内侧，垫击球的后下部，身体重心随击球的动作前移（图7-3-5）。

图 7-3-5　正面垫球

动作要领：上肢为插、夹、提，下肢为移、蹬、跟。

2. 体侧垫球

当球向左侧飞来时，右前脚掌内侧蹬地，左脚向左跨出一步，左膝弯曲，重心移至左脚上，两臂夹紧向左伸出，用向右转腰和收腹的动作，配合两臂在左侧截住球，垫击来球的后下部；当球向右侧飞来时，以相反动作击球，这种垫球可扩大控制范围，但不易控制垫球方向（图 7-3-6）。

图 7-3-6　体侧垫球

学练方法：

（1）两人一组，一个传球于腹前，另一人用正面垫球方法体会触球部位和用力，两人互换练习。

（2）个人自垫球或对墙、对网垫球。

（四）发球

发球队员在发球区内，抛球后用一手将球从网上两标志杆内的空间击入对方场区的击球方法。具有攻击力的发球可直接得分或破坏对方一传。发球分为正面上手发球、正面上手飘球、勾手飘球、勾手大力发球、正面下手发球、侧旋球和跳发球等（以下动作以右手为例）。

1. 正面上手发球

面对球网，自然站立，左手在前将球平稳地向右肩上方抛起，高度适中，右臂随之抬起，屈肘后引，肘略高于肩，身体稍向右侧转移，然后蹬地发力，身体快速左转，同时收腹并带动手臂迅速向前上方挥动，用全手掌击球的中下部；击球时，手掌要自然张开吻合球，手腕要迅速、主动做推压动作将球击出（图 7-3-7）。

图 7-3-7　正面上手发球

2. 正面下手发球

面对球网，两脚前后开立；左脚在前，两膝微屈，上体稍前倾；左手将球平稳地向体前右侧抛起，离手高约 20 cm，右臂伸直，向后摆动，右脚蹬地，身体重心随着右手向前摆动，移至前脚，在身体腹前以全手掌击球的后下方；手触球时，手指、手腕紧张，手掌成"勺"形将球击出（图 7-3-8）。

图 7-3-8　正面下手发球

学练方法：

（1）抛球练习，在有一定参照物（球网、篮圈）下做抛球动作。要求抛球平稳。

（2）面对球网，近距离发球，将球击向球网。体会发球动作的连贯性。

（3）在端线后任一位置，做近、中距离发球，发向指定的不同区域。

（五）扣球

队员跳起，在空中将高于球网上沿的球击入对方场区内的击球方法，是进攻中最有效的技术，也是得分的主要手段。扣球分为正面扣球、单脚起跳扣球、勾手扣球、扣快球和自我掩护扣球。其中正面扣球是最常用的扣球方法。

正面扣球是队员面对球网起跳，在肩的前上方用手击球过网的方法。助跑时，左脚向前迈一步，右脚再迅速跨出一大步，左脚再及时并上。在助跑跨出最后一步的同时，两臂经体侧向后引，左脚在并上踏地制动过程中，双臂由后积极向前摆动，在向上摆臂的同时，两腿从弯曲制动的最低点，用力蹬地向上起跳；起跳后，挺胸展腹，手臂上举，提肩抬肘，身体成反弓形，左臂稍屈，置于体前，右臂屈肘举起，肘关节高于肩关节，右手置于头的侧上方，手掌自然张开成勺形；击球时，用全手掌击球的中上部，利用转体收腹，大臂带动小臂，手腕如鞭打动作，带动手臂快速挥击，将球扣入对方场区；落地时，前脚掌先着地，并顺势屈膝、收腹，以缓冲身体下落的冲力（图 7-3-9）。

图 7-3-9　正面扣球

学练方法：

（1）两人一组，原地面对面扣球练习，体会扣球时腰腹、大小臂发力动作。

（2）在 3 号、4 号位轮流扣球（由一人抛球），体会扣球时两步助跑扣球。

（六）拦网

队员在球网上空拦阻对方击球的动作方法，是防守的第一道防线，也是得分的主要手段。成功的拦网会直接造成对方队员心理上的压力，削弱对方的锐气和气势。拦网分为原地起跳拦网和助跑起跳拦网、单人拦网和集体拦网。

1. 单人拦网

当判断到对方进攻点的位置时，防守队员应立即移动选位准备起跳。一般采用顺网平行移动。其步法有：并步移动、交叉步、向前或斜前移动等（图 7-3-10）。

图 7-3-10　单人拦网

2. 集体拦网

两三人配合的拦网方法。一般以双人拦网运用最多，是在单人拦网动作基础上组成的。集体拦网的关键是协调配合，以发挥集体的威力。

二、排球基本战术

比赛双方运用进攻与防守对抗，并结合临场变化，合理地运用技术，组织有针对性的配合行动。排球基本战术分为个人战术与集体战术两种。

（一）基本阵型

1. 阵容配备

阵容配备是指合理地搭配场上队员技术力量的组织形式，目的在于充分发挥本队集体力量，提高本队的战斗力。阵容配备有以下几种形式："三三"配备、"四二"配备、"五一"配备（图7-3-11）。

图 7-3-11 阵容配备

2. 位置交换

位置交换是为了解决某些轮次上进攻和防守力量的搭配及阵容配备上的某些缺陷，以便有效地组织攻、防战术。在发球击球后，双方队员可以在本场区内任意交换位置。

3. 接发球站位

接发球的站位直接关系到"一攻"战术能否组成和组成的质量，站位方法应根据本方采用的进攻战术来确定，同时也要考虑到对方发球的方法和特点。

（1）本方采用"中一二"进攻时，接发球站位可采用"一二三"形式（图7-3-12）。

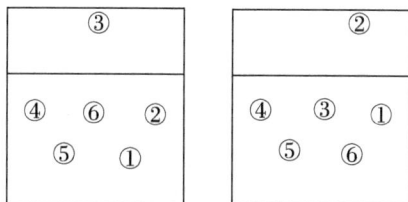

图 7-3-12 "一二三"站位

117

（2）本方采用"边一二"进攻时，接发球站位可采用"边一三二"形式（图7-3-13）。

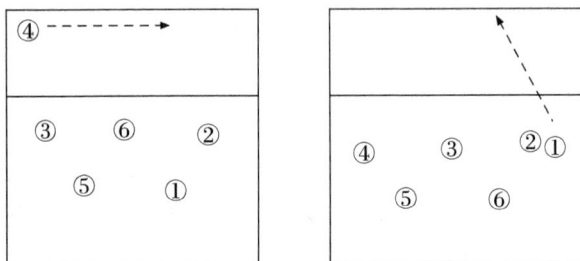

图 7-3-13 "边一三二"站位

（3）本方采用插上进攻时，接发球站位可采用"三二"形式，插上队员可在1号、6号、5号位置上（图7-3-14）。

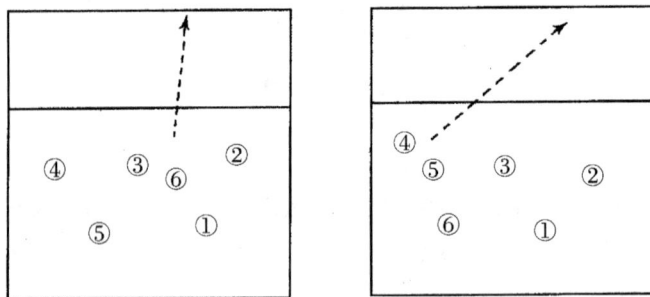

图 7-3-14 "三二"站位

（二）基本战术

1. 进攻战术

（1）"中一二"进攻战术：由3号位队员作二传，2号、4号位队员扣球进攻，其特点是比较容易组织，初学者容易掌握。但由于只能两点进攻，变化少，进攻意图易被对方识破，战术的突然性和攻击性不大（图7-3-15）。

（2）"边一二"进攻战术：由2号位队员担任二传，由3号、4号位队员扣球的进攻战术。假如由4号位队员担任二传，由2号、3号位队员进攻称为"反边一二"进攻战术。它比"中一二"进攻战术变化多些，难度大、战术配合也较复杂，由于两名队员相邻，便于进行互相掩护配合，可以组织更多的战术配合，突然性和攻击性程度比"中一二"进攻战术高（图7-3-16）。

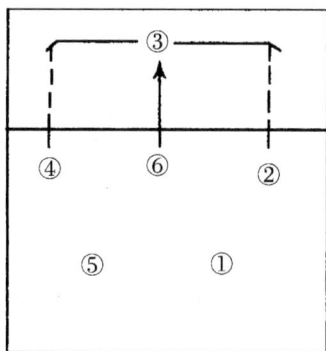

图 7-3-15 "中一二"进攻战术

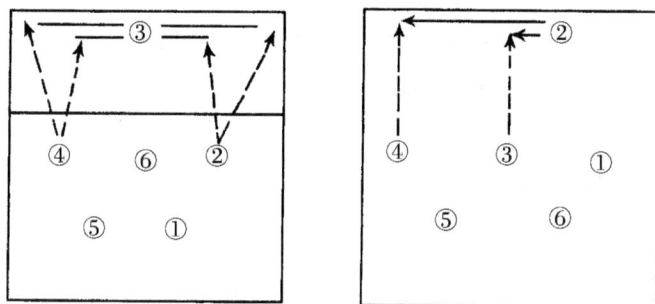

图 7-3-16 "边一二"进攻战术

2. 防守战术

（1）"边跟进"防守战术：前排不参与拦网，队员要后撤参与防守，与后排 3 名队员要形成面对进攻点的弧形防守区域，并明确各自的防守区域和范围。前排两名拦网队员组成拦网，后排 1 号或 5 号位队员跟进到进攻线附近准备保护（图 7-3-17）。

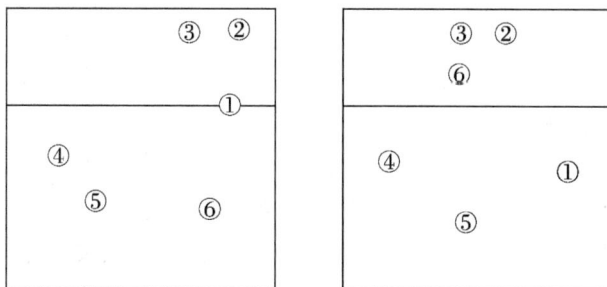

图 7-3-17 "边跟进"防守战术

119

（2）"心跟进"防守战术：是由 6 号位队员跟进保护、防轻吊球的防守形式，适用于对方进攻力量太强，善于打吊结合时采用。"心跟进"防守方法：前排不参加拦网的队员要及时后撤到进攻线以后准备防守，后排 1 号、5 号位队员应随着对方进攻点的不同而正确取位（图 7-3-18）。

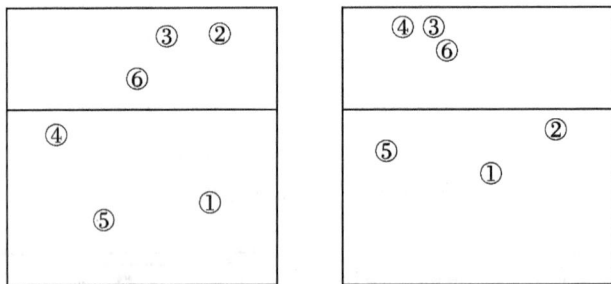

图 7-3-18   "心跟进"防守战术

三、规则简介

（一）场地器材

排球比赛场地为 18 米×9 米的长方形，四周至少有 2 米空地，场地上空至少高 7 米内不得有障碍物。场中间横划一条线把球场分为相等的两个场区。所有线宽均为 5 厘米。场地中线上空架有球网。网宽 1 米，长 9.50 米，挂在场外两根圆柱上。女子网高 2.24 米，男子网高 2.43 米。球网两端垂直于边线和中线的交界处各有 5 厘米宽的标志带，在其外侧各连接一根长 1.80 米的标志杆。球的圆周为 65～67 厘米，重量为 260～280 克，气压为 0.40～0.45 千克/平方厘米。

（二）比赛的进行、比分和决胜

规则规定 1 个队最多有 12 名队员，教练员、助理教练员、医生各 1 人。队员服装必须统一，上衣前后有明显号码。每队上场 6 人，站成两排，从左至右，前排为 4、3、2 号位，后排为 5、6、1 号位。排球比赛是由一队后排右边（1 号位）队员发球开始算起，然后每队可触球 3 次（拦网触球不计在内）。如果球落地、触及障碍物或某一队员犯规，则成死球，造成死球的一方判为失分。如接发球队取得发球权，其队员须按顺时针方向进行 1 个位置的轮转。前 4 局比赛采用 25 分每球得分制，某队先赢得 25 分，并同时超过对方 2 分时，该队胜 1 局。正式比赛采用 5 局 3 胜制，决胜局的比赛采用 15 分每球得分制，一队先得 8 分后，两队交换场区，按原位置顺序继续比赛到结束。决胜局没有最高分限，比赛进行至某队领先 2 分为止。正式排球比赛应有第一、第二裁判员各 1 人，记录员 1 人，司线员 2～4 人。

（三）暂停和替换

教练员可在暂停和局间间隙时间进行指导。比赛成死球时，教练员和队长可向裁判员请求暂停或换人。每次暂停不得超过 30 秒。1 局比赛每队可要求两次暂停。每队在 1 局比赛中，换人最多不得超过 6 人次。

（四）简单规则

1. 发球：获得发球权的一方须先轮转，1 号位队员在裁判员鸣哨后 8 秒钟内须将球击出。发球出手后，如果球在中途触及发球队场上队员、标志杆、其他障碍物或球落在对方场区外以及发球不过网均为发球失误，此时失去发球权同时失分。若发球队得分，则该队发球队员继续发球。

2. 触球：队员可用身体任何部位触球，但不得停留，如出现捞、捧、推、掷球的情况则被判为持球。每队最多触球 3 次（拦网除外），如果 1 个队员连续触球多于 1 次（拦网除外），被判为连击。同队 2 个队员同时触球作为 2 次触球。但双方队员在网上同时触球后均可再击球 3 次。

3. 进攻性击球：直接向对方场区的击球为进攻性击球。前排队员可在本场区对任何高度的球作进攻性击球。后排队员在进攻线前的前场区只能作整个球体不高于球网上沿的进攻性击球，但在进攻线后起跳则可击任何高度的球。

4. 过网击球：队员不得过网击球，但击球点在本场区，球离手后手随球过网不判过网犯规。对方击球前，拦网队员手触及对方场区上空的球，判拦网队员过网犯规。当对方队员击球后，拦网队员在对方场区拦网击球不犯规。

5. 过中线：队员身体任何部位越过中线触及对方场区地面即判过中线犯规。但一脚或双脚的一部分踏过中线，而另一部分踏在中线上或在中线上空则不判犯规。队员可伸手在网下击球，但不得阻碍对方队员。

6. 拦网：只准前排队员进行单人或集体拦网。在 1 次拦网中，球可连续触及 1 个或几个拦网队员的手、头或腰部以上身体任何部位均算 1 次拦网。拦网后本队可再击球 3 次。拦网手触球后，球落界外为触手出界，判失误。

7. 关于自由人

（1）球队可以没有自由球员，但最多只可登记两人。

（2）一队在比赛时只能有一位自由球员在场上。

（3）自由球员必须身着与其他同队球员明显不同颜色的球衣。

（4）自由球员的替补不计入普通球员的替换次数（不记录）。

（5）自由球员的替补必须于一球落地之后至第一裁判发球哨音响起前完成（教练无须请求自由球员的替补或使用号码牌）并只限于替换同一人，且同一自由球员的替换至少须以一球的往返为间隔（即一次死球）。

（6）记录表须注明自由球员。

（7）自由球员不得列于轮转表上，但可于比赛前替换上场。

（8）自由球员的轮转只限于后排。不得发球或轮转至前排，并不得拦网或企图拦网。

（9）如球的位置高于网高，自由球员不得于场上任何位置将球处理过网至对方场地。

（10）如第二传球为自由球员于前排以高手将球传出，则第三球攻击高度不得超过网高。

（11）自由球员不得为球队队长。

第四节　英式橄榄球

橄榄球运动是一项对抗剧烈而又富有观赏性的球类运动项目。经常参加橄榄球运动能有效地发展身体素质，增强体质，培养勇敢顽强、机智果断、坚韧不拔、勇于克服困难的优良品质和团结协作的集体主义精神。

一、橄榄球基本技术

（一）原地传、接球技术

1. 传球技术

运动员有目的地用手把球传向预定目标的动作，是组织攻防战术的基础。

（1）持球方法：五指自然张开，握球体两侧，两拇指相对成"八"字形，在球体中心凸出部的位置，两食指置于球体两侧，平行于球体纵轴线，其余手指自然伸张；掌心空出，用五指有力地控制球；两臂微屈，腕部伸直，使肘关节保持灵活自如地将球持于腰部的位置（图7-4-1）。

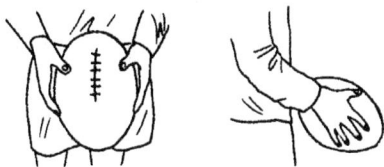

图 7-4-1　持球方法

（2）站立传球法：两脚左右开立，两膝微屈；传球时，腰部向传球方向扭转，重心移至支撑脚上，两臂屈压向后摆动，通过下肢蹬地力量，带动上体协调用力，两臂以肩为轴摆动发力，当球摆至体前最低点时，腕部伸张开始发力，最后通过手指力量把球弹拨送出（图 7-4-2）。

图 7-4-2　站立传球法

2. 接球技术

面对来球，屈膝，上体略前倾，头和两肩对正传球者，两臂伸直，注视来球，用离球较远的手接球，另一只手迅速压住球。

（二）跑动传、接球技术

（1）跑动传球：传球前两步将头对准接球者的方向，用手腕和手指将球传出，传球的目标在接球者腰的前部，传球后向着抢球者的背部移动（图 7-4-3）。

图 7-4-3　跑动传球

（2）跑动中接球：接球者尽可能跑得与传球人成一条平行线，保持3～5m的距离，不要为了接球缩小与传球人的距离。跑在斜行路线时，接到球后，重新建立进攻路线，三步内进入下一次的传球。

（三）踢球与接踢球的技术

踢球是具有攻击作用的技术。踢球是作为扩大地域或缩小对方防线的手段，但球权不易控制。反弹踢球和定位踢球的水平直接影响得分的多少，提高踢球质量对取得比赛胜利是十分重要的。

（1）碰踢：踢球时让球从手中落地，在球接触地面前把球踢出的动作（图7-4-4）。

图 7-4-4　碰踢

（2）反弹踢球：持球者将手中的球有目的地掉落到地上，在球反弹升起时把球踢出的动作（图7-4-5）。

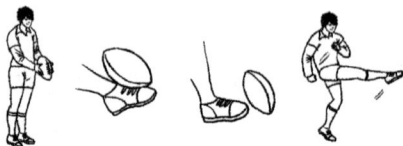

图 7-4-5　反弹踢球

（3）定踢：达阵后的射门及对方严重犯规罚踢射门时，均采用定踢技术。球的摆放有两种方式（图7-4-6）：①圆形，短踢时使用；②堤岸形，长踢时使用。

（4）接踢球：由于橄榄球飞行轨迹不规则，来球的速度、力量、高低、方向等也不同，因此正确判断，选择时机与位置就非常重要，必须反复实践才能掌握。

①接高球。全速跑到球下落的预想地点主动伸双手迎接球，手掌举到头部的高度，肘关节向内收紧；当接球后，用手掌牢牢压住球，抱入怀中（图7-4-7）。

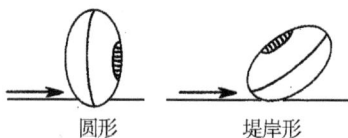

图 7-4-6　定踢

图 7-4-7　接高球

②巧接。队员在本方 22 m 线内或阵区内，至少单脚着地，直接把对方所踢的球接住，同时喊"马克"（Mark），动作方法参照接高球。

（四）扑搂技术

扑搂是防守技术的一种，是指一个带球队员在比赛中被无球队员擒捉，带球队员倒在地上或球触地。即使带球队员单脚或双脚跪地或坐在地上，扑搂皆成立，带球队员必须放开球。

（1）侧面扑搂：由侧面接近对方，注视目标，单脚蹬地，把对方大腿作为目标，头插到对方臀部附近，用肩撞击对方大腿。同时双手环绕到对方膝关节部位，用力拉紧直到对方倒地（图 7-4-8）。

（2）正面扑搂：把自己的脚和身体移到对方一边，使用内侧肩部和手腕把对方搂住，把头部滑向外侧去插入、扭倒对方，使扑搂者变成在上面（图 7-4-9）。

图 7-4-8　侧面扑搂　　　　图 7-4-9　正面扑球

（3）后面扑搂：这种扑搂撞倒对方的力量与其跑进的方向一致，只有快速并紧紧地抱住对方大腿后，对方才会倒下。如果来不及撞倒对方，用双手抓住对方腰部，然后用力抱紧（图 7-4-10）。

图 7-4-10　后面扑搂

二、橄榄球基本战术

橄榄球运动是由 15 人组成一队的集体运动项目。按不同位置将队员分为四个部分：前锋、接锋、中锋和殿锋（图 7-4-11）。由于位置的不同在场上要求掌握的技术也有所侧重。

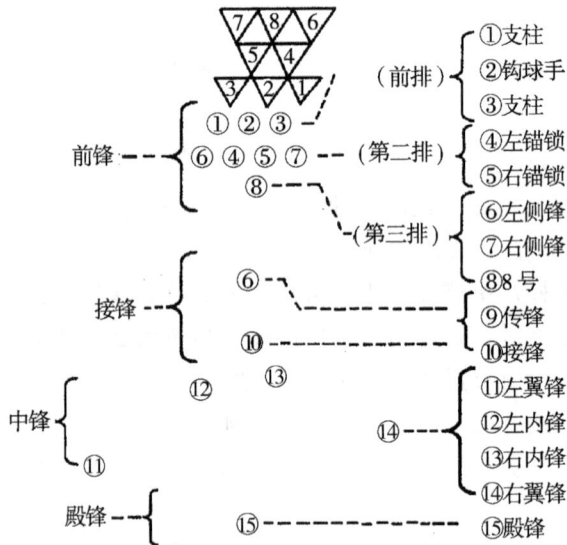

图 7-4-11 橄榄球队员位置

（一）队员位置

1. 前锋

①～⑧号为前锋。在比赛中的司克栏争球（注：队员组成的顶牛方阵）由这些队员组成。规则要求司克栏前排由 3 名队员组成。①号、③号为前排左右支柱。②号是钩球手，由他将投入方阵的球用脚钩进自己的阵型中。④号、⑤号是司克栏的中心。⑥号、⑦号是侧锋，由行动敏捷与健壮的队员担任。⑧号是前锋的首脑人物，头脑清晰、战术意识强。

2. 传锋与接锋

传锋与接锋的位置是指前锋与后锋之间的位置，由⑨号、⑩号队员组成。⑨号传锋必须敏捷灵活、体力好，他要完成对司克栏的投球，对接锋的传球及从冒尔（Mull）、勒克（Ruck）中将球传出的任务。

3. 内锋与翼锋

⑫号、⑬号为内锋，是锋位线上的核心，如何组织左右翼锋向前突破

是技术的关键；⑪号、⑭号为翼锋，是全队速度最快、动作最敏捷的队员，也是主要的得分手。

4. 殿锋

⑮号为殿锋，位于本方最末尾，是防守中坚，同时担任参加中锋线的攻击重任。

（二）橄榄球比赛中特有战术简介

1. 司克栏战术

在橄榄球比赛中争球是以司克栏的形式来完成的。两队各由 8 名队员组成特殊阵型，意义在于通过双方的用力，设法将球控制在自己的阵型中（图7-4-12）。

2. 冒尔和勒克战术

（1）冒尔战术：冒尔是指在比赛中的一种集团结构，规则上表述是由两队各一名或更多的站立队员身体互相接触围绕着一个带球队员所形成。参加

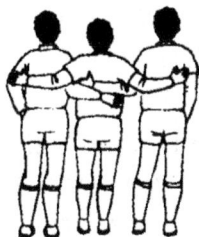

图 7-4-12 司克栏战术

冒尔的队员肩、肘及头部不得低于臀部，冒尔过程中任何队员如有倒地，裁判会令其进行司克栏争球（图7-4-13）。

图 7-4-13 冒尔战术

（2）勒克战术：勒克与冒尔的动作要点大致相同，但技巧有所不同，做勒克技术时，球是在地上，处理勒克中的球是由未倒地者用脚将球钩出。

三、橄榄球简单规则

（一）球场规格及比赛用球

比赛场地长 160 码（1 码＝0.9144 米），宽 75 码，两球门线相距 110 码，端线距球门线 25 码，两线之间为端区。球门两根门柱相距 18 英尺（5.64 米）；横木离地面 10 英尺（3.048 米）；球门柱高出横木 1 英尺（0.3048 米）以上。球为椭圆形，状似橄榄，球长 11～11.5 英寸（27.94～29.21 厘米），纵周长 30～31 英寸（76.2～78.7 厘米），横周长 24～25 英

寸（60.96~64.77 厘米），球重 13~15 盎司（382.72~425.24 克）。

英式橄榄球的球门像一个大写的英文字母 H，两个门柱相距 5.64 米，在离地 3 米处有一个横梁。射门时，球只有通过两个门柱之间，而且飞跃横梁（over an opponents' cross bar），进球才算有效。

（二）比赛时间及得分

进行一场英式橄榄球比赛需要 80 分钟，只有上下两个半场，半场之间休息 10 分钟。每队有 15 个参赛队员，前锋 8 个、后卫 7 个。

触地得分是 Rugby 中得分最高的方式：当进攻队员攻入防守方的得分区内持球触地，"达阵"得 5 分，英文叫 Try。

除了 Touch（触地得分）是用手得分，其他的 3 种得分方式 Conversion kick（追加射门），Penalty kick（罚踢射门），dropped-kick（落踢射门），都是要靠脚来射门得分的。追加射门，进球得 2 分；罚踢射门，进球得 3 分；落踢射门，进球得 3 分。

比赛结束时，以得分多的队获胜。

（三）比赛规则

1. 开球

比赛开始或得分后，按规则踢出的第一个球。英式橄榄球开球规定为：每半场开始，由开球队员在中线中点处作定踢；一方得分后，由另一方在中线中点处或在该点后方作落踢。开球方的队员必须站在球的后方，对方队员必须站在本方半场的 10 码线后，所踢出的球要越过对方的 10 码线。每次得分后，由对方在中线重新开球，继续比赛。规则规定，传球时，不得向前传，只能回传或横传。

2. 基本进攻

比赛开始时在中线踢定位球开球。开球队的队员应站在中线后面，防守队的队员应站在本方 10 码线的后面；守队队员必须在开球队员将球踢过 10 码线之后，方能抢球。每次得分后，由对方在中线重新开球，继续比赛。规则规定，传球时，不得向前传，只能回传或横传。攻方队员超越持球队员接球时判越位，由对方队员在越位地点罚踢任意球。常用的传球方法是双手低手传球。持球队员受到对方冲抢或拦抱不能前进时，球必须立即撒手，不得再向同队队员传球。已被持球队员撒手的球，双方队员都可争抢。比赛中不得冲撞或阻挡不持球队员。对持球队员可以采用抓、抱、摔等方法阻碍其前进，并可进行合法冲撞，但只许以肩撞肩，不得冲撞胸前或背后。踢人、打人和绊人为重要犯规。犯规后由对方队员在犯规地点罚踢任意球。次要犯规则在犯规地点对阵争球。

3. 越位

指队员处在不可参与比赛而且容易犯规的位置上。在比赛的一般状态下，无球的进攻队员处在带球者或踢球者的前方即为越位；在司克栏、冒尔、勒克以及争边球时，队员若逗留或前进到特定的越位线前面时即为越位，判给对方一次罚踢。

4. 得分

队员在对方得分区内持球触地，或队员射门时球从球门架横木之上及两球门柱之间穿过即为得分。持球触地得 5 分，称作达阵。达阵后，得分队还可以在通过达阵点与球门线垂直的假想线上定踢射门一次，射中得 2 分；因一方犯规而获得的罚踢射门以及在比赛进行中的落踢射门，射中得 3 分。

5. 争球

对阵争球时，各方出 3 名前锋队员，并肩各站成一横排，面对面躬身互相顶肩，中间形成一条通道，其他前锋队员分别站在后面，后排队员用肩顶住前锋队员的臀部，组成 3、2、3 或 3、4、1 阵形。然后，由犯规队的对方队员在对阵一侧 1 码外，用双手低手将球抛入通道，不得有利于本队。当球抛入通道时，前排的 3 对前锋队员互相抗挤，争相踢球给本方前卫或后卫队员，前卫和后卫队员必须等候前锋将球踢回后，方可移动。

6. 罚踢

指发生犯规后给予不犯规队的一种踢球，可采用任何一种踢球形式。可将球踢向任何方向，或将球踢出后再去获得球。还可向裁判员表示将罚踢改为攻踢球门。但射门必须采用定踢或落踢的形式。罚踢时，同队队员必须在球的后方，对方队员必须退到离球 10 米远且平行于球门线的地方或球门线上。

7. 出界

球出界时由对方队员在球出界地点抛球入场。双方前锋队员在距边线 5~15 码之间，面对边线各排成一纵队，两队相距 2 英尺（0.6096 米）。当抛球队员抛球到他们头上时，双方队员跳起争球，争球时既可将球接住，也可将球拍击给本队队员。

8. 裁判

每场比赛有 3 名裁判员，1 名主裁判员负责执行规则，掌握比赛和计时；2 名边线裁判员各管 1 条边线，当球或持球人出界时举旗向主裁判示意。

第五节　羽毛球

一、羽毛球运动概述

现代羽毛球运动是由西方传入中国的。现代羽毛球运动起源于 1860 年，世界上第一部羽毛球运动规则于 1873 年草拟于印度的普那。其后一些国家也制订了类似的规则，由于当时人们对这项运动的认识不一致，所以各国所订的规则和场地标准也不尽相同。1893 年，由英国的 14 个羽毛球俱乐部一致倡议组成了正规的羽毛球协会，并进一步修订了规则。1901 年该协会修订羽毛球规则时，将羽毛球场地的形状改成现今的长方形。

20 世纪初，现代羽毛球从欧美国家传入我国的上海、福州、天津、北京、成都等大城市。新中国成立前，人民生活水平低，羽毛球运动是一项贵族运动，参加此项运动的人较少，因而水平也很低，更谈不上普及。

新中国成立后，党和政府大力提倡体育活动，1953 年在天津举行了以区为单位的全国羽毛球表演赛。1956 年，中国羽毛球协会成立，标志着我国羽毛球运动新纪元的到来。其后每年都举办全国羽毛球比赛，使羽毛球竞赛逐渐制度化、规范化。1963 年中国羽毛球队以自己独创的快速进攻打法，一举击败世界冠军印度尼西亚队，跃入世界先进行列。

"文化大革命"中，羽毛球运动受到了影响。1971 年，我国重建国家羽毛球队，通过重视业余训练，重建队伍，恢复完善训练和竞赛制度等一系列措施，一大批年轻选手脱颖而出，技术迅速回升。

1982 年，我国首次参加"汤姆斯杯"比赛，便登上世界冠军的宝座。1984 年，我国女队获得"尤伯杯"冠军，开创了中国羽毛球称霸世界羽坛的崭新局面。20 世纪 80 年代是我国羽毛球运动最辉煌的时期，是世界羽毛球运动的"中国时代"。

进入 20 世纪 90 年代，一方面中国羽毛球处于世界羽坛的众目睽睽之下，各国都在悉心研究，寻找击败中国选手的方法，另一方面人才外流，训练质量下降，训练体制和人才体制都受到影响。近几年，通过总结经验教训，找出差距，改革训练体制，我国羽毛球运动逐渐走出低谷。中国女队在世界各大赛中已占据霸主地位，多次夺得"尤伯杯"。2004 年 5 月 16 日，中国男队以 3∶1 战胜老对手丹麦队，在阔别 12 年后再次捧回了"汤姆斯杯"。

二、羽毛球基本技术

羽毛球技术是指运动员在羽毛球比赛中所采取的合理动作的总称。

（一）握拍法

握拍法是羽毛球运动最基本也是最重要的技术之一，学会正确的握拍方法是掌握合理、准确、全面的击球技术的前提条件。握拍法不得当，有时候还会影响技术动作的完成、发挥，降低了击球的效果和准确性，减弱了击球的威力。因此，初学打羽毛球者，首先应该认真学习正确的握拍方法。

羽毛球技术中的握拍方法有两种：正手握拍法和反手握拍法。以下技术均以右手握拍为例。

1. 正手握拍法

将持拍手的虎口对着拍柄窄面的内侧小棱边，拇指和食指贴在拍柄的两个宽面上，食指和中指稍分开，中指、无名指和小指并拢握住拍柄，掌心空出，拍柄端与近腕部的小鱼际肌平行，拍面基本与地面垂直。正手发球，右场区各种击球及左场区正面头顶球等，一般都采用这种握拍法。

2. 反手握拍法

一般来说，常见的反手握拍法有两种：一种是由正手握拍法把球拍框往外转（即往右方向转），拇指前内侧部位贴在球拍把的窄面部位，食指往中指、无名指、小指方向稍收回；另一种是由正手握拍法把球拍框往外转，拇指伸直贴在球拍把的宽面部位，食指、中指、无名指、小指并拢。通常反手握拍的时候，手心与球拍把之间有一定的空隙，这样握拍法有利于手腕力量和手指力量的灵活运用。

反手发球，身体左侧的击肩下球和肩上球等一般都采用反手握拍法。

3. 握拍的灵活性

根据来球的不同角度和为了控制准确的落点，握拍的方法也会随时发生变化。这也是正确握拍法时所强调掌心要空出的原因，这样才能灵活地控制球拍，应对不同球路的变化。

握拍时，不宜使劲紧握球拍柄，以免影响手腕、手指动作的灵活性。握拍过紧，击球时难于发力，限制技术的正常发挥。握拍时，几个手指要自然分开放松握住球拍柄，掌心不要紧贴拍柄，手心到虎口之间应留有空间。只有在用力击球瞬间，才紧握球拍柄，以免球拍脱手。

在不同的位置、角度或使用不同的技术时，握拍方法也要作相应的细微变化才能打好球。握拍时要善于运用手指的发力加以变化,以达到技术动作的一致性。

(二)步法

羽毛球运动员不仅要有良好的手法,而且还要具备灵活的步法,决不可顾此失彼。场上步法的基本环节有:

1. 准备姿势

接发球准备姿势:按规则要求原地站位,左脚在前,右脚在后,侧身对网,重心在前脚,右脚跟离地,双膝微屈,收腹含胸,放松握拍,屈肘举在胸前,两眼注视对方发球动作。

2. 起动

对来球一有反应判断,即从中心位置上以准备接球姿势转向击球位置击发,称为起动。起动,要求反应敏捷,要准确地判断来球,依据来球的方位迅速采取相应的步法移动。

3. 移动

主要指从中心位置起动后到击球位置的移动方法。移动的基本步法有垫步、交叉步、小碎步、并步、蹬转步、蹬跨步和腾跳步等。运用这些方法,构成了从中心位置到场区不同位置击球的组合步法——后退步法、两侧移动步法和上网步法。

4. 到位击球

移动的本身不是目的,它是为击球服务的。所谓"步法到位",即根据不同的击球方式,接球者应站到最适合这种击球的最有利的位置上。

5. 上网步法

上网步法是指从场地中央位置向网前移动的步法。上网步法可以分成正手上网步法、反手上网步法和蹬跳上网扑球步法三种。为了便于随时起动,准备姿势应为两脚稍前后开位。右前左后,轮换弹动,以便随时调整身体的重心。

6. 后退步法

后退步法有向右后场区后退和向左后场区后退两种。向右后场区后退步法一般是正手击球的后退步法;向左后场区后退步法分为交叉后退头顶击球步法和反手击球后退步法等。

7. 两侧移动步法(多用于接对方的杀球和击来的半场低平球)

(1)向右侧移动步法两脚开立,右脚跟稍提起,上体稍倒向左侧,左脚掌内侧用力起蹬,右脚同时向右侧跨一大步到位击球。若距来球较远,则左脚可向右垫一小步再起蹬，右脚同时向右跨一大步到位。

（2）向左侧移动步法两脚开立，上体稍倒向右侧用力起蹬，左脚同时向左蹬跨一步到位击球。离球较远时，左脚可先向左移一小步，然后向左转身，右脚向左（前交叉）跨大步（背向网）到位同反手击球。

8. 起跳腾空步法

步子到位后，为了争取战机和更高的击球点，用单脚或双脚起跳，居高临下，完成凌空一击，称为起跳腾空击球。在上网、后退和两侧移动中都可运用起跳腾空步。一般来说，起跳腾空步较多用于向左、右两侧进行跳起突击。当对方打平高球（弧线较低），球从右侧上空飞向底线时，用左脚向右侧蹬地，右脚起跳，上体向右侧上空腾起截住来球，突击扣杀对方空当；当球从左侧上空飞向底线时，则右脚向左侧蹬地，右脚起跳，用头顶击球法突击。在正手后退步法中，步子到位后，也可以右脚起跳腾空击球。击球后，左脚后摆在身体重心的后面着地，一经制动缓冲，便应立即回动至中心位置。

9. 步法常见错误及纠正

（1）移动判断错误，球的落点在后场却往前场移动或反之。

纠正方法：这主要是由于判断错误造成的，应多进行教学比赛，提高对假动作及出球路线的识别判断能力。

（2）步法与击球动作配合不好，不协调。

纠正方法：关键是最后一步正确上网时，最后一步右脚在前，重心在右脚上，步幅宜大，后退时，最后一步右脚在后，重心在右脚上。向右移动时，右脚在前，重心在右脚上。向左侧移动可视情况左脚在前或右脚在前重心应在前面一只脚上。

（3）哪里击打完球就在哪里停着，缺乏回动到中心位置的习惯。

纠正方法：依手势的指令，在羽毛球场上反复作起动——到位击球——回动的练习，以上练习也可用多球进行耐力与速度耐力的训练，以加强移动能力。

（4）反应慢、移动慢。

纠正方法：应保持良好的准备姿势，每击完一次球要回到中心位置做好准备姿势，尤其要强调腰腹自然协调；通过多球练习（或按手势指令）作反应起动练习；通过跳绳，跳石阶，跳沙池，负重起动等练习脚弓、踝关节和下肢的力量。

（三）发球法

发球是球员在发球区将球由静止状态，用球拍击出，使之在空中飞行，落到对方的接发球区的技术动作。掌握好发球技术，并在比赛中按对手的优缺点选择有利于自己进攻的发球法，去迫使对手措手不及或处于被动从而达到争取主动得分的目的。发球大致可分为正手发球部分和反手发球部分。一般来说，发网前球、发平球、发平高球的技术，均可以用正手发球和反手发球的技术来进行，而发高远球，则普遍采用正手发球法。

1. 正手发高远球

发高远球的目的就是把球发得又高又远，使球飞行到对方底线上空时垂直下落，则可以限制对方的一些进攻技术，使对方在接发高远球的时候，不易马上组织进攻。发球后的路线与地面形成的角度要大于45°角。

准备动作：站位靠中线，距前发球线约1米左右，身体左肩侧对球网，左脚在前，足尖向网；右脚在后，脚尖指向右前方，两脚间距同肩宽，身体重心落在右脚上；左手食指、拇指和中指轻托球，置于腹部右前方；右手持拍，自然屈肘于身体右侧，两眼注视对方准备接球的动作。

发球的时候，左手把球举在身体的靠右前方并放下，右手同时由大臂带动小臂，从中后方向前，往左前方挥动，大臂开始挥动的时候，身体重心由右脚慢慢地移到左脚。当球落到击球人手臂向下自然伸直能触到球的部位的瞬间，利用甩手腕的力量，向前上方挥拍并急速内旋，带动手腕由伸展至微屈，闪动手腕，以正拍面发力击球。击球点应在右侧前下方。击球后持拍手臂随动作惯性自然向左上方挥动，然后将拍收回至体前，并将球拍调整成放松的正手握拍形式。

2. 正手发平高球

基本上同正手发高远球动作一致，球发得不太高，使球迅速地越过对方场区空中而落到底线附近。球在空中飞行的时候与地面所形成的仰角大约是45°。

（1）准备发平高球时，站在距前发球线约1米左右，发角场区中线附近，面对着球网，左脚在前，右脚在后，两脚之间自然分开（同发高远球一样）。

（2）身体重心放在右脚上面，身体自然地微向后仰，右手向右后侧举起，肘部稍弯曲，左手拿球并自然地在胸前弯曲。

（3）发球时，左手把球举在身体靠右前方并放下，使球下落；右手同时由大臂带动小臂，以小臂加速球拍的从右后方向前、并往左前方挥动。

（4）当球落到击球队员腰部稍下的瞬间，手腕向前上方、以向前方为主鞭打击球，击球时，其动作比发高远球的动作小。

3.正手发网前球

基本动作与发高远球一致，主要区别在于前臂挥动的幅度和手腕后伸程度比发高远球小些，手臂用力轻，主要靠前臂带动手腕向前切送，击球时，拍面从右向左斜向切击球托后部，使球贴网而过，落在对方前发球线附近的发球区内。

4.反手发网前球

准备动作：站在前发球线 10cm～50cm 及中线附近，右脚在前，重心在右脚；左脚跟提起，反手持拍于腹前，肘关节屈，手腕前屈，左手拇指、食指与中指捏住球的羽毛斜放在球拍前面。

击球动作：前臂向前上方推送，同时带动手腕由屈到微伸而向前摆动，利用拇指力量向前推顶球拍，用球拍对球托作横切推送，使球贴网而过，落在对方前发球线附近的发球区内。

击球后，前臂继续向上摆到一定高度后回收至胸前。

（四）接发球

1.接发球的站位和姿势

在右发球区接发球时，运动员应站在靠中线离前发球线约 1.5m 处接发球，主要是防备发球员利用发平快球直接进攻反手部位，避免被动接发球；在左发球区接发球时，运动员则应站在该发球区内的中间位置接发球。

准备姿势：两脚前后开立，一般应左脚在前右脚在后，身体侧身对网，重心在前脚，后脚跟稍离地，双膝微屈，收腹含胸，左手自然抬起屈肘，右手持拍于右身前，思想集中，两眼注视对方。

2.如何接发球

应根据对方的发球路线、弧度、速度或发球质量，以及对方的技术特点等采取不同的接发球或回击办法。

当对方采用发高远球或平高球时，则可以用平高球、吊球或扣杀球进行回击。

当对方发网前球时，则可以用平高球、高远球、放网前球或平推球进行回击。

当对方发平快球时，一般采用平推球或平高球还击，以快制快。

（五）击球法

发球仅仅是击球的开始，而真正激烈的争夺是在发球后的对拉击球上，羽毛球击球技术包括后场击球技术和网前击球技术两类,可分为正手击球法和反手击球法;依据战术球路的需要,又可击直线或斜线球。

1. 后场击球技术

羽毛球场地后半场的击球技术称为后场击球技术。它一般用来主动进攻或调动、控制对方,为双方必争之地。

(1)正手击高远球

动作要点:判断来球的方向和落点,迅速侧身后退,使球处在自己的右肩前上方。左肩对网,左脚在前,右脚在后,重心在后脚上。左手自然上举指向来球,右手持拍手臂自然弯曲举于右侧,两眼注视来球。击球时,持拍臂后上引至头部上方偏右位置。然后后脚蹬地在转体收腹的协调用力下,以肩为轴上臂带动前臂快速向前上方甩腕,在手臂伸直到最高点击球的后下方。击球后,持拍手臂顺惯性往前左下方挥动并收拍至体前。

(2)反手击高远球

动作要点:看准对方的来球落向左后场区的时候,迅速把身体转向左后方,移动到适合的击球位置,背对球网,并用反手握拍;最后一步右脚跨向左后方,击球时,以上臂带动前臂通过手腕的闪动,自下而上地甩臂,将球击出。在最后用力时,要注意拇指的侧压力与甩腕的配合,以及两腿蹬地转体的全身协调用力。

(3)吊球

把对方击来的高球以后场轻击或轻切,轻劈到对方的近网附近,叫做吊球。

①劈吊

劈吊击球前动作和打高球、杀球相似。击球时用力较轻,带有劈切动作,当球落到右手臂向上自然伸直的高度时,手腕快速做切削动作,使拍面与球托的右侧或左侧接触而把球击出去就完成了劈吊动作。

②拦吊

通常是把对方击来的平高球拦截回去,击球时拍面正对来球,当拍面和球接触时,只要轻轻拦切或点击,球即以较平的弧线、较慢的速度越过球网垂直下落。

③轻吊

轻吊击球前动作和打高球相似。击球时,拍面正对来球,在接触球的一刹那,突然减速轻点或轻切来球,使球刚一过网就下落。

（4）后场正手杀球

杀球是把对方击来的球在尽量高的击球点上斜压下去。这种球力量大，弧线直，落地快，是进攻的主要技术，准备动作与击高远球相同。当身体移动到位后，身体向上伸展，上体后仰，挺胸成反"弓"形。击球点在肩的前上方稍前，击球时，利用身体引拍的反"弓"形转而运用体收腹的力量，加上前臂内旋，腕前屈微内收，闪腕发力击球的后上部，杀球后，随击球惯性挥拍向左下方，然后收回至胸前，呈准备姿势。

（5）后场击球常见错误及纠正

①发力不好。表现为击球时没力或有力使不上，球打不到后场。

纠正方法：加强挥拍练习，体会最后用力"抽鞭式"手腕闪动爆发力击球的要领；做些手臂力量性的辅助练习。

②打不到球。挥拍时间掌握不好，缺乏"球感"。

纠正方法：多做挥拍练习，注意有节奏的身体协调挥拍过程，定点击球。

2. 网前击球技术

网前击球技术包括网前的放网前球、搓球、推球、勾球、扑球、挑球等，其中搓、推、勾、扑属进攻技术。

（1）正手网前搓球

侧身对右边网前，正手握拍于体前，向右上跨出一大步同时手臂前伸向右前上方斜举。当球拍举至最高点时，前臂向外旋转，手腕由后伸至稍内收闪动，握拍手的食指和拇指夹住拍，中指、无名指和小指轻握拍柄，使球拍在手腕和手指的挥摆用力下，搓击来球的右下底部，使球旋翻滚过网。

（2）反手搓球

准备姿势同前。击球前主要靠前臂的前伸外旋和手腕由内收至外展的合力，搓击球的右侧后底部，使球侧旋滚动过网。

（3）正手推球

站右网前，球拍向右侧前上举，在肘关节微屈回收时，前臂稍外旋，手腕稍后伸，球拍也随着往右稍下后摆，拍面正对来球。这时，小指和无名指稍松开，使拍柄稍离开鱼际肌。在推击球时，便于发挥指力的作用。拇指和食指稍向外捻动拍柄，拍面更为后仰。推球时，身体稍往前移，右前臂往前伸，并带内旋，手腕和手指控制拍面角度，手腕由后伸至伸直并闪腕，食指向前压和小指、无名指突然握紧拍柄，拍子急速地由右经前上至左的挥动推球，使球沿边线飞向对方后场底角。

（4）正手勾球

准备姿势同前，前臂前伸的同时稍外旋，手腕稍后伸，球拍随着向右侧前挥动，击球时，靠前臂稍有内旋往左拉收，手腕由稍后伸至内收闪腕挥拍拨击球托的右侧下部，使球沿对角线飞行至对方网前右场区。击球后球拍回收至右肩前。

（5）正手扑球

左脚先蹬离地面，然后右脚向右网前蹬跃而起扑球。击球时，手腕由后伸略内收闪动至外展，随着手腕的闪动，拍子从右侧向左前挥动，这时击球的力量主要靠身体前扑的冲力与前臂、手腕鞭打击球的合力。扑球后，球拍随手臂往右侧前下回收。

（6）反手扑球

右脚跨至左前再蹬跳上网，身体右侧前倾，反手握拍举于左前上方。击球时，前臂伸直外旋带动手腕内收外展，拇指顶压加速挥拍扑球，击球后马上屈肘，手腕由内收到外展，拍子放松回收至体前。

（7）正手挑高球

右脚向右网前跨出一大步，同时持拍臂向后摆，自然伸腕使球拍后引。然后以小臂带动手腕由伸到屈挥拍击球的底部，将球拍向前上方击出。随击球惯性收拍于体侧，前脚回动复回，还原握拍。

（8）反手挑球

反手握拍举在胸前，右脚向左前方跨出一大步，重心落右脚上。同时右肩向网，屈肘引拍至左肩膀，然后以肘关节为轴，握拍经体前由下往上，用拇指第一指节压住拍柄的宽面，用力将球击出。

3. 中场低手击球技术

①正手抽球

面对球网，两脚平行开立稍宽于肩，膝微屈，手握拍于体前。右脚向右迈出一小步同时上体右倾，引拍至体后。击球时，前臂内旋，球拍由后伸至伸直闪腕，握紧拍柄，挥拍抽压击球托底部。

②正手挡球

两脚左右开立，面对网双膝微屈，上体直立。向右侧跨一小步或原地屈肘，前臂外旋伸展腕，手指放松握拍。击球时，持拍臂前伸，前臂内旋，屈指发力，握紧拍子向前下方击球，上臂有制动动作。击球后收拍于体前。

③接杀球

主要由挡网前、挑后场和平抽球三种技术组成。

④半蹲快打

在中场区，两脚平行站立或右脚稍前站均可，两膝弯屈成半蹲，屈肘举拍于肩上，击球时以前臂带动手腕快速挥拍，争取在身前较高部位上平击球。击球要敏捷、果断，控制好拍面角度，挥拍幅度小，快而有力。

三、规则简介

（一）场地器材

羽毛球场呈长方形，长度为 13.40 米，双打场地宽为 6.10 米，单打场地宽为 5.18 米。球场上各条线宽均为 4 厘米，丈量时要从线的外沿算起。球场中央网高 1.524 米，双打边线处网高 1.55 米。球场界限最好用白色、黄色或其他易于识别的颜色画出。按国际比赛规定，整个球场上空空间最低为 9 米，在这个高度以内，不得有任何横梁或其他障碍物，球场四周 2 米以内不得有任何障碍物。任何并列的两个球场之间，最少应有 2 米的距离。球场四周的墙壁最好为深色，不能有风。球重 4.74～5.5 克，由 16 根羽毛插在半球型软木托上，球高 68～78mm，直径 58～68mm，分为 1～10 号。球拍框总长度不超过 68 厘米，宽不超过 23 厘米，拍弦面长不超过 28 厘米，宽不超过 22 厘米。

（二）比赛的进行、得分与胜负

比赛开始前应挑边。赢方选择接、发球权或一个场区开始比赛。输的一方在余下的一项中选择。对方"违例"或球触及对方场区内的地面成死球，则该方胜这一回合并得一分。先得 21 分的一方胜一局。20 平后，领先得 2 分的一方胜该局。29 平后，先到 30 分的一方胜该局。除非另有规定，一场比赛应以三局两胜定胜负。第一局结束，第二局结束（如果有第三局），在第三局比赛中，一方先得 11 分时，运动员应交换场地。当一方在比赛中得到 11 分后，双方队员将休息 1 分钟。两局比赛之间的休息时间为 2 分钟。

（三）简单规则

单打比赛的一局中，发球员的分数为零或双数时，双方运动员均应在各自的右发球区发球或接发球；发球员的分数为单数时，双方运动员均应在各自的左发球区发球或接发球。一回合中，球应由发球员和接球员交替从各自所在场区一边的任何位置击出，直至成死球为止。胜方从另一发球区继续发球，直到接发球员胜一回合，则交换发球权。首局获胜一方在接下来的一局比赛中率先发球。

双打比赛的一局中，发球方的分数为零或偶数时，发球方均应从右发球区发球；发球方的分数为奇数时，发球方均应从左发球区发球。接发球方上一回合最后一次发球的运动员应在原发球区接发球。他的同伴接发球的站位与其相反。接发球员应是站在发球员斜对角发球区的运动员。发球方每得一分后，原发球员则变换发球区再发球，直到接发球员胜一回合，则交换发球权。发球都应从与发球方得分相对应的发球区发出。

每局比赛首先是发球员从右发球区发球，其次是首先接发球员的同伴从左发球区发球，然后是首先发球员的同伴，接着是首先接发球员，再接着是首先发球员，如此传递发球权。比赛中不得有发球、接发球顺序错误或在一局比赛中连续两次接发球。一局胜方的任一运动员在下一局先发球；一局负方的任一运动员在下一局先接发球。

第六节 乒乓球

一、乒乓球运动概述

乒乓球起源于英国，欧洲人至今把乒乓球称为"桌上的网球"，由此可知，乒乓球是由网球发展而来的。19世纪末，欧洲盛行网球运动，但由于受到场地和天气的限制，英国有些大学生便把网球移到室内，以餐桌为球台，书作球网，用羊皮纸做球拍，在餐桌上打来打去。

20世纪初，乒乓球运动在欧洲和亚洲蓬勃开展起来，1926年，在德国柏林举行了国际乒乓球邀请赛，后被追认为第一届世界乒乓球锦标赛。同时成立了国际乒乓球联合会。

乒乓球运动的广泛开展，促使球拍和球有了很大改进。最初的球拍是块略经加工的木板，后来有人在球拍上贴一层羊皮，随着现代工业的发展，欧洲人把带有胶粒的橡皮贴在球拍上。在50年代初，日本人又发明了贴有厚海绵的球拍。1904年，上海一家文具店的老板王道午从日本买回10套乒乓球器材。从此，乒乓球运动传入中国。

在名目繁多的乒乓球比赛中，最负盛名的是世界乒乓球锦标赛，起初每年举行一次，1957年后改为每两年举行一次。

二、乒乓球基本技术

乒乓球乃我国的国球，在国际比赛中，一直长盛不衰，在我国有着强大的群众基础，乒乓球的普及面很广，国人都十分喜爱，是一项老少皆宜的运动项目。乒乓球运动是发展身体敏捷、反应快速、判断准确、动作迅速的有效运动方式。中国的乒乓球技术强调快攻结合弧圈的打法。

下面介绍乒乓球的基本动作及技术。

（一）握拍法

打乒乓球的第一步就是要掌握正确的握拍方法。一般说来，握的方法有两种：一种是直握拍法，另一种是横握拍法。不同的握拍方法，各有不同的特点。

直拍的特点：正、反手都用同一面击球，出手较快，正手攻球快速有力、运作隐蔽，又因靠近球台，有利于采取主动攻势，发挥进攻的主动性。但是由于握拍的限制，在攻球和削球交替运用时，手法的变化较大，往往会影响击球的准确性。

横拍的特点：同一方向作削球或攻球时，手法变化不大，易攻善守，对于攻削结合的全面打法，横拍是较适合的。但是，在交叉抽击左右两角的来球时，需要转动正反面去击球，故击球速度不如直拍快。

1. 直式握拍法

拍前以食指第二指节和拇指中段扣拍，拍后，三指弯曲贴于拍的 1/3 的上端（图 7-6-1）。

图 7-6-1

削球的握拍法：大拇指弯曲，紧贴拍柄的左侧，用力下压，其余四指自然分开托住拍的后面。正手削球时，尽量使球拍后倾，减少来球冲力；反手削球时，后面四指灵活地把拍兜起，使拍柄向下。

2. 横式握拍法

虎口贴拍柄后端，拍前是食指，拍后是拇指。正手攻球时食指向上移动；反手攻球时拇指向上移动（图 7-6-2）。

不管是直拍还是横拍握法，在准备击球时或击球后，手指都不要过分用力握拍，这样才有利于挥拍动作的迅速还原。同时应使手臂肌肉及时放松，以便减少疲劳。

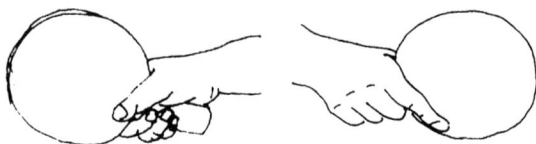

图 7-6-2

（二）球的旋转

自从"近台快攻"出现在世界乒坛后，加快速度和加强旋转的打法已成必然。随着乒乓球技术水平的不断提高，我们除了掌握快攻的打法外，还必须掌握各种不同的旋转打法，才能应付"速度和旋转"所带来的各种变化的情况。在发展速度与旋转的同时，更必须把它们与全面的技术和多样的战术结合起来。片面追求速度，必然使旋转性差，同时使准确性受到影响，战术也会变得单调呆板；反之，过分强调旋转，回球速度势必减慢，也容易陷入被动挨打的局面。

（三）旋转球的分类

1. 上旋球

击球时，如在向前用力的同时，附加向上用力，入台后球的上部就产生一种顺着前进方向的上旋力。这种旋转球，称为上旋球。

2. 下旋球

击球时，如在向前用力的同时附加向下用力，入台后球的上部就产生一种逆着前进方向的下旋力。这种球称为下旋球。

3. 左侧旋球

击球时，球拍向侧面用力，由右向左摩擦球则产生由右向左的旋转，称为左侧旋球。

4. 右侧旋球

击球时，拍由左向右摩擦球，则产生的旋转称为右侧旋球。

5. 弧圈球

在拉上旋球过程中，把球拍的作用力线和球心的垂直距离加大，用力方向几乎接近垂直，就将使球产生强烈的上旋，成为弧度较高的弧圈球。

（四）乒乓球基本技术动作

乒乓球比赛中，为要合理地把球回击到对方台面，就必须掌握各种基本技术动作，如发球与接发球、推挡球、攻球、削球、搓球、弧圈球步法等。基本技术是战术的基础，战术是在基本技术上形成和发展的。没有全面熟练的技术，就不可能有灵活机动的战术。因此，打乒乓球一定要练好基本技术。

1. 准备姿势

准备姿势的要求是：两脚开立，与肩同宽，膝关节微屈，面对球网上体微向前倾，重心置于两脚之间，持拍手臂自然弯曲，置于腹前，距身体20～30厘米的地方，总之，要做到"两眼平视，上体放松，重心据中，屈膝提踵，脚有弹力"。

2. 步法

乒乓球的步法很多，基本的、常用的有下面几种。

（1）单步：击球时以一脚为轴心，向左右转动。常在打点球时用（图7-6-3）。

（2）换步（跟步）：击球时以一脚向来球方向跨一步，另一脚紧跟上去（图7-6-4）。

图 7-6-3

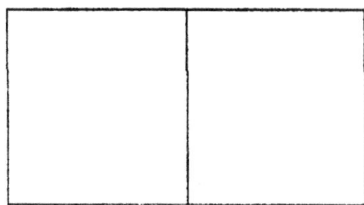

图 7-6-4

（3）跳步：击右方来球时，用左脚蹬地，双脚同时跳起，然后左脚先落地，右脚跟着落地，站稳（接左方来球则相反）。这种步法是用来应付角度较大的来球（图7-6-5）。

（4）跨步：来球距原来位置很远时，一脚先向来球方向跨一步，接着另一脚再向同一方向跨一步。在扑救险球或正手打回头球时常用此种步法（图7-6-6）。

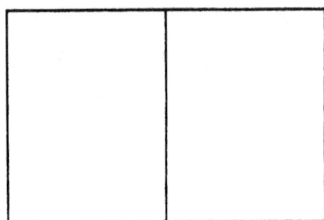
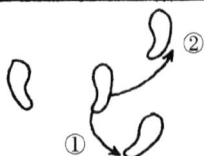

图 7-6-5

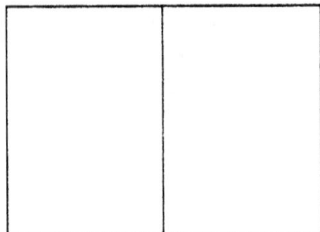

图 7-6-6

（5）侧身步：左推右攻常用此步法。如来球离身体较远，侧身位置不需要很大，击球时可以用左脚为轴，右脚向左后方移动，微收腹，腾出空隙来击球（图 7-6-7）。在来球追身时，侧身就较大，开始右脚蹬地发力，左脚向球台外跨一步，然后右脚靠腰部扭动后撤跟上各种步法击球后，应迅速还原成准备姿势。

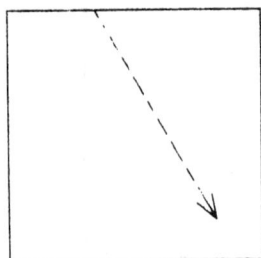
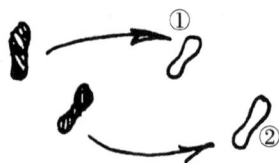
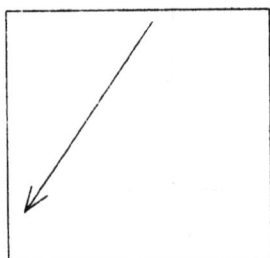
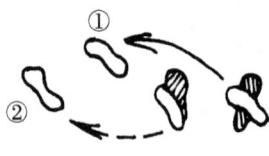

图 7-6-7

（五）发球与接发球

1. 发球的类型

（1）正手发球：发球时，左脚在前，右脚在后。身体自然直立，左手掌心托球置于身体右前方，右手持拍于右侧。抛球后，将球拍从身体右后方向前移动，击球的中上部，使球先落在本方台面，弹起后再落到对方台面。

（2）反手发球：发球时，右脚在前，左脚在后，身体稍向左转。左手掌心持球，置于身体左侧，右手屈臂持拍于体前。抛球后，将球拍从身体左后方向前移动，击球的中上部，使球落在本方台面，弹起后再落在对方台面。

（3）发上旋球：球拍用力向前上方移动，摩擦球的中上部，球拍接触点应比网稍高或等高。

（4）发下旋球：球拍用力向前下方移动，摩擦球的中下部。球与球拍接触点应比球网高。如发近网下旋球时，用力下切动作要快，落点距网较近，如发到对方底线，除用力下切外，还应略加向前的力量。

（5）发左右侧旋球：发左侧旋球时，将拍面稍向左倾斜，用力向身体左方发力，摩擦球的中部。发右侧旋球时，与上方方向相反。

2. 接发球技术

接发球，首先应根据对方发球时的位置来决定部位，如对方在右边正手发球，接发球者应站在台中间靠右；对方在左边反手发球，则应中间靠左。同时，接发球时，还要密切注视对方发球的挥拍动作、球拍移动方向以及触球瞬间用力的大小，来正确地判断对方发球的性质和落点，及时用相应的、正确的方法回击。如在接上旋球时，用快速推挡或加力快抽，击球的中上部；接下旋球时，球拍后仰，搓击或抽拉球的中下部，在接左右侧旋球时，必须将球还击到对方球拍移动的相反方向（如对方拍向左移，则击到右方；向右移，则击到左方）。

（六）推挡球技术

推挡球的特点是"快"，"站位近，动作小，球速快"，是左推右攻打法中的主要技术之一。推挡球以反手推球为主，其中又分高压式推挡球（大力推挡）、下旋推挡球、侧上旋推挡球等。

反手推挡球时，离台约 50 厘米站立，左脚稍前，右脚在后，小臂与地面略平行，肘部与大臂紧贴右侧身旁，大小臂夹角成 100°左右。小臂靠近腹前，球拍与桌面成 80°角。当来球入台将近上升期时，小臂内收球拍迎向来球方向，向前向下发力，推击球的中上部，食指同时微微用力使球拍前倾，盖住来球，大臂随小臂前摆。

（七）进攻球技术

进攻球技术基本上分正手攻球、反手攻球两大类。从站位来分，离台50 厘米外击球的是远抽，反之属近抽。从击球时期分，在上升期击球的是快抽，在最高点击球的是扫抽，在下降期击球的是拉抽。

1. 正手攻球的技术动作

攻球是乒乓球比赛中争取主动和获得胜利的重要技术。它具有快速有力的特点，能体现积极主动、快速进攻的指导思想。运用得好能使对方陷于被动而取得优势。因此必须学会全面的攻球技术。

（1）正手快抽

特点：站位近，动作小，球速快，借球反弹力还击，能缩短对方准备回击时间，争取主动，为进攻创造条件，也可直接得分。运用得好可以充分发挥近台快攻的作用。

动作要点：左脚稍前，身体离球台约40厘米左右。击球前，持拍手臂要右前伸迎球，前臂自然放松，球拍呈半横状。

（2）正手远抽

特点：站位远，动作大，力量重，要主动发力击球，并在来球前进力减弱时回击。对攻时，力量配合落点变化能争取主动或直接得分，被动防御时也可用这种打法进行反击。

动作要点：左脚稍前，身体离球台1米以外。击球前，持拍手臂向右后方引拍，球拍呈半横状，拍形稍后仰。

（3）正手扣杀

特点：动作大，力量重，球速快，攻击性强，在还击半高球时，能充分发挥台球的力量，是得分的一种重要手段。

动作要点：左脚稍前，持拍手臂向右后方引拍，并稍高于台面，球拍呈半横状。

（4）正手拉抽

特点：站位稍远，动作较慢，由下向上挥击，球速不是很快，靠主动发力击球。这是还击下旋球的有效方法，攻削球时能为扣杀创造条件。在战术改变前或在被动时也可用它作为过渡。

动作要点：左脚稍前，身体离球台约几厘米。击球前，持拍手臂向右下方引拍，球拍成半横状稍下垂些，拍形稍后仰。

（5）正手抽台内球

特点：站位近，动作小，击球点在台内，用前臂发力击球，是还击近网球的一种积极方法。

动作要点：站位靠近球台，上步时上臂和肘部前移，前臂伸进台内迎球，拍应低于球弹起的高度。球拍将触球时，前臂和手腕轻轻向上用力，配合内旋转腕动作，拇指压拍，在下降前期，击球中下部，拍形稍后仰。

击球后，收回前脚，迅速还原。

（6）侧身正手抽球

特点：站位偏左角，利用侧身来发挥正手攻球作用，与推挡结合能发挥正手攻球威力，在还击下旋球时能为进攻创造机会，是近台快攻运动员的重要技术，也是争取得分的重要手段。

动作要点：侧身正手抽球首先要迅速移动脚步，取好位置。根据来球不同落点，可用换步、跳步或后退交叉步，有时也可用单步上前或后退来做侧身动作。

（7）正手打回头球

特点：借来球前冲力进行还击，回球速度快。它是扑正手空当球时所采用的一项技术动作。在防御中能起到以快制快的作用，有时也可后发制人，主动采用这种打法。

动作要点：当判断对方来球将落在自己球台右角空当时，上作右转，左脚用力蹬地，右脚向右跨步，同时持拍手臂向右移动，前臂和手腕迅速向来球方向伸出，球拍成半梯状，拍形稍后仰。随着前臂以连贯的动作向前上方挥拍，迎击来球，在高点期前后击球中上部，拍形稍前倾。击球后，肘关节向下，球拍不随势向前，挥动动作敏捷，如猫扑老鼠，迎击来球。

（8）滑拍

特点：速度慢，带侧旋，弧线向右偏斜，回球角度大。运用它可以迷惑对方，增加对方回球的难度，为进攻创造条件。

动作要点：击球时，重心在左脚，手臂自然弯曲，球拍位于身体右侧成半横式。然后手臂由右向左移动，在高点期击球左侧面。触球刹那间，手腕外展顺势向左一滑使球左旋，击到对方左角。击球后，手臂挥至左肩时停止。

（9）放短球

特点：站位近，回球快，落点短。配合大力扣杀能扰乱对方步法，争取主动。

动作要点：左脚稍前，身体靠近球台，击球前和攻球动作近似。当球弹起时，手臂前伸迎球。遇下旋球，拍形后仰，在上升期击球中下部，稍用力前送；遇不转球，拍面与球台近似垂直，在上升期击球中部并稍向下用力。击球后，整个手臂及时停止向前。

（10）放高球

特点：站位远，弧线长，曲度大，回球高。它是防御时所采用的一种手段。放高球可利用高度来争取时间，有时也能造成对方回球困难，直接得分。

动作要点：正手放高球时，左脚稍前，上体右转，持拍手臂向右后下方移动，球拍成半横状，拍形后仰，重心放在右脚。击球时，手臂向前上方挥动，触球前，前臂向上用力，在下降期后段击球中下部，拍形稍后仰。击球后，球拍随势向前上方送球。

2. 反手攻球的技术动作

（1）反手快抽

特点：站位近，动作小，球速快，借来球反弹力还击，是两面攻的重要技术之一，也是推中结合反手攻时找机会的一种重要手段。如果与正手攻球配合得好，可以充分发挥近台快攻的作用。

动作要点：右脚稍前，身体高球台约40厘米。持拍手臂自然弯曲，将球拍移至腹前偏左的位置。击球时，前臂和手腕向右前上方挥动，同时配合外旋转腕动作，使拍形前倾，在上升期击球中上部。击球后，随势将球拍挥至右肩前。

（2）反手快拨

特点：动作小，球速快，借来球反弹力还击。在近台快攻中可发挥速度上的优势。它是横拍的一项基本技术。

动作要点：右脚稍前，前臂自然弯曲，将球拍引至腹前偏左处，肘部稍前。当球从台面反弹时，前臂带动手腕向右前方挥动，在上升期击球中上部，拍形稍前倾，借来球反弹力将球拨回。击球后，手腕向前，肘略往后，球拍随势挥至右肩前。

（3）反手远抽

特点：站位远，动作大，力量较重，主动发力击球。在对攻中可以发挥较重的击球力量，配合落点能争取主动或直接得分。被动防御时，可以用它反击。

动作要点：右脚稍前，身体离球台1米以外。击球前，持拍手的上臂和肘关节靠近身体，前臂向左下方移动，将球拍移至腹前偏左的位置，拍形稍后仰。击球时，手臂由后向前挥动，前臂在上臂带动下，向前上方用力，同时配合向外转腕动作，在下降期击球中下部。击球后，大臂随势前送，这时关节离开身体，将球拍挥至头部高度，身体重心移向右脚。

（4）反手拉抽

特点：站位稍远，动作较大，靠主动发力击球，是还击左方来的下旋球的一种方法。在搓球或攻削球时运用这种方法能争取主动或直接得分。

动作要点：右脚稍前，身体离球台约 60 厘米。击球前，持拍手臂的上臂靠近身体，前臂向左下方移动，将球拍移至腹前偏左的位置，球拍略向下垂并稍低于台面，拍形稍后仰。击球时，上臂稍向前，同时配合向外转腕动作，前臂向右前上方迅速挥动，在下降期击球中部或中下部，腰部应辅助用力。击球后，随势将球拍挥至额前，身体重心移至右脚。

（5）反手扣杀

特点：动作大，力量重，球速快，攻击性强，是还击半高球的一种方法，也是得分的一种重要手段。

动作要点：右脚稍前，上体向左转动，持拍手向左后方引拍，并略高于来球。击球时，肘略向前，上臂带动前臂用力向右前上方挥击，同时配合向外转腕动作，使拍形前倾，在高点期前后击球中上部，腰部应配合由左向右转动。击球后，随势将球拍挥至右前方，身体重心移至右脚。

（6）反手抽台内球

特点：站位近，动作小，靠主动发力台球。它是还击近网球的一种方法，也是迫使对方变援攻为打对攻的重要技术。

动作要点：站位靠近球台，击球前右脚上步，将拍伸进台内迎球。如果来球是下旋短球，击球时前臂向前上方用力，并配合向外转腕动作，在下降期前期击球中下部，拍形稍后仰。

三、乒乓球规则简介

（一）器材规格

乒乓球直径 40.00 毫米，重量 2.6～2.8 克，有白色、黄色或橙色，用赛璐珞制成。乒乓球台长 274 厘米、宽 152.5 厘米、高 76 厘米，中间有横网，网高 15.25 厘米，网柱外缘离开边线 15.25 厘米。球拍的大小、形状和重量不限，但材质中的天然木料应不少于 85%。拍面必须无光泽，一面为鲜红色，另一面为黑色。用来击球的一面，必须粘贴总厚度不超过 4 毫米的海绵胶覆盖物；其中的颗粒胶皮厚度（含粘合剂）不超过 2 毫米。运动员各站球台一侧，用球拍击球，球须在台上反弹后才能还击过网。以落在对方台面上为有效。比赛以 11 分为一局（曾经长期实行 21 分制，最早甚至出现过 100 分制），采用五局三胜（团体）或七局四胜制（单项）。比赛分团体、单项（单打、双打、混双）。

（二）简单规则

1. 发球、接发球和方位的选择

（1）选择发球、接发球和场地的权力应通过抽签来决定。中签者可以选择先发球或先接发球，或选择方位。

（2）当一方运动员选择了先发球或先接发球或选择了场地后，另一方运动员应有另一个选择的权力。

（3）一局比赛中，双方共获 2 分之后交换发球权，依此类推，直到该局比赛结束，或者直至双方比分都达到 10 分实行轮换发球法，每得 1 分后即交换发球权，直至一方连得 2 分时，该局比赛结束。

（4）一局中在某一方位比赛的一方，在该场的下一局应换到另一方位。单打决胜局中当有一方满 5 分时应交换方位。

2. 合法还击

对方发球或还击后，本方运动员必须击球，使球直接越过或绕过球网装置。或触及球网装置后，再触及对方台区。

3. 重发球

出现下列情况，应判重发球：

（1）如果发球员发出的球，在越过或绕过球网装置时触及球网装置，此后成为合法发球或被接发球员或其同伴阻挡。

（2）接发球一方未准备好时球已发出，而且接发球一方并无击球动作。

（3）由于发生了运动员无法控制的干扰，如灯光熄灭等原因，而使运动员未能合法发球、合法还击或未能遵守规则（运动员与同伴相撞或者被挡板绊倒而未能合法回击，则不能判重发球）。

（4）裁判员或副裁判员宣布的暂停比赛。

4. 失分

回合中出现重发球以外的下列情况，应判失 1 分：

（1）未能合法发球；（2）未能合法还击；（3）阻挡；（4）连续两次击球（如执拍手的拇指和球拍连续击球）；（5）除发球外，球触及本方台区后再次触及本方台面；（6）用不符合规定的拍面击球；（7）双打中，除发球或接发球外运动员未能按正确的次序击球；（8）裁判员判罚分；（9）其他已列举的违例现象。

5. 轮换发球法

（1）如果一局比赛进行到 15 分钟仍未结束（双方都已获得至少 9 分除外）；或者在此之前的任何时间，应双方运动员要求，应实行轮换发球法。

计时员应在每一局比赛的第一个球进入比赛状态时开表；在比赛暂停时停表，恢复比赛时重新开表。比赛暂停包括：球飞出赛区至重新回到赛区、擦汗、决胜局交换方位及更换损坏的比赛器材。一局比赛进行到 15 分钟尚未结束，计时员应报"时间到"。

（2）当时间到时，球仍处于比赛状态，裁判员应立即宣布暂停比赛，由被暂停回合的发球员发球继续比赛。当时间到时，球未处于比赛状态，应由前一回合的接发球员发球，继续比赛。

（3）出现上述情况时，计数员应在接发球方每一次击球后报出击球数，在使用轮换发球法时，计数员报数应用英语或用双方运动员及裁判员均能接受的任何其他语言。

（4）此后，每个运动员都轮发 1 分球直至该局结束，如果接发球方进行了 13 次合法还击，则判发球方失 1 分。

（5）轮换发球法一经实行，该场比赛的剩余部分必须继续进行，直至该场比赛结束。

6. 比赛的胜负

（1）一场比赛应采用七局四胜制（单项）或五局三胜制（团体）。

（2）一场比赛应连续进行，但在局与局之间，任何一名运动员都有权要求不超过两分钟的休息时间。

（3）在一局比赛中，先得 11 分的一方为胜方；比分出现 10 平后，先多得 2 分的一方为胜方。

第七节　网球

一、网球运动概述

网球运动最早起源于 12～13 世纪法国传教士在教堂回廊里用手掌击球的一种游戏，后来成为宫廷里的一种室内消遣娱乐活动。人约在 1358～1360 年，这种球类游戏从法国传到了英国。从此，网球开始在英国流行，成为英国上层社会的一种娱乐活动，所以有"贵族运动"之雅称。

现代网球运动的历史一般认为是从 1873 年开始的。这年，英国人沃尔特·克洛普顿·温菲尔德将早期的网球打法加以改进，使之成为夏天在草坪上进行的一种体育活动，并取名"草地网球"。同年他还出版了一本名为《草地网球》的小册子，对这项运动进行宣传和推广。所以温菲尔德被称为

"近代网球的创始人"。此后网球便成为一项室内、户外都能进行的体育项目。1874年，在百慕大度假的美国女士玛丽·奥特布里奇在观看了英国军官的网球比赛后，对这项体育运动产生了浓厚的兴趣，随即将网球运动带回了美国。

1878年，第一次男子双打锦标赛在英格兰举行；1879年，第一次女子单打和混合双打比赛在爱尔兰举行；1884年，温布尔顿网球公开赛增加了女子单打和男子双打锦标赛，1913年又增加了女子双打和混合双打锦标赛。1881年，世界上出现了第一个全国性的网球协会，即美国草地网球协会。1887年，开始举行美国草地网球女子单打锦标赛。1904年，澳大利亚草地网球协会成立，并于1905年开始主办澳大利亚网球锦标赛。法国网球公开赛、英国温布尔顿网球公开赛、美国网球公开赛和澳大利亚网球公开赛合在一起便是世界上最有声望的"大满贯"网球公开赛。

1913年，由澳大利亚等12个国家的网球协会代表，在巴黎成立了国际网球联合会（ITF）。1896年在雅典举行的现代第一届奥运会上，网球男子单打与双打被列为正式比赛项目。后来由于国际奥委会和国际网球联合会在"业余运动员"问题上有分歧，奥运会网球比赛项目被取消，直到1984年洛杉矶奥运会上，网球才被列为表演项目，1988年汉城奥运会上网球重新被列为正式比赛项目。

网球运动是在19世纪后期随着西方近代体育的传播而进入我国的。1924~1946年，中国选手共参加了6次戴维斯杯网球赛，那时最为著名的网球选手有林宝华、邱飞海、许承基等；1965年戚凤娣和徐润珍分别获得索波特国际网球赛女子单打冠军和亚军；1980年余丽桥在东京女子网球公开赛中获得单打冠军；1981年李心意和胡娜获得美国白宫杯少年网球锦标赛女子双打冠军；1986年中国男子网球队获得加法尔杯赛冠军；1986年中国女子网球队在第十届亚运会中夺得团体赛冠军；1990~1994年，潘兵蝉联两届亚运会男单冠军；1995年，李芳则闯进了世界排名前50；2004年8月，李婷和孙甜甜在第28届雅典奥运会上获得了女子双打冠军。中国网球运动的发展，已经达到了一个比较成熟与完善的局面。

二、网球的基本技术

（一）握拍法

1. 东方式握拍法

又分正手和反手两种握法。正手握拍时，拍面与地面垂直，大拇指与食指分开呈 V 字形握在拍柄中部，右手掌根与拍柄的右上斜面紧贴，拇指握住拍柄的左垂直面，五指紧握拍柄，食指稍离中指。由于此种握法恰似握手形状，因此也称为"握手式"握拍法。反手握拍时，只需从正手握拍法把手向左转动 1/4（即拍柄向右转动 1/4）即可，用手掌根压住拍柄的左上斜面，拇指伸直贴在拍柄的左垂直面上，食指的下关节须处在拍柄的右上斜面上（图 7-7-1）。此种握拍法的优点在于手掌与拍柄接触面积大，容易发力，挥拍范围大。不足之处在于反手击球时，握拍的稳定性相对较差。

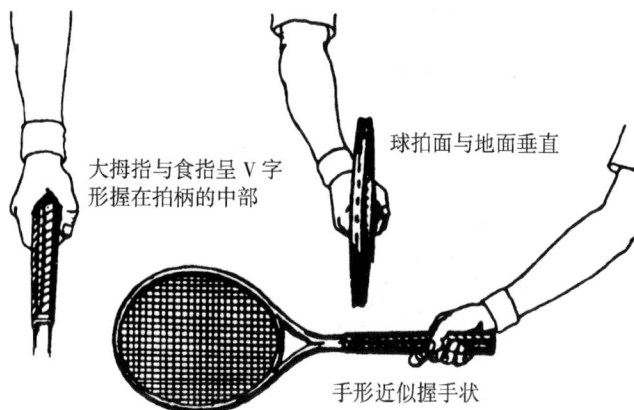

大拇指与食指呈 V 字形握在拍柄的中部

球拍面与地面垂直

手形近似握手状

图 7-7-1

2. 西方式握拍法

西方式握拍法也分为正手和反手两种握拍法。为了能更简单地掌握此种握法，先将球拍平放在地面上，手掌从上面握住拍柄，然后用手抓起拍柄，手掌根贴在拍柄右下斜面，拇指压在拍柄上部的小平面，食指下关节握住拍柄的右下斜面。西方式正、反手握法都是一样的，反手时只需要把球拍上下颠倒过来，用同一拍面击球（图 7-7-2）。这种握拍法的优点在于打高球时能有很大的威力，不足之处是对于近网低球和低空截击球等低球比较难处理。

3. 大陆式握拍法

此种握法又称英国式握拍法。除了球拍面与地面垂直、大拇指与食指呈 V 字形握在拍柄中部等与东方式握拍法一样外，不同点是：大拇指与食指互相接触而不分开。使用此种握拍法，手腕的活动范围相当大，在与球接触时需要坚定的手腕力量，以维持适当的控制力，因此在击球时需要特别强大的手腕力量和良好的时间准确性作为保证，一般运动员不易掌握好

（图 7-7-3）。这种握拍法的优点在于无论是正手还是反手击球都不需要变换握法进行击球（最适合打截击球）。但由于在打反弹球时需要相当大的手腕力量，力量不足的运动员使用这种方法是很难打出好球的。

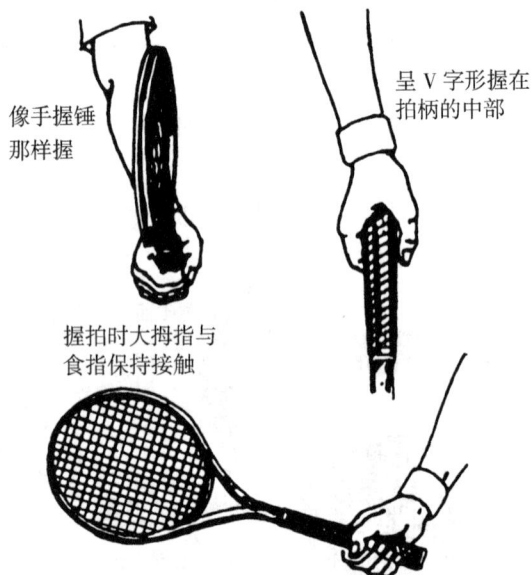

像手握锤
那样握

呈 V 字形握在
拍柄的中部

握拍时大拇指与
食指保持接触

图 7-7-2

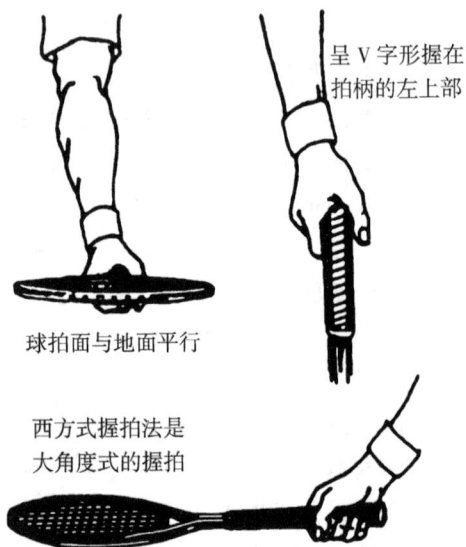

呈 V 字形握在
拍柄的左上部

球拍面与地面平行

西方式握拍法是
大角度式的握拍

图 7-7-3

（二）基本步法

每一个运动项目都是在移动中进行的。在击球时，由于球很少能在你面前就自动地处于很适当的击球位置，因此在对方球打过来时，必须移动自己的位置。也就是调整步伐，以适应来球的方向、高度与速度。这样才能选择好击球点把球打好。因此运动员跑动是否迅速、步伐是否灵活是至关重要的。

首先，在等待对方来球时，应先站在合适的位置上，以便判明来球的方向，能迅速地移动到合适的击球位置。若球落在右边，则迅速迈出左脚；若球落在左边，则迅速迈出右脚。当球的落点较远时，起动要快，步幅稍小，中间加大步伐；接近球时再用小步调整人与球之间的距离。当球落点较近时，则用跳跃或滑步就位。在击球时，由于球拍的长度，可在来球的前进方向迎击。在跑步向球时，应做好击球准备。球拍应立即回到击球的适当位置，球拍动作需完全与步伐相协调，否则将失去击球时的动机和效果。在跑动中，球拍顶部要处于平衡状态，否则与球接触时，将很难顺利地完成击球动作。在完成击球后应立即回到准备位置，准备迎击下次来球。

移动要有节奏，对手的击球声音、球落地的声音以及自己击球的声音构成了节奏，由于是拿着球拍在运动，保持身体的平衡性就显得尤为重要。所以，要用不握拍的手保持平衡。总之，有节奏的运动，保持身体的平衡性，是网球比赛中移动的关键。

（三）击球点

击球点与握拍法有着密切的关系，一般来说，用东方式握拍法握拍时，击球点正好在肚脐的高度；用西方式握拍法握拍时，击球点在身体稍靠前的位置上；用大陆式握拍法时，身体应向后收，在稍靠后的位置击球。以握拍方法来说，西方式握拍法的击球点低且靠前；大陆式握拍法的击球点高且靠后；东方式握拍法的击球点大约在西方式握拍法和大陆式握拍法之间。

（四）挥拍动作

从挥拍开始到挥拍结束，是一个完整的挥拍动作。正确的握拍、击球前的步伐移动、击球时的重心转移、身体的平衡、握拍法以及击球点等构成了一个完整的挥拍动作。挥拍动作由以下六个阶段组成：准备姿势、后摆、前挥、击球、随挥和回到准备姿势。挥拍动作不是单纯的挥动球拍，而是一个从准备姿势开始的连续完整的动作。

1. 准备姿势（以右手握拍为例，下同）

面对球网，两腿开立，略比肩宽，膝关节略弯，上体稍向前倾，重心放在脚尖上，右手轻握拍柄，左手扶住球拍，将球拍置于胸腹之间。两肘轻触腰侧部，目光注视来球。需要注意的是，准备姿势时身体要放松，集中注意力，随时对来球迅速做出反应，判断是正手击球还是反手击球，然后调整步伐并迎击来球。

2. 后摆

后摆是指进入挥拍击球之前向后挥摆球拍的动作。后摆分为从上往下、直线、从下往上三种。一般来说，正手击球时采用的是从上往下向后挥拍，而反手击球时多采用直线横后挥或者从下往上向后挥拍。

（1）正手击球时的后摆

在正手击球时从上往下的向后挥拍是一般的挥拍动作，这是因为从上往下的挥拍动作比较省力，动作比较轻松。

（2）反手击球时的后摆

反手击球时的后摆要比正手击球时更早进行，因此要收肘转肩向后挥摆，这时拍面的高度位于手腕或稍微偏上的位置，以便于向后横摆。

无论采用何种后摆方法，后摆动作的进行要有充分的余地，最好是在球刚过网时进行。需要指出的是，后摆动作不止是握拍手后摆，还需要转体。

3. 前挥

确定了击球点、正确的后摆之后，要盯住球，保持拍面的稳定，尽可能地水平挥拍。从后摆开始到击球时为止，手臂都要尽量伸展挥出，此时还要注意不要仰头。有的时候为了打快球重球，想快速有力地挥拍反而会出现用力过度影响击球效果。此时要做到身体放松，注意力集中在击球动作上。

4. 击球

在向前挥拍时，要保持拍面的稳定，手腕要固定。但是握拍时要放松，找准击球点之后，在击球的一瞬间发力紧握球拍。

5. 随挥

随挥是指在击球之后，自然地停止发力，球拍向挥拍的方向顺势挥出。随挥动作幅度要大，中途不要停顿，以形成自己的节奏。如果在随挥中途有停顿，不仅会减少用力，还会打乱自己的节奏。

6. 回到准备姿势

随挥后的手臂平缓地收回到身体的中心，做好再次击球的准备。需要提出的是，在整个挥拍动作中，动作要流畅、有节奏。

（五）发球

在网球运动中，发球技术是一项非常重要的基本技术，发球技术的好坏直接影响到整个比赛的发挥，具备良好全面的发球技术在比赛中将占据主动权，通过发球给对方施加压力；否则，将不能保住自己的发球局，在比赛中处于被动。

1. 动作要领

（1）握拍法一般采用大陆式握拍法或东方式反拍握拍法，东方式反拍握拍法比较容易发出强烈的上旋球。

（2）准备姿势

全身放松，两脚分开与肩同宽，侧身站立在端线外中心标志右侧大约一米的位置，左脚靠前，左肩对着左边网柱，面向右边网柱，左脚脚尖指向右侧网柱，左脚与端线约成45°角，右脚约与端线平行，重心落在前脚上。右手持拍拍头指向前方，左手持球与拍面相接触。目视前方，注意力集中。

（3）抛球与后摆引拍

抛球与后摆引拍动作是同步的，抛球是发好球的关键。左手持球，拇指、食指和中指轻轻托住球，掌心向上。当球拍向后向下摆动引拍时，左手持球下降至右腿处然后向前偏右上方直臂向上抬起，当球拍从身后向头上方做弧形摆动，身体转体、屈膝、展肩时，持球手持球上抬至头部或头部上方，手指自然松开，让球柔和地垂直上升。抛球动作要协调、平稳，球送至最高点后柔和地离开手指抛向空中。当握拍手摆至肩高时，转肩抬肘弯臂，同时腰向左侧弯曲，两膝向前弓，身体形成背弓。身体重心随着抛球开始先移向右脚，然后平稳地向前移动。

（4）挥拍击球

当球下降至击球点时，右臂迅速向前上方挥动球拍，左脚上蹬，踮脚尖，身体要充分伸展，并转体转肩使重心移到前脚。当身体向前上方伸展击球时，肩和手臂已经回转，双肩与球网平行。需要注意一点：重心前移、蹬地、转体、挥拍等动作力量最终集中在持拍手手腕带动小臂的内旋"鞭打"动作。这是发球发力的关键动作。

（5）随挥

当球发出后，右脚向前跨出一步，身体向前倾斜，球拍继续挥动从体前经左膝侧面挥向身体左侧，重心前移，完全自然地随挥跟进以保持平衡。

2. 发球的分类

发球基本分为三种类型：平击发球、切削发球和上旋发球。平击发球与另外两种发球比较起来球速最快、力量最大，呈直线飞行，落点较深，前冲力大，因此亦称"炮弹式发球"。但准确性较难把握，成功率相对较低，不过一旦发球命中常能直接得分。切削发球球速快、弹跳低、命中率高，对于球的旋转、力度和方向比较好控制，是成功率最高的发球。上旋发球的飞行弧度大，落地后反弹很高且偏向对手的左侧或右侧，使对手很难回击。

（1）平击发球

平击发球的关键是力量。抛球时将球抛至身体的右前上方，在最高点击球，击球点应在身体的右眼前上方，向上挥拍时身体充分展开，拍面接触球时与地面垂直，击球的后中上部。击球后重心跟进。手腕向前拌甩和前臂的"旋内鞭打"非常重要。

（2）切削发球

切削发球的主要特点是以右侧旋转并稍微下旋。抛球时将球抛至身体的右侧斜上方，抬头盯住球，身体向后充分扭转，球拍从头的后面以平的弧线挥出，从左后下方经右侧前上方至左下方挥动，击球的中部偏右侧，使球向右旋转。

（3）上旋发球

上旋发球的球路是以上旋为主，侧旋为辅。发球时将球抛至头后偏左的位置，约在左肩上方外侧，击球时右肩充分向后转肩，身体尽量后仰形成背弓，重心靠后，球拍快速地从头后最低点以弧线从左向右上方挥动，从下向上擦击球的背面，并向右带出，使球向右侧上旋。

（六）接发球

接发球是网球技术中的一项重要的基本技术，随着发球技术的不断发展，为在比赛中争取占优，对接发球技术也提出了更高的要求。

1. 动作要领

（1）准备姿势

接发球的站位应根据对方的发球水平和自己的接发球水平、习惯和场地因素等来确定。一般是在底线后、单打边线内 50 厘米的位置上。对方发球之前要保持正确的准备姿势，两膝弯曲，双腿分开；对方发球的时候，重心提起，两脚迅速交替跳动，并根据对手发球时抛球的位置来判断来球的线路并进行回击。

（2）后摆引拍与击球动作

应根据对方发球的线路、速度而定。动作一般介于底线正手和反手击球与截击球动作之间。对于速度快的发球，可用截击球动作来接发球，挥拍要快，后摆动作要快要小，快速击球，握紧球拍，保持拍面稳定。对于速度慢或者发球质量差的来球，则可用底线正、反手击球技术来接发球。接发球质量的好坏主要在于快速的反应和充分的准备。当击球点在身体前面的接发球时，判断好落点和线路之后，立即调整步伐，向后转肩转体，挥拍迎击来球；接平击发球时，因其力量大速度快，则采用向左转肩侧身反手击球，击球时手腕固定，紧握球拍，拍面正对来球。

2. 接发球的种类

接发球分为正手和反手两种接法，可以打出平击、上旋、下旋等球。根据在比赛过程中的实际情况，还可以直接打出截击球、挑高球、放小球等，或者是直接接发球上网和接发球破网等。

（七）截击球

截击球是当球还在空中飞行时（未落地之前）被凌空拦击的击球方法，亦称拦网。截击球是网球技术中一种攻击性很强的击球方法，是一种很重要的得分手段。

截击球技术主要包括正手截击、反手截击、截击高球和截击低球；根据球网与截击球点的位置来分，可分为中场截击、近网截击和近身截击等。

1. 正手截击球

（1）握拍法与准备姿势

采用大陆式握拍法，因为大陆式握拍法在打正手和反手时无须换握。准备截击球时，两脚分开约与肩同宽，膝关节微屈，重心落在两脚前脚掌上，脚跟稍提起，身体前倾，持拍于体前，左手扶拍颈，拍头高于手腕，眼睛注意观察判断来球的方向及线路。

（2）后摆引拍与击球动作

判明来球向正手后，立即提起脚跟向右转肩转胯（以右手为例），左脚向侧前方45°角跨出，以转肩来带动球拍后摆，不过肩，肘关节微屈，拍面打开。击球时右脚发力蹬地，手腕固定，击球点在身体右侧的前面，以短促而有力的"碰"和"推"的动作向前迎击来球，击球部位为球的后中下部位。

（3）随挥跟进动作

击球后，根据球的飞行路线稍长些，跟进动作也要稍长些，但不能太长，否则会影响下一次击球的准备动作。击球后拍子指向击球方向，这样有助于控制球的飞行方向。

2. 反手截击球

（1）握拍法与准备姿势与正手截击相同。

（2）后摆引拍与击球动作判明来球向反手后，立即向左转肩转胯，右脚向侧前方 45°角跨出，左手扶拍向后引拍，不过肩，肘关节微屈，拍面打开。击球时左脚发力蹬地，手腕固定，击球点在身体左侧的前面，利用前臂与手腕向前下方击球。

（3）随挥跟进动作与正手截击一样，稍长一些，并及时恢复到准备姿势。

3. 截击高球

正、反手截击球主要在腰到肩膀的高度击球，当球在肩部以上但使用高压球又太低时，则采用截击高球的打法。截击高球有两种打法，一种是像切削发球那样的竖拍打法，一种是带有下旋的横拍打法。在打截击高球时，由于击球时机很难把握，随挥动作不能太大，手腕要固定，握拍动作像打平击球时一样。

4. 截击低球

截击低球是对球在腰部以下的球进行截击。由于在打截击低球时身体向下蹲所用的时间会长一点，因此需要提前做好较低的准备姿势。膝关节的屈伸是打好截击低球的重要环节，击球时不能弯曲腰部以上的部位，只能靠屈伸膝关节来调整，手腕保持固定，拍面始终高于手腕，挥拍动作要比其他截击球的挥拍动作大一些，水平地挥动球拍。要注意保持平衡，击球后迅速回到准备姿势，做好下次击球的准备。

（八）正手击球

正手击球是技术中最基本的击球技术，是其他击球动作的基础，同时也是网球比赛中运用得最多的技术动作。一个完整的正手击球动作由四个环节组成：准备姿势、后摆引拍、挥拍击球和随挥跟进。

（1）准备姿势

两脚分开与肩同宽，脚跟稍提起，身体前倾，重心落在前脚掌上，双膝微屈，右手持拍，左手扶拍颈，拍面垂直于地面指向来球，两肘自然下垂，拍头高于手腕，眼睛注视来球，判断来球的方向与路线。

（2）后摆引拍

当判明来球向正手时，左手立即推拍，同时向右转胯转肩，带动球拍向后引，拍头所划过的路线呈弧线。左脚掌碾地转动使左肩对着球网成侧身，同时右手快速平稳地向后引拍，左手张开保持平衡，在整个过程中拍头始终高于手腕。

（3）挥拍击球

在后摆引拍的同时，右脚向右转，约与底线平行，左脚向右前方45°角迈出，重心前移，以增加击球力量。根据来球的方向和高度，适度弯曲膝关节，迅速转体带动球拍向前挥动，重心从后脚移向前脚，向前迎上击球，手腕固定紧握球拍，肘关节微屈，保持拍面稳定。击球点在身体的右前方，击球时拍面与地面垂直，平行于球网。

（4）随挥跟进

击球后，球拍继续随着击球方向向前上方挥动，肘关节向前上方跟进前伸，球拍挥至颈部左边收拍，右肘指向正前方，身体由后摆时的侧身对网转至挥拍结束时正面对网。随后马上恢复到准备姿势，准备迎击下一次来球。

（九）反手击球

反手击球也是网球技术中最基本的击球技术，相对于正手击球来说其难度较大，初学者一般掌握了正手击球，有了一定的基础之后，再学习反手击球动作。

（1）准备姿势

与正手击球相同，面对球网，两脚分开与肩同宽，膝关节微屈，脚跟稍提起，身体前倾，重心落在前脚掌上，左手托拍颈，肘关节弯曲，两眼注视来球。

（2）后摆引拍

当判明来球朝向反手时，立即变换为反拍握拍法，向左转肩转胯，由转肩带动球拍向后引，同时脚掌碾地转动，重心移至左脚，右肩侧身对网。当球拍后引时，拍头稍低于来球，右臂肘关节自然弯曲并贴近身体。

（3）挥拍击球

从后摆进入前挥时应紧握球拍，手腕固定，右脚向左前方45°角迈出，向左转肩转胯，同时保持膝关节微屈，上体前倾，球拍向前上方挥出击球。击球点在身体的左侧前方，拍面垂直于地面。击球时球拍与右脚应在一条直线上，身体重心随着击球过程从后脚移向前脚。

（4）随挥跟进

击球后手臂应自然地向前上方挥动直到尽头，球拍沿着球的飞行方向送出，直至挥至肩或头部的高度。随着腰部的转动，击球后使身体面对球网，迅速回到准备姿势，准备迎击下一次来球。

（十）高压球

高压球又叫扣杀球，是在头上进行大力扣杀的击球技术，是对付对方挑高球的有效进攻技术。在网球比赛中是重要的得分手段。

（1）准备姿势

与发球的准备姿势相同。当对方挑高球时，立即侧身向右，抬头看球，并用短促的垫步调整步伐到合适的击球位置，上体前倾，重心落在两脚前脚掌上，肘关节弯曲，两眼注视来球，判断其落点与方向。

（2）后摆引拍

准备扣杀时，左手上举指向来球，右手持拍举至头部位置并直接从前面向后向上引拍到肩后，右肘与肩同高，上体向右向后转体，右脚向后转动，身体重心落在右脚（支撑脚）上。

（3）挥拍击球

当球飞至头部前上方时，球拍迅速从后向前向上挥拍击球，身体重心移至左脚。击球时手腕紧固，紧握球拍有力地向前扣击来球，击球点在右眼前上方，击球部位在球的后上部。如果起跳打高压球，用后脚起跳、转体、收腹，击球后左脚先落地，同时右脚向前迈出。

（4）随挥跟进

随挥动作与发球的随挥动作基本一样。动作很短，球拍挥至身体左下方，保持身体平衡，同时准备下一次击球。

（十一）挑高球

挑高球是一种防守技术，但是也能作为进攻手段来使用。它可以改变比赛的节奏，破坏对方的进攻节奏，使对方改变回击球的速度，减弱对方在网前的优势，扭转被动挨打的局面。

挑高球技术分为进攻性挑高球和防守性挑高球两类。

1. 进攻性挑高球

进攻性挑高球又称为上旋高球，这种球带有强烈的旋转，过网后迅速落在后场，给对手回击造成很大的困难。进攻性挑高球是对付上网截击型选手的有效技术。

动作要点：

（1）准备姿势　采用东方式握拍法，准备姿势和正、反手击球动作相同。一般在可以采用正手击球或挑高球的情况下选择使用。准备动作应充分。

（2）后摆引拍 侧身对着来球，后摆引拍动作和正手击上旋球动作基本相同，这样可以隐蔽自己的意图，达到迷惑对方的效果。

（3）挥拍击球 挥拍击球时拍面垂直，拍头低于手腕，利用转肩、手腕回拨和前臂旋内的力量从后下方向前上方挥拍击球。击球时拍面朝上，击球点在身体侧前方，击球的中下部，从后下方向前上方弧线挥拍擦击球，使球产生上旋。上体稍后仰，重心落在后脚上。

（4）随挥跟进 击球后球拍顺着球的飞行方向向前充分送出，手臂随球向上抬起，随挥动作放松，将球拍挥至身体左侧结束。

2. 防守性挑高球

防守性挑高球又称下旋高球。由于其飞行弧线较高，有利于调整站位，及时恢复到合适的击球位置。

动作要点：

（1）准备姿势

一般采用东方式握拍法。防守性挑高球的准备姿势与正、反手击球的准备姿势基本相同。只是拍面略向上，力量适度，挥拍路线较向上。由于是在处于被动地位时采用挑高球的打法，没有充足的准备时间，所以一般的准备动作是边移动边引拍，两眼始终盯住来球。

（2）后摆引拍

边移动边引拍，引拍必须充分向后，动作要协调。引拍动作与正、反手击球相同。

（3）挥拍击球

击球时拍面朝上，击球点在球的中下部，球拍由后下方向前上方缓慢柔和地挥拍击球，延长球拍与球的接触时间。击球时，手腕紧固，以便更好地控制球的落点和高度。

（4）随挥跟进

随挥动作与正、反手下旋球一样，跟进动作要充分，手臂上抬，在身体前面高出结束挥拍。高球挑出后，面对球网并迅速恢复到准备姿势。

（十二）放短球

放短球也称放轻球、放小球。当对手处在底线外或者体力下降、前后移动缓慢时，采用放短球技术，能创造进攻得分机会。但是放短球技术要求有良好的球感和控制力，并且要有良好的判断力判断好球的落点。

（1）准备姿势

采用东方式握拍法。其后摆和前挥动作与正、反手击球动作基本相同，球拍后引，侧身对网。

（2）挥拍击球

侧身击球，击球时拍面打开。在球拍触球的瞬间利用前臂带动手腕柔和地削击球的下部，缓冲球的冲力，使球产生下旋。击球时拍面保持一定的高度，上体前倾。并适度向前推拍或向上托拍把球击出，使球产生适当的弧线落在对方球场的近网处。

（3）随挥跟进

放短球随挥动作较小，击球后身体重心向击球方向跟进，然后很快收回球拍，回到准备姿势。

（十三）反弹球

反弹球是在球落地后弹起瞬间击球的技术动作。主要是回击打到自己脚边的球，或是发球上网和随击球上网时，来不及打截击球而被迫打反弹球。掌握反弹球技术能够在比赛中取得主动，并为网前截击得分创造条件。

（1）准备姿势

采用东方式反拍握拍法或大陆式握拍法，准备动作与反手上旋球动作基本相同。

（2）后摆引拍

后摆引拍动作要短小而迅速，球越接近球网，后摆动作就越快。当判断来球需要打反弹球时，迅速下蹲，重心下降，迅速后摆引拍。拍面向上高于手腕。

（3）挥拍击球

打正手反弹球时，右脚向前迈出，膝关节弯曲，上体前倾；打反手反弹球时，身体前倾，保持平衡。击球时眼睛始终盯住球，手腕紧固，拍面打开，身体重心随着击球前移，球拍由下向上反弹击球，球略带上旋。

（4）随挥跟进

反弹球的随挥动作较小，由于反弹球是被迫式击球，因此将球击出后应立即回到准备姿势。

（十四）随击球

随击球是一种混合击球技术，分为落地随击球和凌空随击球。当来球较浅，力量不大，或发球较弱时可以采用随击球打法。需要注意一点：由于是在跑动中击球，所以要控制好来球的冲力，否则容易造成回球上网。

（1）准备姿势

回击球是在跑动中击球，采用一般的准备姿势。当判断好来球的落点并决定采用随击球回击时，迅速向球的落点移动，跑动中注意保持身体平衡。

（2）后摆引拍

由于是在跑动中做动作，后摆引拍的动作要小，接近球时向右转体，侧身左肩对网，拍头抬起。

（3）挥拍击球

向前上方挥拍击球，拍头稍抬起。击球时手腕和手臂相对固定，肘关节弯曲，击球的后部。击球后非支撑腿向击球方向迈出，以保持平衡。

（4）随挥跟进

随击球的随挥跟进动作较小，球拍沿击球方向稍微送出，然后迅速回到准备姿势。

三、网球赛制与计分方法

网球比赛设团体赛和个人赛，在上述赛事中又分单打、双打和混合双打三项。一般男子比赛采用 5 盘 3 胜制，女子比赛以及双打和混合双打均采用 3 盘 2 胜制。网球比赛的计分方式：4 分 1 局，在 1 局比赛中的第一分记分 15，第二分记分 30，第三分记分 40，得到第四分为胜 1 局。6 局为 1 盘，如双方打成 5∶5 以上的平局后，一方须净胜两局才算胜 1 盘。决胜局记分制：局数比分为 6∶6 后进行 13 局比赛时采用，先得 7 分的一方为胜。但在 3 盘 2 胜制的第 3 盘，5 盘 3 胜制的第 5 盘采用长盘制（各胜 5 局后，一方须胜 2 局才算胜 1 盘）。

第八章　武　术

第一节　武术运动概述

一、武术运动概述

武术又称国术，其散布在广大民间，丰富多彩，博大精深，是我国民族传统体育中的一颗明珠，是深受人们喜爱的运动项目。它孕育于古老的中华文明之中，蕴含着深奥的哲理，集意识与肢体运动于一体，收健身医疗、防身御敌、娱乐欣赏、练意养性之功效，老幼病健人人适宜，斗室之地即可练习。故此，不仅风靡于华夏大地，更广泛传播于异域海外，在现代社会高速而多变的生活节奏之中，尤其得到人们的钟爱和积极参与。

（一）武术的概念

中华武术是以技击动作为主要内容，以套路和格斗为运动形式，注重内外兼修的中国传统的体育项目。据有关资料统计，武术拳种逾千种，仅源流有序，拳理明晰，风格独特，自成体系的就有129种，古兵器多达400种，它不仅是一种技击、健身技艺，而且是一种高层次的文化现象，是经过千锤百炼凝聚而成的一种优秀传统文化，从广义上讲，武术的某些功能属于体育的范畴，但它有许多内涵，超过了一般的体育概念。它与西洋体育处于不同的层次。西洋体育主要建设在西医解剖学基础之上，而中国武术除重视形体之外，还讲究有机的活人，既是有形的，又将人看成是一个开放的复杂巨系统。因此，武术应该属于高层次的科学，是高层次的体育。也就是说，武术属于体育，但高于一般体育。

（二）武术的起源与发展

武术在我国有悠久的历史，它的产生，缘起于我国远古祖先的生产劳动。在原始社会时代，人类居住的地方多为森林环境，四野林海茫茫。在密林深处和灌木丛中，栖息着各种凶猛庞大的禽兽。在原始社会生产力极低下的社会条件下，人们为了生存的需要，就必须依靠群体力量同自然界搏斗。在觅食、狩猎，抵抗毒蛇、猛兽活动中，人们不仅靠拳打、脚踢、躲闪等徒手动作与野兽搏斗，还拿起石头、木棒与野兽抗争，逐渐积累了劈、砍、刺的技能，这些原始形态的攻防技能虽然是粗糙而低级的，还没有脱离生产技能的范畴，却是武术技术形成的物质基础。

到了氏族公社时代，部落之间经常发生战争，使用武力就成为掠夺财富的一种最主要的手段，手中武器随作战的需要不断改进，在战场上搏斗的经验也不断得到总结，人们把在战斗中比较成功的一击一刺，一拳一腿，反复模仿着，传授着，习练着，武术的一些技术方法开始包含在军事训练之中，在漫长的历史进程中，武术与军事斗争紧密相连，结伴而行。

武术作为独立的社会文化现象，是同中华民族文明的产生同步的。

商周时期出现了"武舞"，其武术活动，不仅用于训练士兵，鼓舞士气，而且将习舞干戈列为学校的教育内容。

春秋战国以后，列国争雄图霸，很重视技击术在战场中的运用。为选拔士卒，每年春秋两季举行"角试"。"击剑"此时盛行，剑记在《吕氏春秋》和《庄子·说剑》中均有记载。

秦汉时期"刀舞、钺舞、剑舞、双戟舞"等近似套路运动的舞练项目相继出现。而手搏、角抵、击剑等格斗形式的竞技活动在《汉书·武帝本纪》、《汉书·艺文志》和《典论·自序》等书中已有记载。

入唐以来开始实行武举制，对武术的发展起到了促进作用。

而剑术的发展则遍及朝野，文人、武将、妇女、道家等擅长剑术的大有人在。诗人李白"少年学剑术"，常在朋友中仗剑而舞，裴旻将军的剑术独冠一时，与李白诗歌、张旭草书并称唐代三绝。

宋元时期，民间练武已有结社组织出现，如"相扑棚"、"弓箭社"等，还有以卖艺为生的"路岐人"，他们在街头巷尾表演，"使拳、弄棒、舞刀、枪、剑"等。这时出现了"擂台"比赛形式，古称"打擂台"。

明清时期是武术大发展时期，各种流派林立，拳种纷呈，逐渐形成流派，如太极拳、形意拳、八卦掌等主要流派就在此时形成。摔跤也渐成体系，手搏也有发展。

民国时期，民间出现了许多拳社、武士会、体育会等武术组织。1910年在上海成立了"精武体育会"，后又相继成立了"中华武士会"、"致柔拳社"等武术团体，对传播和发展武术起了一定的作用。

1928年，国民政府在南京成立了中央国术馆。该馆成立后，相继在省、市、县建立了国术馆。中央国术馆曾在1928年和1933年在南京举办过两届国术国考，进行拳术、长兵、短兵、散打和摔跤等比赛。1936年组织中国武术旅行团访问东南亚。1936年中国武术队赴柏林参加第一届奥林匹克运动会进行表演。

　　然而，由于旧中国处于半殖民地、半封建的社会时期，政治、经济、文化、教育都受到帝国主义和封建主义的影响，再加上国民党政府对武术进行控制和利用，并排除人民的利益来发展武术，武术的发展步伐是缓慢的。

　　中华人民共和国成立后，武术成为社会主义文化和人民体育事业的一个组成部分，得到了蓬勃发展。1954年各地体育学院系开始把武术列入正式课程。1956年中国武术协会在北京成立，武术正式定为体育表演项目。1957年国家体委将武术列为体育竞赛项目。1958年国家制定了第一部《武术竞赛规则》，1984年由国务院批准设立了武术硕士学位。1986年经国家同意成立了中国武术研究院。

　　中国武术是中国传统体育运动中最早冲出亚洲走向世界的项目，国家和地方曾多次派武术团、队、教练、专家等出国进行表演、讲学。1985年在西安举行了首届国际武术邀请赛，并成立国际武术联合会筹备委员会。1986年在天津举行第二届国际武术邀请赛。1987年在日本横滨举行了第一届亚洲武术锦标赛，并成立了亚洲武术联合会。1988年在中国国际武术节期间，分别在杭州举行了国际武术套路比赛，在深圳举行了国际武术擂台赛，使中国散打正式步入国际武坛。1989年在香港举行了第十二届亚洲武术锦标赛。1990年以后分别被列入北京、广岛、曼谷十一届、十二届、十三届亚洲运动会正式比赛项目。1991年正式成立了国际武术联合会，目前国际武联有77个会员协会，并已在亚洲、欧洲、大洋洲和非洲建立洲级武术联合会，成功地举办了四届世界锦标赛。国际武术联合会被世界体育联合会正式接纳入会。1996年国务院学位办公室已正式批准武术作为一门体育学科，有权授予博士学位，同时，上海体育学院成为中国首家武术博士学位授予点。1997年国家开始实行中国武术段位制，为武术的发展又谱写了新的篇章。

二、武术的内容与分类

　　武术按其运动形式可分为套路运动和格斗运动两大类。

(一) 套路运动

　　套路运动是以踢、打、摔、拿、击刺等攻防动作，遵照攻守进退、动静疾徐、刚柔虚实等格斗规律组成的拳术、器械和对练套路的演练。

　　1. 拳术

　　包括长拳、太极拳、南拳、形意拳、八卦掌、通臂拳、劈挂拳、少林拳、截脚拳、地躺拳、象形拳等。

（1）长拳：是查拳、华拳、炮拳、花拳等拳术的总称，其姿势舒展、动作灵活，快速有力，节奏鲜明，并有蹿蹦跳跃、闪展腾挪、起伏转折或跌扑滚翻等动作与技术的拳术。

（2）太极拳：太极拳是中国武术运动中的著名拳种之一，属于短打的内家拳种。它是以中国古典哲学"阴阳学说"而命名的一种柔和、缓慢、轻灵、圆活的拳术（阴阳指的是开合、虚实、呼吸、刚柔、快慢等，因此，处处表现出阴阳对立的统一）。

（3）南拳：南拳是流行于广东、福建等南方各地的拳种。拳种和流派颇多，广东南拳分洪、刘、蔡、李、莫等家；福建南拳分咏春、五祖等派。

（4）形意拳：以三体式为基本姿势，以劈、崩、钻、炮、横五拳为基本拳法，并吸取了龙、虎、猴、马、鼍、鸡、鹞、燕、蛇、鹰、熊等十二种动物的动作形象而组成的拳术。它的特点是动作简练，发力沉着，朴实明快，踊跃直吞，手攫足踏，气势兼雄。

（5）八卦掌：是以掌法和步法的变换转行为中心的拳术套路。它的基本掌法有单换掌、双换掌、双撞掌、穿掌、挑掌、翻身掌、摇身拳、转身掌八掌。它的基本步法有起、落、扣、摆四种。其特点是一走、二视、三坐、四翻。沿圈走转，势势相连，身灵步活，随走随变。

（6）通臂拳：是以摔、拍、穿、劈、攒五种基本掌法为主要内容，通过圈揽勾劫、削摩拨扇等八法的运用组成的拳术。它的特点是：出手为掌，点手成拳，回来仍是掌；甩膀抖腕，放长击远，发力冷弹脆快。练习中要求两膀松沉，动作大开大合，发力饱满，整个套路要求双臂交劈，交织变化，表现出胸部含挺，拧腰切髋的身法，形成气势贯通的效果。

（7）少林拳：包括大红拳、小红拳、炮拳、梅花拳、七星拳、罗汉拳等，是现在嵩山少林寺所传授的拳术。特点是：直来直往，架势小而紧凑，出拳似屈非屈，直而不直，虚实相兼，身法横起顺落，利于发劲；步法进低退高，轻灵稳固；擅使颤劲，手起劲发，手到劲至，气出丹田，手随声发，声随手落，重如泰山，轻如鸿毛，收如伏猫，纵如放虎，进退转折，直来直往。

（8）象形拳：是模拟各种动物的特长和形态，以及表现某些古代任务的搏斗形象的拳术。如鹰爪拳、螳螂拳、猴拳、蛇拳、鸭形拳以及八仙醉酒、鲁智深醉跌、武松脱铐等，都属于象形拳。

2. 器械

器械包括刀、剑等短器械，剑、棍及大刀等长器械，双刀、双剑、双钩、双抢等双器械，九节鞭、三节棍、绳镖、流星锤等软器械。

（1）刀术：刀是短兵器中的一种，它以缠头、裹脑、劈、砍、撩、挂等刀法和另一手的协调配合构成套路。练起刀来，刀声嗖嗖，可呈现出勇猛剽悍、雄健有力的形象，故有"刀如猛虎"的说法。

（2）剑术：是短器械的一种，以击、刺、点、崩等剑法结合平衡、旋转、步型等动作所组成的套路练习。剑术分为短穗剑、长穗剑。在握把和持剑上也分单手剑、双手剑。特点是：挺收含放，舒展大方，身法多变，潇洒奔放，故有"剑似游龙"的说法。

（3）枪术：是长器械的一种，以栏、拿、扎、舞花等动作，并结合各种步法、身法编成的套路，俗话说"枪扎一条线"，说明要求枪法的准确性较高。在练习拦、拿、扎枪等动作时，需腰部与上下肢的用力协调一致。

（4）棍术：是长器械的一种，以抡、劈、戳、撩、舞花等棍法所组成的套路。它的特点是棍使两端，快速勇猛，刚劲有力，练起棍来，棍法密集，风格泼辣，节奏生动，呼吸生风。故有"棍打一大片"的说法。

3. 对练

对练是以两人以上按照固定动作进行攻防格斗的套路练习，包括徒手对练、器械对练、徒手与器械对练。

（1）徒手对练是以徒手的踢、打、摔、拿攻防技术组成的拳术对练套路。不同的拳种各有不同是对练特点。

（2）器械对练是以器械的击、刺等攻技术组成的器械对练套路。有短器械对练，长器械对练，双器械对练，软器械对练，长与短对练，单与双对练，单与软对练，双与软对练，等等。常见的有单刀进抢、三节棍进棍、对刺剑等。

（3）徒手与器械对练是一方以拳术、一方以器械而组成的对练套路。以套路运动形式来练习空手技术。如空手夺刀、空手夺枪等。

4. 集体项目

是六人以上的徒手或器械的集体演练。可以编排成图案和采用音乐伴奏，表演时队形整齐，动作划一。

（二）格斗运动

它是在一定的条件下，遵照一定的规则，两人进行斗智较技的对抗运动。现在开展的有散打、推手、短兵三项。

1. 散打

是两人按照一定的规则，使用踢、打、摔等技击方法制胜对方的搏斗运动。

2. 推手

是一种按照一定的规则，使用棚、捋、挤、按、采、挒、肘、靠等技击方法制胜对方的搏斗运动。

三、武术的特点与功能价值

（一）武术的特点

1. 刚柔相兼

中国武术拳言道："刚折则，柔则亡，不刚不柔，拳中之法"，充分说明了刚柔相兼的辩证关系及其作用。

2. 具有攻防技击性

武术的技击性是武术的精髓与魅力，也是区别于其他体育项目的重要标志。

3. 内外合一，形神兼备

内外合一，形神兼备的练功方法是武术运动的又一大特点。

4. 以套路运动为主

中国武术一直遵循着相击的搏斗运动和演练的套路运动这两种形式向前发展。古代前者为主，近代后者为主。

5. 具有广泛的适应性

由于武术内容十分丰富，形式多样，不同的拳术和器械有着不同的动作结构、技术要求、运动风格和运动量。

（二）武术的功能价值

武术的价值取决于武术本身的特点和社会的需要。随着社会的进步，体育科学的发展，人们对武术价值的认识有新的发展。武术的功能价值可归纳为以下五个方面：

1. 增强体质

目前，世界各地都出现了中国武术热。在中国武术已成为中国全民健身的重头项目，据了解，国内经常习武的人已超过 6500 万，是名副其实的中国第一运动。

2. 医疗保健

现代医学已证明，武术锻炼能防治很多慢性疾病。特别是武术中的太极拳、八卦拳、形意拳及各种桩功，对动作、呼吸、意念均有一定的要求，称为"三调"。通过"三调"的锻炼，对多种慢性疾病具有很好的医疗保健作用。

3. 防身御敌

武术的技击性具有防身御敌功能。通过习武，不仅能增强体质，提高身体的灵活性和反应能力，而且还能掌握各种踢、打、摔、拿、劈、刺的技击方法。这不仅可以作为公民的自卫和御敌，还可应用到公安、军警训练和对敌斗争之中。

4. 锻炼意志，涵养道德

学武者需有坚韧不拔的精神和意志品质。练习基本功，要不断地克服疼痛关，坚持"冬练三九，夏练三伏"。练习基本动作套路，要克服枯燥关，培养吃苦耐劳的意志品质。参加比赛，要培养良好的心理素质，锻炼勇敢无畏、坚韧不屈的战斗意志。在实战中，培养斗智斗勇、勇猛顽强、敢打、敢搏的精神。

5. 娱乐观赏

武术具有很高的观赏价值。赛场上双方斗智斗勇的对抗性散打比赛，或是显示武功与技巧的套路表演，都会引人入胜，给人以美的享受，满足人们的精神需要。通过观赏，给人以教育和乐趣，同时也丰富了健康文明的余暇生活。

第二节　简化太极拳

"简化太极拳"又称二十四式太极拳，是 20 世纪 50 年代国家体委为适应广大群众活动编写出版的太极拳普及套路，是按照由简到繁、由易到难的原则，简便易行地对已在群众中流行的太极拳进行改编、整理的。它改变了过去那种先难后易的锻炼顺序，去掉了原有套路中过多的重复姿势动作，集中了原套路的主要结构和技术内容，便于群众掌握，易学易懂。这套拳共分八个组，包括"起势"、"收势"等共二十四个姿势动作。练习者可连贯演练，也可以选择单式或分组练习。"简化太极拳"适用于中专、普通高校体育健身内容，特别在体育院系中是教学的主要内容之一。

动作说明

第一组

(一) 起势

1. 身体自然直立，两脚开立，与肩同宽，脚尖向前；两臂自然下垂，两手放在大腿外侧；眼向前平看（图 8-2-1）。

　　动作要点：头颈正直，下颌微向后收，不要故意挺胸或收腹。精神要集中（起势由立正姿势开始，然后左脚向左分开，成开立步）。

　　2. 两臂慢慢向前平举，两手高与肩平，与肩同宽，手心向下（图 8-2-2、图 8-2-3）。

　　3. 上体保持正直，两腿屈膝下蹲；同时两掌轻轻下按，两肘下垂与两膝相对；眼平看前方（图 8-2-4）。

图 8-2-1　　　　　　图 8-2-2　　　　　　图 8-2-3　　　　　　图 8-2-4

　　动作要点：两肩下沉，两肘松垂，手指自然微屈。屈膝松腰，臀部不可凸出，身体重心落于两腿中间。两臂下落和身体下蹲的动作要协调一致。

　　（二）左右野马分鬃

　　1. 上体微向右转，身体重心移至右腿上；同时右臂收在胸前平屈，手心向下，左手经体前向右下划弧放在右手下，手心向上，两手心相对成抱球状；左脚随即收到右脚内侧，脚尖点地，眼看右手（图 8-2-5、图 8-2-6）。

　　2. 上体微向左转，左脚向左前方迈出，右脚跟后蹬，右腿自然伸直，成左弓步；同时上体继续向左转，左右手随转体分别向左上右下慢慢分开，左手高与眼平（手心斜向上），肘微屈；右手落在右胯旁，肘也微屈，手心向下，指尖向前；眼看左手（图 8-2-7、图 8-2-8、图 8-2-9）。

　　3. 上体慢慢后坐，身体重心移至右腿，左脚尖跷起，微向外撇（大约 45°～60°），随后脚掌慢慢踏实，左腿慢慢前弓，身体左转，身体重心再移至左腿；同时左手翻转向下，左臂收在胸前平屈，右手向左上划弧放在左手下，两手心相对成抱球状；右脚随即收到左脚内侧，脚尖点地；眼看左手（图 8-2-10、图 8-2-11、图 8-2-12）。

图 8-2-5

图 8-2-6

图 8-2-7

图 8-2-8

图 8-2-9

图 8-2-10

图 8-2-11

图 8-2-12

4. 右腿向右前方迈出，左腿自然伸直，成右弓步；同时上体右转，左右手随转体分别慢慢向左下右上分开，右手高与眼平（手心斜向上），肘微屈；左手落在左胯旁，肘也微屈，手心向下，指尖向前；眼看右手（图 8-2-13、图 8-2-14）。

5. 与 3 同，只是左右相反（图 8-2-15、图 8-2-16、图 8-2-17）。

6. 与 4 同，只是左右相反（图 8-2-18、图 8-2-19）。

图 8-2-13

图 8-2-14

图 8-2-15

图 8-2-16

图 8-2-17　　　　　　　图 8-2-18　　　　　　　图 8-2-19

动作要点：上体不可前俯后仰，胸部必须宽松舒展。两臂分开时要保持弧形。身体转动时要以腰为轴。弓步动作与分手的速度要均匀一致。做弓步时，迈出的脚先是脚跟着地，然后脚掌慢慢踏实，脚尖向前，膝盖不要超过脚尖；后腿自然伸直；前后脚夹角约成 45°～60°（需要时后脚脚跟可以后蹬调整）。野马分鬃式的弓步，前后脚的脚跟要分在中轴线两侧，它们之间的横向距离（即以动作行进的中线为纵轴，其两侧的垂直距离为横向）应该保持在 10～30 厘米左右。

（三）白鹤亮翅

1. 上体微向左转，左手翻掌向下，左臂平屈胸前，右手向左上划弧，手心转向上，与左手成抱球状；眼看左手（图 8-2-20）。

2. 右脚跟进半步，上体后坐，身体重心移至右腿，上体先向右转，面向右前方，眼看右手；然后左脚稍向前移，脚尖点地，成左虚步，同时上体再微向左转，面向前方，两手随转体慢慢向右上左下分开，右手上提停于右额前，手心向左后方，左手落于左胯前，手心向下，指尖向前；眼平看前方（图 8-2-21、图 8-2-22）。

图 8-2-20　　　　　　　图 8-2-21　　　　　　　图 8-2-22

动作要点：完成姿势胸部不要挺出，两臂上下都要保持半圆形，左膝要微屈。身体重心后移和右手上提、左手下按要协调一致。

第二组

(四) 左右搂膝拗步

1. 右手从体前下落，由下向后上方划弧至右肩外侧，肘微屈，手与耳同高，手心斜向上；左手由左下向上，向右下方划弧至右胸前，手心斜向下；同时上体先微向左再向右转，左脚收至右脚内侧，脚尖点地，眼看右手（图 8-2-23、图 8-2-24、图 8-2-25）。

2. 上体左转，左脚向前（偏左）迈出成左弓步；同时右手屈回由耳侧向前推出，高与鼻尖平，左手向下由左膝前搂过落于左胯旁，指尖向前；眼看右手手指（图 8-2-26、图 8-2-27）。

3. 右腿慢慢屈膝，上体后坐，身体重心移至右腿，左脚尖跷起微向外撇，随后脚掌慢慢踏实，左腿前弓，身体左转，身体重心移至左腿，右脚收到左脚内侧，脚尖点地；同时左手向外翻掌由左后向上划弧至左肩外侧，肘微屈，手与耳同高，手心斜向上；右手随转体向上、向左下划弧落于左胸前，手心斜向下；眼看左手（图 8-2-28、图 8-2-29、图 8-2-30）。

4. 与 2 同，只是左右相反（图 8-2-31、图 8-2-32）。

5. 与 3 同，只是左右相反（图 8-2-33、图 8-2-34、图 8-2-35）。

6. 与 2 同（图 8-2-36、图 8-2-37）。

动作要点：前手推出时，身体不可前俯后仰，要松腰松胯。推掌时要沉肩垂肘、坐腕舒掌，同时须与松腰、弓腿上下协调一致。搂膝拗步成弓步时，两脚跟的横向距离保持约 30 厘米左右。

图 8-2-23　　　　图 8-2-24　　　　图 8-2-25　　　　图 8-2-26

图 8-2-27

图 8-2-28

图 8-2-29

图 8-2-30

图 8-2-31

图 8-2-32

图 8-2-33

图 8-2-34

图 8-2-35

图 8-2-36

图 8-2-37

（五）手挥琵琶

右脚跟进半步，上体后坐，身体重心转至右腿上，上体半面向右转，左脚略提起稍向前移，变成左虚步，脚跟着地，脚尖翘起，膝部微屈；同时左手由左下向上挑举，高与鼻尖平，掌心向右，臂微屈；右手收回放在左臂肘部里侧，掌心向左；眼看左手食指（图 8-2-38、图 8-2-39、图 8-2-40）。

177

图 8-2-38   图 8-2-39   图 8-2-40

动作要点：身体要平稳自然，沉肩垂肘，胸部放松。左手上起时不要直向上挑，要由左向上、向前，微带弧形。右脚跟进时，脚掌先着地，再全脚踏实。身体重心后移和左手上起、右手回收要协调一致。

（六）左右倒卷肱

1. 上体右转，右手翻掌（手心向上）经腹前由下向后上方划弧平举，臂微屈，左手随即翻掌向上，眼的视线随着向右转体先向右看、再转向前方看左手（图 8-2-41、图 8-2-42）。

2. 右臂屈肘折向前，右手由耳侧向前推出，手心向前，左臂屈肘后撤，手心向上，撤至左肋外侧；同时左腿轻轻提起向后（偏左）退一步，脚掌先着地，然后全脚慢慢踏实，身体重心移到左腿上，成右虚步，右脚随转体以脚掌为轴扭正；眼看右手（图 8-2-43、图 8-2-44）。

3. 上体微向左转，同时左手随转体向后上方划弧平举，手心向上，右手随即翻掌，掌心向上；眼随转体先向左看，再转向前方看右手（图 8-2-45）。

4. 与 2 同，只是左右相反（图 8-2-46、图 8-2-47）。

5. 与 3 同，只是左右相反（图 8-2-48）。

6. 与 2 同（图 8-2-49、图 8-2-50）。

7. 与 3 同（图 8-2-51）。

8. 与 2 同，只是左右相反（图 8-2-52、图 8-2-53）。

图 8-2-41   图 8-2-42   图 8-2-43

图 8-2-44　　　　　　　图 8-2-45　　　　　　　图 8-2-46

图 8-2-47　　　　　　　图 8-2-48　　　　　　　图 8-2-49

图 8-2-50　　　　图 8-2-51　　　　图 8-2-52　　　　图 8-2-53

动作要点：前推的手不要伸直，后撤手也不可直向回抽，随转体仍走弧线。前推时，要转腰松胯，两手的速度要一致，避免僵硬。退步时，脚掌先着地，再慢慢全脚踏实，同时，前脚随转体以脚掌为轴扭正。退左脚略向左后斜，退右脚略向右后斜，避免使两脚落在一条直线上。后退时，眼神随转体动作先向左右看，然后再转看前手。最后退右脚时，脚尖外撇的角度略大些，便于接做"左揽雀尾"的动作。

第三组

（七）左揽雀尾

1. 上体微向右转，同时右手随转体向后上方划弧平举，手心向上，左手放松，手心向下；眼看左手（图 8-2-54）。

2. 身体继续向右转，左手自然下落逐渐翻掌经腹前划弧至右肋前，手心向上；右臂屈肘，手心转向下，收至右胸前，两手相对成抱球状；同时身体重心落在右腿上，左脚收到右脚内侧，脚尖点地；眼看右手（图 8-2-55、图 8-2-56）。

3. 上体微向左转，左脚向左前方迈出，上体继续向左转，右腿自然蹬直，左腿屈膝，成左弓步；同时左臂向左前方掤出（即左臂平屈成弓形，用前臂外侧和手背向前方推出），高与肩平，手心向后；右手向右下落放于右胯旁，手心向下，指尖向前；眼看左前臂（图 8-2-57、图 8-2-58）。

图 8-2-54 　　　　　图 8-2-55 　　　　　图 8-2-56

图 8-2-57 　　　　　　　图 8-2-58

动作要点：掤出时，两臂前后均保持弧形。分手、松腰、弓腿三者必须协调一致。揽雀尾弓步时，两脚跟横向距离不超过 10 厘米。

4. 身体微向左转，左手随即前伸翻掌向下，右手翻掌向上，经腹前向上、向前伸至左前臂下方；然后两手下捋，即上体向右转，两手经腹前向右后上方划弧，直至右手手心向上，高与肩齐，左臂平屈于胸前，手心向后；同时身体重心移至右腿；眼看右手（图 8-2-59、图 8-2-60）。

动作要点：下捋时，上体不可前倾，臀部不要凸出。两臂下捋须随腰旋转，仍走弧线，左脚全掌着地。

5. 上体微向左转，右臂屈肘撤回，右手附于左手腕里侧（相距约 5 厘米），上体继续向左转，双手同时向前慢慢挤出，左手心向后，右手心向前，左前臂要保持半圆；同时身体重心逐渐前移变成左弓步；眼看左手腕部（图8-2-61、图8-2-62）。

图 8-2-59　　　　　图 8-2-60　　　　　图 8-2-61　　　　　图 8-2-62

动作要点：向前挤时，上体要正直。挤的动作要与松腰、弓腿相一致。

6. 左手翻掌，手心向下，右手经左腕上方向前、向右伸出，高与左手齐，手心向下，两手左右分开，宽与肩同；然后右腿屈膝，上体慢慢后坐，身体重心移至右腿上，左脚尖跷起，同时两手屈肘回收至腹前，手心均向前下方；眼向前平看（图8-2-63、图8-2-64、图8-2-65）。

7. 上式不停，身体重心慢慢前移，同时两手向前、向上按掌心向前，左腿前弓成左弓步，眼平看前方（图8-2-66）。

动作要点：向前按时，两手须走曲线，手腕部高与肩平，两肘微屈。

（八）右揽雀尾

1. 上体后坐并向右转，身体重心移至右腿，左脚尖里扣；右手向右平行划弧至右侧，然后由右下经腹前向左上划弧至左肋前，手心向上；左臂平屈胸前，左手掌向下与右手成抱球状；同时身体重心再移至左腿上，右脚收至左脚内侧，脚尖点地；眼看左手（图8-2-67、图8-2-68、图8-2-69、图8-2-70）。

图 8-2-63　　　　　图 8-2-64　　　　　图 8-2-65　　　　　图 8-2-66

图 8-2-67

图 8-2-68

图 8-2-69

图 8-2-70

2. 同"左揽雀尾"3，只是左右相反（图 8-2-71、图 8-2-72）。

3. 同"左揽雀尾"4，只是左右相反（图 8-2-73、图 8-2-74）。

4. 同"左揽雀尾"5，只是左右相反（图 8-2-75、图 8-2-76）。

5. 同"左揽雀尾"6，只是左右相反（图 8-2-77、图 8-2-78、图 8-2-79）。

6. 同"左揽雀尾"7，只是左右相反（图 8-2-80）。

动作要点：均与"左揽雀尾"相同，只是左右相反。

图 8-2-71

图 8-2-72

图 8-2-73

图 8-2-74

图 8-2-75

图 8-2-76

图 8-2-77

图 8-2-78

图 8-2-79

图 8-2-80

第四组

(九) 单鞭

1. 上体后坐，身体重心逐渐移至左腿上，右脚尖里扣；同时上体左转，两手（左高右低）向左弧形运转，直至左臂平举，伸于身体左侧，手心向左，右手经腹前运至左肋前，手心向后上方；眼看左手（图 8-2-81、图 8-2-82）。

2. 身体重心再渐渐移至右腿上，上体右转，左脚向右脚靠拢，脚尖点地，同时右手向右上方划弧（手心由里转向外），至右侧方时变勾手，臂与肩平，左手向下经腹前向右上划弧停于右肩前，手心向里；眼看左手（图 8-2-83、图 8-2-84）。

3. 上体微向左转，左脚向左前侧方迈出，右脚跟后蹬，成左弓步；在身体重心移向左腿的同时，左掌随上体的继续左转慢慢翻转向前推出，手心向前，手指与眼齐平，臂微屈；眼看左手（图 8-2-85、图 8-2-86）。

动作要点：上体保持正直，松腰。完成式时，右臂肘部稍下垂，左肘与左膝上下相对，两肩下沉。左手向外翻掌前推时，要随转体边翻边推出，不要翻掌太快或最后突然翻掌。全部过渡动作，上下要协调一致。如面向南起势，单鞭的方向（左脚尖）应向东偏北（大约为 15°）。

图 8-2-81

图 8-2-82

图 8-2-83

图 8-2-84

图 8-2-85

图 8-2-86

（十）云手

1. 身体重心移至右腿上，身体渐向右转，左脚尖里扣，左手经腹前向右上划弧至右肩前，手心斜向后，同时右手变掌，手心向右前；眼看左手（图 8-2-87、图 8-2-88、图 8-2-89）。

2. 上体慢慢左转，身体重心随之逐渐左移；左手由脸前向左侧运转，手心渐渐转向左方，右手由右下经腹前向左上划弧，至左肩前，手心斜向后；同时右脚靠近左脚，成小开立步（两脚距离约 10～20 厘米）；眼看右手（图 8-2-90、图 8-2-91）。

3. 上体再向右转，同时左手经腹前向右上划弧至右肩前，手心斜向后；右手向右侧运转，手心翻转向右；随之左腿向左横跨一步；眼看左手（图 8-2-92、图 8-2-93、图 8-2-94）。

4. 同 2（图 8-2-95、图 8-2-96）。

5. 同 3（图 8-2-97、图 8-2-98、图 8-2-99）。

6. 同 2（图 8-2-100、图 8-2-101）。

图 8-2-87

图 8-2-88

图 8-2-89

图 8-2-90   图 8-2-91   图 8-2-92   图 8-2-93

图 8-2-94   图 8-2-95   图 8-2-96   图 8-2-97

图 8-2-98   图 8-2-99   图 8-2-100   图 8-2-101

动作要点：身体转动要以腰脊为轴，松腰、松胯，不可忽高忽低。两臂随腰的转动而运转，要自然圆活，速度要缓慢均匀。下肢移动时，身体重心要稳定，两脚掌先着地再踏实，脚尖向前。眼的视线随左右手而移动。第三个"云手"，右脚最后跟步时，脚尖微向里扣，便于接"单鞭"动作。

（十一）单鞭

1. 上体向右转，右手随之向右运转，至右侧方时变成勾手；左手经腹前向右上划弧至右肩前，手心向内；身体重心落在右腿上，左脚尖点地；眼看左手（图 8-2-102、图 8-2-103、图 8-2-104）。

2. 上体微向左转，左脚向左前侧方迈出，右脚跟后蹬，成左弓步；在身体重心移向左腿的同时，上体继续左转，左掌慢慢翻转向前推出，成"单鞭"式（图 8-2-105、图 8-2-106）。

动作要点：与前"单鞭"式相同。

图 8-2-102　　　　　图 8-2-103　　　　　图 8-2-104

图 8-2-105　　　　　图 8-2-106

第五组

（十二）高探马

1. 右脚跟进半步，身体重心逐渐后移至右腿上；右勾手变成掌，两手心翻转向上，两肘微屈；同时身体微向右转，左脚跟渐渐离地；眼看左前方（图 8-2-107）。

2. 上体微向左转，面向前方；右掌经右耳旁向前推出，手心向前，手指与眼同高；左手收至左侧腰前，手心向上，同时左脚微向前移，脚尖点地，成左虚步；眼看右手（图 8-2-108）。

图 8-2-107　　　　　　图 8-2-108

动作要点：上体自然正直，双肩要下沉，右肘微下垂。跟步移换重心时，身体不要有起伏。

（十三）右蹬脚

1. 左手手心向上，前伸至右手腕背面，两手相互交叉，随即向两侧分开并向下划弧，手心斜向下，同时左脚提起向左前侧方进步（脚尖略外撇）；身体重心前移，右腿自然蹬直，成左弓步；眼看前方（图8-2-109、图8-2-110、图8-2-111）。

图 8-2-109　　　　　　　图 8-2-110　　　　　　　图 8-2-111

2. 两手由外圈向里圈划弧，两手交叉合抱于胸前，右手在外，手心均向后；同时右脚向左脚靠拢，脚尖点地；眼平看右前方（图8-2-112）。

3. 两臂左右划弧分开平举，肘部微屈，手心均向外，同时右腿屈膝提起，右脚向右前方慢慢蹬出；眼看右手（图8-2-113、图8-2-114）。

动作要点：身体要稳定，不可前俯后仰。两手分开时，腕部与肩齐平。蹬脚时，左腿微屈，右脚尖回勾，劲使在脚跟。分手和蹬脚须协调一致。右臂和右腿上下相对。如面向南起势，蹬脚方向应为正东偏南（约30°）。

图 8-2-112　　　　　　　图 8-2-113　　　　　　　图 8-2-114

（十四）双峰贯耳

1. 右腿收回，屈膝平举，左手由后向上、向前下落至体前，两手心均翻转向上，两手同时向下划弧分落于右膝盖两侧；眼看前方（图 8-2-115、图 8-2-116）。

2. 右脚向右前方落下，身体重心渐渐前移，成右弓步，面向右前方；同时两手下落，慢慢变拳，分别从两侧向上、向前划弧至面部前方，成钳形状，两拳相对，高与耳齐，拳眼都斜向内下（两拳中间距离约 10～20 厘米）；眼看右拳（图 8-2-117、图 8-2-118）。

图 8-2-115　　　　图 8-2-116　　　　图 8-2-117　　　　图 8-2-118

动作要点：完成式时，头颈正直，松腰松胯，两拳松握，沉肩垂肘，两臂均保持弧形。双峰贯耳式的弓步和身体方向与右蹬脚方向相同。弓步的两脚跟横向距离同"揽雀尾"式。

（十五）转身左蹬脚

1. 左腿屈膝后坐，身体重心移至左腿，上体左转，右脚尖里扣；同时两拳变掌，由上向左右划弧分开平举，手心向前；眼看左手（图 8-2-119、图 8-2-120）。

2. 身体重心再移至右腿，左脚收到右脚内侧，脚尖点地；同时两手由外圈向里圈划弧合抱于胸前，左手在外，手心均向后；眼平看左方（图 8-2-121、图 8-2-122）。

3. 两臂左右划弧分开平举，肘部微屈，手心均向外；同时左腿屈膝提起，左脚向左前方慢慢蹬出；眼看左手（图 8-2-123、图 8-2-124）。

图 8-2-119　　　　图 8-2-120　　　　图 8-2-121

图 8-2-122　　　　　　图 8-2-123　　　　　　图 8-2-124

动作要点：与右蹬脚式相同，只是左右相反。左蹬脚方向与右蹬脚成180°（即正西偏北，约 30°）。

第六组

（十六）左下势独立

1. 左腿收回平屈，上体右转；右掌变成勾手，左掌向上、向右划弧下落，立于右肩前，掌心斜向后；眼看右手（图 8-2-125、图 8-2-126）。

2. 右腿慢慢屈膝下蹲，左腿由内向左侧（偏后）伸出，成左仆步；左手下落（掌心向外）向左下顺左腿内侧向前穿出；眼看左手（图 8-2-127、图 8-2-128）。

动作要点：右腿全蹲时，上体不可过于前倾。左腿伸直，左脚尖须向里扣，两脚脚掌全部着地。左脚尖与右脚跟踏在中轴线上。

3. 身体重心前移，左脚跟为轴，脚尖尽量向外撇，左腿前弓，右腿后蹬，右脚尖里扣，上体微向左转并向前起身，同时左臂继续向前伸出（立掌），掌心向右，右勾手下落，勾尖向后；眼看左手（图 8-2-129）。

4. 右腿慢慢提起平屈，成左独立式；同时右勾手变掌，并由后下方顺右腿外侧向前弧形摆出，屈臂立于右腿上方，肘与膝相对，手心向左，左手落于左胯旁，手心向下，指尖向前；眼看右手（图 8-2-130、图 8-2-131）。

图 8-2-125　　　　　　图 8-2-126　　　　　　图 8-2-127

图 8-2-128   图 8-2-129   图 8-2-130   图 8-2-131

动作要点：上体要正直，独立的腿要微屈，右腿提起时脚尖自然下垂。

（十七）右下势独立

1. 右脚下落于左脚前，脚掌着地，然后左脚前掌为轴脚跟转动，身体随之左转；同时左手向后平举变成勾手，右掌随着转体向左侧划弧，立于左肩前，掌心斜向后；眼看左手（图 8-2-132、图 8-2-133）。

2. 同"左下势独立"2，只是左右相反（图 8-2-134、图 8-2-135）。

3. 同"左下势独立"3，只是左右相反（图 8-2-136）。

4. 同"左下势独立"4，只是左右相反（图 8-2-137、图 8-2-138）。

动作要点：右脚尖触地后必须稍微提起，然后再向下仆腿。其他均与"左下势独立"相同，只是左右相反。

图 8-2-132   图 8-2-133   图 8-2-134

图 8-2-135   图 8-2-136   图 8-2-137   图 8-2-138

第七组

(十八) 左右穿梭

1. 身体微向左转，左脚向前落地，脚尖外撇，右脚跟离地，两腿屈膝成半坐盘式；同时两手在左胸前成抱球状（左上右下）；然后右脚收到左脚的内侧，脚尖点地；眼看左前臂（图 8-2-139、图 8-2-140、图 8-2-141）。

2. 身体右转，右脚向右前方迈出，屈膝弓腿，成右弓步；同时右手由脸前向上举并翻掌停在右额前，手心斜向上；左手先向左下再经体前向前推出，高与鼻尖平，手心向前；眼看左手（图 8-2-142、图 8-2-143、图 8-2-144）。

3. 身体重心略向后移，右脚尖稍向外撇，随即身体重心再移至右腿，左脚跟进，停于右脚内侧，脚尖点地；同时两手在右胸前成抱球状（右上左下）；眼看右前臂（图 8-2-145、图 8-2-146）。

4. 同2，只是左右相反（图 8-2-147、图 8-2-148、图 8-2-149）。

动作要点：完成姿势面向斜前方（如面向南起势，左右穿梭方向分别为正西偏北和正西偏南，约30°）。手推出后，上体不可前俯。手向上举时，防止引肩上耸。一手上举一手前推要与弓腿松腰上下协调一致。做弓步时，两脚跟的横向距离同搂膝拗步式，保持在30厘米左右。

图 8-2-139

图 8-2-140

图 8-2-141

图 8-2-142

图 8-2-143

图 8-2-144

图 8-2-145

图 8-2-146

图 8-2-147　　　　　　图 8-2-148　　　　　　图 8-2-149

（十九）海底针

右脚向前跟进半步，身体重心移至右腿，左脚稍向前移，脚尖点地，成左虚步；同时身体稍向右转，右手下落经体前向后、向上提抽至肩上耳旁，再随身体左转，由右耳旁斜向前下方插出，掌心向左，指尖斜向下；与此同时，左手向前、向下划弧落于左胯旁，手心向下，指尖向前；眼看前下方（图 8-2-150、图 8-2-151）。

动作要点：身体要先向右转，再向左转。完成姿势，面向正西。上体不可太前倾。避免低头和臀部外凸。左腿要微屈。

图 8-2-150　　　　　　　图 8-2-151

（二十）闪通臂

上体稍向右转，左脚向前迈出，屈膝弓腿成左弓步；同时右手由体前上提，屈臂上举，停于右额前上方，掌心翻转斜向上，拇指朝下；左手上起经胸前向前推出，高与鼻尖平，手心向前；眼看左手（图 8-2-152、图 8-2-153、图 8-2-154）。

动作要点：完成姿势上体自然正直，松腰、松胯；左臂不要完全伸直，背部肌肉要伸展开。推掌、举掌和弓腿动作要协调一致。弓步时，两脚跟横向距离同"揽雀尾"式（不超过 10 厘米）。

图 8-2-152　　　　　　　图 8-2-153　　　　　　　图 8-2-154

第八组

（二十一）转身搬拦捶

1. 上体后坐，身体重心移至右腿上，左脚尖里扣，身体向右后转，然后身体重心再移至左腿上；与此同时，右手随着转体向右、向下（变拳）经腹前划弧至左肋旁，拳心向下；左掌上举于头前，掌心斜向上；眼看前方（图 8-2-155、图 8-2-156）。

2. 向右转体，右拳经胸前向前翻转撇出，拳心向上；左手落于左胯旁，掌心向下，指尖向前；同时右脚收回后（不要停顿或脚尖点地）即向前迈出，脚尖外撇；眼看右拳（图 8-2-157、图 8-2-158）。

3. 身体重心移至右腿上，左脚向前迈一步；左手上起经左侧向前上划弧拦出，掌心向前下方；同时右拳向右划弧收到右腰旁，拳心向上；眼看左手（图 8-2-159、图 8-2-160）。

4. 左腿前弓成左弓步，同时右拳向前打出，拳眼向上，高与胸平，左手附于右前臂里侧；眼看右拳（图 8-2-161）。

图 8-2-155　　　　　　　图 8-2-156　　　　　　　图 8-2-156（附）

图 8-2-157

图 8-2-157（附）

图 8-2-158

图 8-2-159

图 8-2-160

图 8-2-161

动作要点：右拳不要握得太紧。右拳回收时，前臂要慢慢内旋划弧，然后再外旋停于右腰旁，拳心向上。向前打拳时，右肩随拳略向前引伸，沉肩垂肘，右臂要微屈。弓步时，两脚横向距离同"揽雀尾"式。

（二十二）如封似闭

1. 左手由右腕下向前伸出，右拳变掌，两手手心逐渐翻转向上并慢慢分开回收；同时身体后坐，左脚尖跷起，身体重心移至右腿；眼看前方（图 8-2-162、图 8-2-163、图 8-2-164）。

图 8-2-162

图 8-2-163

图 8-2-164

2. 两手在胸前翻掌，向下经腹前再向上、向前推出，腕部与肩平，手心向前；同时左腿前弓成左弓步；眼看前方（图 8-2-165、图 8-2-166、图 8-2-167）。

动作要点：身体后坐时，避免后仰，臀部不可凸出。两臂随身体回收时，肩、肘部略向外松开，不要直着抽回。两手推出宽度不要超过两肩。

图 8-2-165

图 8-2-166

图 8-2-167

（二十三）十字手

1. 屈膝后坐，身体重心移向右腿，左脚尖里扣，向右转体；右手随着转体动作向右平摆划弧，与左手成两臂侧平举，掌心向前，肘部微屈；同时右脚尖随着转体稍向外撇，成右侧弓步；眼看右手（图 8-2-168、图 8-2-169）。

2. 身体重心慢慢移至左腿，右脚尖里扣，随即向左收回，两脚距离与肩同宽，两腿逐渐蹬直，成开立步；同时两手向下经腹前向上划弧交叉合抱于胸前，两臂撑圆，腕高与肩平，右手在外，成十字手，手心均向后；眼看前方（图 8-2-170、图 8-2-171）。

图 8-2-168

图 8-2-169

图 8-2-170

动作要点：两手分开和合抱时，上体不要前俯。站起后，身体自然正直，头要微向上顶，下颌稍向后收。两臂环抱时须圆满舒适，沉肩垂肘。

（二十四）收势

两手向外翻掌，手心向下，两臂慢慢下落，停于身体两侧；眼看前方（图 8-2-172、图 8-2-173、图 8-2-174）。

动作要点：两手左右分开下落时，要注意全身放松，同时气也徐徐下沉（呼气略加长）。呼吸平稳后，把左脚收到右脚旁，再走动休息。

图 8-2-171

图 8-2-172

图 8-2-173

图 8-2-174

第三节　初级长拳

一、初级长拳一路

初级长拳第一路，它是高中、中专、普通高校的体育教材内容以及体育院系教材内容之一。套路结构合理，动作左右对称，难度适中，适合青少年练习。

动作说明

预备势：直立抱拳两脚并拢直立，两手握拳屈肘抱于腰侧，拳心向上，两肩后展，下颌微收，头向左转；眼看左方（图 8-3-1）。

第一段

图 8-3-1

（一）马步双劈拳

1. 左脚向左跨一步，同时两拳伸向腹前错臂交叉，左里右外，拳心对腹（图 8-3-2、图 8-3-3）。

2. 两腿屈膝半蹲成马步，同时两臂向上至头顶分向左右侧劈，拳眼向上，拳抡着力；眼看右拳（图 8-3-4）。

图 8-3-2

图 8-3-3

图 8-3-4

动作要点：跨步、抡臂要同时，半蹲要及时。

（二）拗弓步冲拳

身体左转 90°成左弓步，同时左拳收抱于左腰侧，右拳用力向前冲出，拳眼向上（以下的冲拳和劈拳均为立拳）；眼看右拳（图 8-3-5）。

动作要点：上述动作必须连贯，右肩前顺，左肩后引。

（三）蹬腿冲拳

左腿支撑，右腿屈膝提起向前平直蹬出，同时右拳收抱于右腰侧，左拳用力向前冲出；眼看左拳（图 8-3-6）。

动作要点：收拳、冲拳、蹬腿三个动作必须同时进行，协调一致。

（四）马步冲拳

右脚向前落步，脚尖内扣，上体左转 90°，两腿屈膝半蹲成马步，左拳收抱于左腰侧，右拳随即向右侧用力冲出；眼看右拳（图 8-3-7）。

图 8-3-5　　　　　　　　图 8-3-6　　　　　　　　图 8-3-7

动作要点：落步、转体和半蹲必须与收拳、冲拳的动作连贯、协调。

（五）马步双劈拳

1. 两脚不动，两腿伸直，同时右臂内旋向下、向腹前内收，左拳也同时向腹前下伸，两臂左里右外交叉，拳心对腹（图 8-3-8）。

2. 两腿屈膝半蹲成马步，同时两臂向上，向左右抡劈，眼看左拳（图 8-3-9）。

动作要点：与（一）相同。

（六）拗弓步冲拳

动作和要点与（二）相同，唯动作方向相反（图 8-3-10）。

图 8-3-8　　　　　　　　图 8-3-9　　　　　　　　图 8-3-10

（七）蹬腿冲拳

动作和要点与（三）相同，唯动作方向相反（图 8-3-11）。

（八）马步冲拳

动作和要点与（四）相同，唯动作方向相反（图 8-3-12）。

图 8-3-11　　　　　　　　　　图 8-3-12

第二段

（九）顺弓步推掌

上体左转 90°，右脚随之向前上步成右弓步，同时右拳变侧立掌向前平直推出，左拳收抱于左腰侧；眼看右掌（图 8-3-13）。

动作要点：转身、上步、收拳和推掌动作要协调一致，推掌时小指一侧用力。

（十）拗弓步推掌

步型不变，上体右拧，同时左拳变侧立掌向前平直推出，右掌变拳收抱于右腰侧；眼看左掌（图 8-3-14）。

动作要点：左肩前顺、右肩后引。

（十一）弓步搂手砍掌

1. 左后转体 180°成左弓步，同时左掌直腕成俯掌，随转体向左后平摆横搂；眼看左掌（图 8-3-15）。

图 8-3-13　　　　　　　图 8-3-14　　　　　　　图 8-3-15

2. 左掌变拳收抱于左腰侧，同时右拳伸向右后变仰掌，经体前向左平摆横砍；眼看右掌（图 8-3-16）。

动作要点：转身、搂手、收拳、砍掌的动作必须连贯、协调。但不必过快，保持平稳。

（十二）弓步穿手推掌

1. 左拳变仰掌经右掌上面向前穿出，同时右掌内旋使掌心朝下，并顺左臂下面屈肘收于胸前（图 8-3-17）。

2. 上动不停，左臂内旋，左掌成正勾手，上体及时右转 90°成右弓步，同时右侧立掌，经胸向前平直推出；眼看右掌（图 8-3-18）。

图 8-3-16　　　　　　　图 8-3-17　　　　　　　图 8-3-18

动作要点：穿掌与收掌动作，转身、匀手与推掌动作必须分别同时进行，要连贯、协调。

（十三）顺弓步推掌

左脚向前上步成左弓步，同时左勾手变倒掌，经左腰侧再变成侧立掌向前平直推出；眼看左掌（图 8-3-19）。

动作要点：与（九）相同。

（十四）拗弓步推掌

动作和要点与（十）相同，唯动作方向相反（图 8-3-20）。

（十五）弓步搂手砍掌

动作和要点与（十一）相同，唯动作方向相反（图 8-3-21、图 8-3-22）。

（十六）弓步穿手推掌

动作和要点与（十二）相同，唯动作方向相反（图 8-3-23、图 8-3-24）。

图 8-3-19　　　　　　　图 8-3-20　　　　　　　图 8-3-21

图 8-3-22   图 8-3-23   图 8-3-24

第三段

（十七）虚步上架

左脚尖里扣，上体右转 90°，右脚撤回半步以脚尖点地成右虚步。同时左掌变拳上架于头顶上方，拳心朝前，拳眼向下，右勾手随之变拳下栽于右膝上面，拳心朝后；眼向右前方平视（图 8-3-25）。

动作要点：上架之拳肘略后展开，下栽之拳时屈并向前牵引，左脚实，右脚虚，虚实分明。

（十八）马步下压

1. 左腿伸直立起，右腿屈膝提起，同时右拳经体前向外抡臂绕环至右前方，左拳下降至背后；眼看右拳（图 8-3-26）。

2. 上动不停，左脚蹬地纵起，同时上体从右向后转体 180°，右脚立即落于左脚原位，左脚随之落在左侧，两腿屈膝半蹲成马步。右拳收抱于右腰侧，左拳由后向上抡起，屈肘从上向身前下压，拳心向上；眼看左拳（图 8-3-27）。

图 8-3-25   图 8-3-26   图 8-3-27

动作要点：纵跳时先屈左膝，转身后右脚先落地，动作要协调一致。

（十九）拗弓步冲拳

上体左转 90°成左弓步，同时右拳随即向前平直冲出，左拳收抱于左腰侧；眼看右拳（图 8-3-28）。

动作要点：与（二）相同。

（二十）马步冲拳

上体右转 90 度成马步，同时左拳向左侧平直冲出，右拳随即收抱于右腰侧；眼看左拳（图 8-3-29）。

动作要点：收拳和冲拳要同时完成，协调一致。

（二十一）虚步上架

动作和要点与（十七）相同，唯动作方向相反（图 8-3-30）。

（二十二）马步下压

动作和要点与（十八）相同，唯动作方向相反（图 8-3-31、图 8-3-32）。

（二十三）拗弓步冲拳

动作和要点与（十九）相同，唯动作方向相反（图 8-3-33）。

（二十四）马步冲拳

动作和要点与（二十）相同，唯动作方向相反（图 8-3-34）。

图 8-3-28

图 8-3-29

图 8-3-30

图 8-3-31

图 8-3-32

图 8-3-33

图 8-3-34

第四段

(二十五）弓步双摆掌

右脚尖里扣，左脚尖外展，上体随之左转 90°成左弓步，同时双拳变掌，从右向上、向左弧形绕环至左前方，成侧立掌。两臂左直右屈，右掌心靠近左肘；眼看左掌（图 8-3-35）。

动作要点：上述动作要协调一致。

(二十六）弓步撩掌

1. 上体右转 90°，左腿全蹲，右腿伸直成仆步，同时左臂内旋并屈腕成反勾手，右俯掌经腹前向右脚背横搂；眼看右掌（图 8-3-36）。

2. 上动不停，右掌继续向身后搂去，至身后成反勾手，同时上身前移成右弓步，左勾手变掌从后向下、向前撩击，掌心向上；眼看左掌（图 8-3-37）。

图 8-3-35

图 8-3-36

图 8-3-37

动作要点：上述动作必须连贯完成。

(二十七）推掌弹踢

右勾手变倒掌经右腰侧再变侧立掌向前用力推出，同时左掌变拳收抱于左腰侧，左脚随之向前弹踢，脚面绷直，力达脚尖；眼看右掌（图8-3-38）。

动作要点：收拳、推掌、弹踢必须同时完成。

（二十八）弓步上架推掌

左脚前落成左弓步，同时右掌屈肘横架于头上方，掌心斜向上，左拳变掌向前成侧立掌平直推出；眼看左掌（图 8-3-39）。

动作要点：落步与上架推掌动作要连贯、协调。

图 8-3-38

图 8-3-39

（二十九）弓步双摆掌

动作和要点与（二十五）相同，唯动作方向相反（图 8-3-40）。

（三十）弓步撩掌

动作和要点与（二十六）相同，唯动作方向相反（图 8-3-41、图 8-3-42）。

图 8-3-40

图 8-3-41

图 8-3-42

（三十一）推掌弹踢

动作和要点与（二十七）相同，唯动作方向相反（图 8-3-43）。

（三十二）弓步上架推掌

动作和要点与（二十八）相同，唯动作方向相反（图 8-3-44）。

收势：

1. 身体直起，左脚靠拢右脚，成并步，同时两掌变拳收抱于两腰侧；

眼向左平视（图 8-3-45）。

2. 头向右转正，两拳变掌垂于身体两侧（图 8-3-46）。

图 8-3-43   图 8-3-44   图 8-3-45   图 8-3-46

二、初级长拳第三路

初级长拳共分为三路，第三路是普通高校武术普修学生和体育院系武术选修学生的体育教材内容之一。套路结构合理，动作编排新颖，有一定难度，是青少年和高校普通体育及体育院系学生提高武术技能水平的练习套路之一。

动作说明

预备动作

预备势：两脚并步站立，两臂垂于身体两侧，五指并拢贴靠腿外侧，眼向前平视（图 8-3-47）

动作要点：头要端正，颚微收，挺胸，塌腰，收腹。

（一）虚步亮掌

右脚向右后方撤步成左弓步。右掌向右、向上、向前画弧，掌心向上；左臂屈肘，左掌提至腰侧，掌心向上，目视右掌（图 8-3-48）。

右腿微屈，重心后移。左掌经胸前从右臂上向前穿出伸直；右臂屈肘，右掌收至腰侧，掌心向上，目视左掌（图 8-3-49）。

重心继续后移，左脚稍向右移，脚尖点地，成左虚步。左臂内旋向左、向后画弧成勾手，勾尖向上；右手继续向后、向右、向前上画弧，屈肘抖腕，在头前上方成亮掌（即横掌）。掌心向前，掌指向左，目视左方（图 8-3-50）。

动作要点：三个动作必须连贯。成虚步时，重心落于右腿上，右大腿与地面平行。左腿微屈，脚尖点地。

图 8-3-47　　　　　图 8-3-48　　　　　图 8-3-49　　　　　图 8-3-50

（二）并步对拳

右腿蹬直，左腿提膝，脚尖里扣，上肢姿势不变（图 8-3-51）。

左脚向前落步，重心前移。左臂屈肘，左勾手变掌经左肋前伸；右臂外旋向前下落于左掌右侧，两掌同高，掌心均向上（图 8-3-52）。

右脚向前上一步，两臂下垂后摆（图 8-3-53）。

左脚向右脚并步，两臂向外向上经胸前屈肘下按，两掌变拳，拳心向下，停于小腹前，目视左侧（图 8-3-54）。

动作要点：并步后挺胸、塌腰。对拳、并步、转头要同时完成。

图 8-3-51　　　　　图 8-3-52　　　　　图 8-3-53　　　　　图 8-3-54

第一段

（一）弓步冲拳

左脚向左上一步，脚尖向斜前方；右腿微屈，成半马步。左臂向上向左格打，拳眼向后，拳与肩同高；右拳收至腰侧，掌心向上，目视左拳（图 8-3-55）。

右腿蹬直成左弓步。左拳收至腰侧，掌心向上；右拳向前冲出，高与肩平，拳眼向上，目视右掌（图8-3-56）。

动作要点：成弓步时，右腿充分蹬直，脚跟不要离地，冲拳时，尽量转腰顺肩。

图 8-3-55   图 8-3-56

（二）弹腿冲拳

重心前移至左腿，右腿屈膝提起，脚面绷直，猛力向前弹出伸直，高与腰平。右拳收至腰侧；左拳向前冲出，目视前方（图8-3-57）

动作要点：支撑腿可微屈，弹出的腿要有爆发力，力点达于脚尖。

（三）马步冲拳

右脚向前落步。脚尖里扣，上体左转。左拳收至腰侧，两腿下蹲成马步；右拳向前冲出，目视右拳（图8-3-58）

动作要点：成马步时，大腿要平，两腿平行，脚跟外蹬，挺胸、塌腰。

（四）弓步冲拳

上体右转90°，右脚尖外撇向斜前方，成半马步。右臂屈肘向右格打，拳眼向后，目视右拳（图8-3-59）。

左腿蹬直成右弓步。右拳收至腰侧；左拳向前冲出。目视左拳（图8-3-60）。

动作要点：与本段的弓步冲拳相同，唯左右相反。

图 8-3-57   图 8-3-58   图 8-3-59   图 8-3-60

（五）弹腿冲拳

重心前移至右脚，左腿屈膝提起，脚面绷直，猛力向前弹出伸直，高与腰平。左拳收至腰侧；右拳向前冲出，目视前方（图8-3-61）

动作要点：与本段的弹腿冲拳相。

（六）**大跃步前穿**

左腿屈膝。右拳变掌内旋，以手背向下挂至左膝外侧，上体前倾，目视右手（图8-3-62）。

左脚向前落步，两腿微屈。右掌继续向后挂，左拳变掌，向后向下伸直，目视右掌（图8-3-63）。

右腿屈膝向前提起，左腿立即猛力蹬地向前跃出。两掌向前向上画弧摆起，目视左掌（图8-3-64）。

右腿落地全蹲，左腿随即落地向前铲出成仆步。右掌变拳抱于腰侧，左掌由上向右向下画弧成立掌，停于右胸前，目视左脚（图8-3-65）。

动作要点：跃步要远，落地要轻，落地后立即接做下一个动作。

图 8-3-61

图 8-3-62

图 8-3-63

图 8-3-64

图 8-3-65

（七）弓步击掌

右腿猛力蹬直成左弓步。左掌经左脚面后划弧至身后成勾手，左臂伸直，勾尖向上；掌指向上，掌外侧向前，目视右掌（图8-3-66）。

（八）马步架掌

重心移至两脚中间，左脚脚尖里扣成马步，上体右转。右臂向左平摆，稍屈肘；同时左勾手掌由后经左腰侧从右臂内向前上穿出，掌心均朝上，目视左手（图8-3-67）。

右掌立于左胸前；左臂向左上屈肘抖腕掌于头部左上方，掌心向前。目右转视（图8-3-68）。

动作要点：马步同前。

图 8-3-66　　　　　　图 8-3-67　　　　　　图 8-3-68

第二段

（一）虚步裁拳

右脚蹬地，屈膝提起；左脚伸直，以前脚掌为轴向右后转体180°。右掌由左胸前向下经右腿外侧向后划弧成勾手；左臂随体转动并外旋，使掌心朝右，目视右手（图8-3-69）。

右脚向右落地，重心移至右脚上，下蹲成左虚步。左掌变拳下落于左膝上，拳眼向里，拳心向后；右勾手变拳，屈肘向上架于头右上方，拳心向前，目视左方（图8-3-70）。

图 8-3-69　　　　　　图 8-3-70

（二）提膝穿掌

右脚稍伸直。右拳变掌收至腰侧、掌心向上；左拳变掌由下向上划弧盖压于头上方，掌心向前（图8-3-71）。

右脚蹬直，左脚屈膝提起，脚尖内扣。右掌从腰侧经左臂内向右前上方穿出，掌心向上；左掌收至右胸前成立掌，目视右掌（图8-3-72）。

动作要点：支撑腿与右臂充分伸直。

（三）仆步穿掌

右腿全蹲，左腿向后方铲出成左仆步。右臂不动，左掌由右胸前向下经左腿内侧，向左脚面穿出，目随左掌转视（图8-3-73）。

图8-3-71   图8-3-72   图8-3-73

（四）虚步挑掌

右腿蹬直，重心前移至左腿，成左弓步。右掌稍下降，左掌随重心前移向前挑起（图8-3-74）。

右脚向左前方上步，左腿半蹲，成右虚步。身体随上步左转180°。在右脚上步的同时，左掌由前向上向后划弧成立掌，右掌由后向下向前上挑起成立掌，指尖与眼平，目视右掌（图8-3-75）。

动作要点：上步要快，虚步要稳。

（五）马步击掌

右脚落实，脚尖外撇，重心稍升高并右移，左掌变拳收至腰侧；右掌俯掌向外搂手（图8-3-76）。

左脚上前一步，以右脚为轴向右后转体180°，两脚下蹲成马步。左掌从右臂上成立掌向左侧击出；右掌变拳收至腰侧，目视左掌（图8-3-77）。

动作要点：右手做搂手时，先使臂稍内旋、腕伸直，手掌向下外转，接着臂外旋，掌心经下向上翻转，同时抓握成掌。收拳和击掌动作要同时进行。

图 8-3-74　　　　　　　　图 8-3-75　　　　　　　图 8-3-76

（六）叉步双摆掌

重心稍右移，同时两掌向下向右摆，掌指均向上，目视右掌（图 8-3-78）。

右脚向左腿后插步，前脚掌着地。两臂继续由右向上向左摆，停于身体左侧，均成立掌，右掌停于左肘窝处，目随双掌转视（图 8-3-79）。

图 8-3-77　　　　　　　　图 8-3-78　　　　　　　图 8-3-79

动作要点：两臂要划立圆，幅度要大，摆掌与后插步配合一致。

（七）弓步击掌

两腿不动。左掌向上向右划弧，掌心向下（图 8-3-80）。

左腿后撤一步，成右弓步。左掌向下向后伸直摆动，成勾手，勾尖向上，左掌成立掌向前推出，目视左掌（图 8-3-81）。

（八）转身踢腿马步盘肘

①两脚以前脚掌为轴向左后转体 180°。在转体的同时，左臂向上向前划半立圆，右臂向下向后划半圆（图 8-3-82）。

图 8-3-80　　　　　　　　图 8-3-81　　　　　　　图 8-3-82

②上动不停，两脚不动，右臂由后向上向前划半立圆，左臂由前向下向后划半立圆（图 8-3-83）。

③上动不停，右臂向下成反臂勾手，勾尖向上；左臂向上成亮掌，掌心向前上方。右腿伸直，脚尖勾起，向额前踢（图 8-3-84）。

④右脚向前落地，脚尖里扣。右手不动，左臂曲肘时下落至胸前，左掌心向下，目视左掌（图 8-3-85）。

⑤上体左转 90°，两腿下蹲成马步。同时左掌向前向左平掳变拳收至腰侧，右勾手变拳，右臂伸直，由体后向右向前平摆，至体前时曲肘，肘尖向前，高与肩平，拳心向下，目视肘尖（图 8-3-86）。

动作要点：两臂抡动时要划立圆，动作连贯。盘肘时要快速有力，右肩前顺。

图 8-3-83　　　　　图 8-3-84　　　　　图 8-3-85　　　　　图 8-3-86

第三段

（一）歇步抡砸拳

①重心稍升高，右脚尖外撇。右臂由胸前向上向右抡直，目视右拳（图 8-3-87）。

②上动不停，两脚以前脚掌为轴，向右后转体 180°。右臂向下向后抡摆，左臂向上向前随身体转动（图 8-3-88）。

③紧接上动，两腿全蹲成歇步。左臂随身体下蹲向下平砸，拳心向上，臂部微曲；右臂伸直向上举起，目视左拳（图 8-3-89）。

动作要点：抡臂动作要连贯完成，划立成圆。歇步要两腿交叉全蹲，左腿大、小腿紧靠，臀部贴于左小腿外侧，膝关节在右小腿外侧，脚跟提起；右脚尖外撇，全脚着地。

图 8-3-87   图 8-3-88   图 8-3-89

（二）仆步亮拳

①左脚由右腿后抽出前上一步，左腿蹬直，右腿半蹲，成右弓步。上体微向右转。左拳收至腰侧，右拳变掌向下经胸前向右横击掌，目视右拳（图 8-3-90）。

②右脚蹬地屈膝提起，上体右转。左拳变掌从右拳上向前穿出，掌心向上；右拳平收至肘下（图 8-3-91）。

③右脚向右落步，屈膝蹲，左腿伸直，成仆步。左拳向下向后划弧成勾手，勾尖向上；右掌向右向上划弧微曲，抖腕成亮掌，掌心向前。头随右手转动，至亮掌时，目视左方（图 8-3-92）。

图 8-3-90   图 8-3-91   图 8-3-92

动作要点：仆步时，左腿充分伸直，脚尖里扣，右腿全蹲，两脚脚掌全部着地。上体挺胸塌腰，稍左转。

（三）弓步劈拳

①左腿蹬地而起；左腿收回并向左前方上步。右拳变掌收至腰侧，左勾手变掌由下向前上经胸前向左做搂手（图 8-3-93）。

②右腿经左腿前方向左绕上一步，左腿蹬直成右弓步。左手向左平掳后再向前挥摆，虎口朝前（图8-3-94）。

③在左手平掳的同时，右拳向后平摆，然后再向前向上做抢劈拳，拳高与耳平，拳心向上，左拳外旋接扶右前臂，目视右拳（图8-3-95）。

动作要点：左右脚上步稍带弧形。

图 8-3-93　　　　　　图 8-3-94　　　　　　图 8-3-95

（四）换跳步弓步冲拳

①重心后移，右脚稍向后移动。右拳变掌臂内旋以掌背向下划弧挂至右膝内侧；左掌背贴靠右肘外侧，掌指向前，目视右掌（图8-3-96）。

②右腿自然上抬，上体稍向左扭转。右掌挂至体左侧，左掌伸向右腋下，目随右掌转视（图8-3-97）。

③右脚以全脚掌用力向下震跺，与此同时，左脚急速离地抬起。右手由左向上向前掳盖而后变拳收至腰侧；左掌伸直向下、向上、向前屈肘下按，掌心向下。上体右转，目视左掌（图8-3-98）。

图 8-3-96　　　　　　图 8-3-97　　　　　　图 8-3-98

④左脚向前落步，右腿蹬直成左弓步。右拳向前冲出，拳高与肩平；左掌藏于右腋下，掌背贴靠腋窝。目视右拳（图8-3-99）。

动作要点：换跳步动作要连贯、协调。震脚时腿要弯曲，全脚掌着地。

左脚离地不要高。

（五）马步冲拳

上体右转 90°，重心移至两腿中间，成马步。右拳收至腰侧，左掌变拳向左冲出，拳眼向上，目视左拳（图 8-3-100）。

（六）弓步下冲拳

右脚蹬直，左腿弯曲，上体稍向左转，成左弓步。左拳变掌向下经体前向上架于头左上方，掌心向上，右拳自腰侧向左前斜下方冲出，目视右拳（图 8-3-101）。

图 8-3-99　　　　　　　图 8-3-100　　　　　　　图 8-3-101

（七）叉步亮掌侧踹腿

①上体稍右转。左掌由头上下落于右手腕上，右拳变掌，两手交叉成十字，目视双手（图 8-3-102）。

②右脚蹬地并向左腿后插步，以前脚掌着地。左掌由体前向下向后划弧成勾手，勾尖向上；右掌由前向右向上划弧抖腕亮掌，掌心向前，目视左侧（图 8-3-103）。

③重心移至右腿，左腿屈膝提起，向左上方猛力踹出。上肢姿势不变，目视左侧（图 8-3-104）。

图 8-3-102　　　　　　　图 8-3-103　　　　　　　图 8-3-104

动作要点：插步时上体稍向右倾斜，腿、臂的动作要一致。侧踹高度不能低于腰，大腿内旋，着力点在脚跟。

（八）虚步挑拳

①左脚在右侧落地。右掌变拳稍向移，左勾手变拳由体后向左上挑，拳背向上（图 8-3-105）。

②上体左转 180°，微含胸前俯。左拳继续向前向上划弧上挑，右拳向下向前划弧挂至右膝外侧，同时右膝提起，目视右拳（图 8-3-106）。

③右脚向左前方上步，脚尖点地，重心落于右脚，左腿下蹲成右虚步。左拳向后划弧收至腰侧，拳心向上；右拳向前屈臂挑出，拳眼斜向上，拳与肩同高，目视右拳（图 8-3-107）。

图 8-3-105　　　　　　图 8-3-106　　　　　　图 8-3-107

第四段

（一）弓步顶肘

①重心升高，右脚踏实。右臂内旋向下直臂划弧以拳背下挂至右膝内侧，左拳不变，目视下方（图 8-3-108）。

②左腿蹬直，右腿屈膝上抬。左拳变掌，右拳不变，两臂向前向上划弧摆起，目随右拳转视（图 8-3-109）。

图 8-3-108　　　　　　图 8-3-109

③左脚蹬地起跳，身体腾空，两臂继续划弧至头上方（图 8-3-110）。

④右脚先落地，右腿屈膝，左脚向前落步，以前脚掌着地。同时两臂向右下屈肘停于右胸前，右拳变掌，左掌变拳。右掌心贴靠左拳面（图 8-3-111）。

⑤左脚向左上一步，左腿屈膝，右腿蹬直成弓步，右掌推左拳，以左肘尖向右顶出，高与肩平，目视前方（图 8-3-112）。

图 8-3-110　　　　　　　图 8-3-111　　　　　　　图 8-3-112

动作要点：交换步时不要过高，但要快。两臂抡摆时要成圆弧。

（二）转身左拍脚

①以两脚前脚掌为轴向右后转体 180°。随着转体，右臂向上向右向下划弧抡摆，同时左拳变掌向下向后向前抡摆（图 8-3-113）。

②左腿伸直向前上踢起，脚面绷平，左掌变拳收至腰侧，右掌由体后向上向前拍击左脚面（图 8-3-114）。

动作要点：右掌拍脚时手掌稍横过来，拍脚要准而响亮。

图 8-3-113　　　　　　　　　　图 8-3-114

（三）右拍脚

①右脚向前落地，左拳变掌向下向后摆，右掌变拳收至腰侧（图 8-3-115）。

②右腿伸直向前上踢起，脚面绷平。左拳变掌由后向上向前拍击右脚面（图 8-3-116）。

图 8-3-115　　　　　　　　　　　　图 8-3-116

动作要点：与本段的转身左拍脚相同。

（四）腾空飞脚

①右脚落地（图 8-3-117）。

②左脚向前摆起，右脚猛力蹬地跳起，左腿屈膝继续前上摆。同时右拳变掌向前向上摆起，左掌先上摆而后下降拍击右掌背（图 8-3-118）。

③右腿继续上摆，脚面绷平。右手拍击右脚面，左掌由体前向后上举（图 8-3-119）。

动作要点：蹬地要向上，不要太向前冲，左膝尽量上提。击响要在腾空时完成，右臂伸直成水平。

图 8-3-117　　　　　图 8-3-118　　　　　图 8-3-119

（五）歇步下冲拳

①左、右脚先后相继落地左掌变拳收至腰侧（图 8-3-120）。

②身体右转 90°，两腿全蹲成歇步。右掌抓握、外旋变拳收至腰侧；左拳由腰侧向前下方冲出。拳心向下，目视左拳（图 8-3-121）。

图 8-3-120　　　　　　　　　图 8-3-121

（六）仆步抡劈拳

①重心升高，右臂随身体重心升高向上摆起（图 8-3-122）。

②以右脚前脚掌为轴，左腿屈膝提起，上体左转 270°。左拳由前向后下划立圆一周；右拳由后向下向前上划立圆一周（图 8-3-123）。

③左腿向后落一步，屈膝全蹲，右腿伸直，脚尖里扣成右仆步。右拳由上向下抡臂，拳眼向上；左拳后上举，拳眼向上，目视右拳（图 8-3-124）。

动作要点：抡臂时一定要划立圆。

图 8-3-122　　　　　　　图 8-3-123　　　　　　　图 8-3-124

（七）提膝挑掌

①重心前移成右弓步。同时右拳变掌由下向上抡摆，左拳变掌稍下落，右掌心向左，左掌心向右（图 8-3-125）。

②左、右臂在垂直面上由前向后各划立圆一周。右臂伸直停于头上，

掌心向左，掌指向上；左臂伸直停于身后成反勾手。同时右腿屈膝提起，左腿挺膝伸直独立，目视前方（图 8-3-126）。

动作要点：抡臂时要划立圆。

图 8-3-125　　　　　　　　　　　　图 8-3-126

（八）提膝劈掌弓步冲拳

①下肢不动。右掌由上向下猛劈伸直，停于右小腿内侧，用力点在小指一侧；左勾手变掌，屈膝向前停于右上臂内侧，掌心向左，目视右掌（图 8-3-127）。

②右脚向右后落地；身体右转 90°。同时左掌变拳收至腰侧，右臂内旋向右划弧做成劈掌（图 8-3-128）。

③上动不停，左腿蹬直成右弓步。右手抓握变拳收至腰侧，左拳由腰侧向左前方冲出，目视左拳（图 8-3-129）。

图 8-3-127　　　　　　图 8-3-128　　　　　　图 8-3-129

结束动作

（一）虚步亮拳

①右脚扣于左膝后，两拳变掌，两臂右上左下屈肘交叉于体左前，目

视右掌（图 8-3-130）。

②右脚向右后落步，重心后移，右腿半蹲，上体稍右转。同时右掌向上、向右、向下划弧停于右腋下；左掌向左、向上划弧停于右臂上与左胸前，两掌心左下右上，目视左掌（图 8-3-131）。

③左脚尖稍向右移，右腿下蹲成左虚步。左臂伸直向左、向后划弧成反勾手；右臂伸直向下、向右、向上划弧抖腕亮掌，掌心向前，目视左方（图 8-3-132）。

图 8-3-130　　　　　　图 8-3-131　　　　　　图 8-3-132

（二）并步对掌

①左腿后撤一步，同时两掌从两腰侧向前穿出伸直，掌心向上（图 8-3-133）。

②右脚后撤一步，同时两臂分别向体后下摆（图 8-3-134）。

③左脚后退半步向右脚并拢。两臂由后向上经体前屈臂下按，两掌变拳，停于腹前，拳心向下，拳面相对，目视左方（图 8-3-135）。

（三）还原

两臂自然下垂，目视正前方（图 8-3-136）。

图 8-3-133　　　　图 8-3-134　　　　图 8-3-135　　　　图 8-3-136

第四节 跆拳道

一、跆拳道运动概述

（一）跆拳道运动的起源和发展

跆拳道是一项起源于朝鲜半岛的古老的竞技体育运动，是朝鲜民族在生产和生活的基础上发展起来的一项运用手、脚技术和身体能力进行自身修炼和搏击格斗的传统体育项目。在有记载的朝鲜民族史上，跆拳道已有三千多年的历史。跆拳道在历史长河的不断推进中，进行了自身的演变和发展，1966 年 3 月"国际跆拳道联盟"（ITF）成立，跆拳道进入国际社会。此后，跆拳道在技术、规则、派别等方面做了进一步的改进和统一，促进了其国际化发展的步伐。1973 年 5 月世界跆拳道联盟（WTF）在韩国汉城成立，为跆拳道的国际化传播和进入奥运会奠定了基础。1975 年跆拳道加入国际单项体育联合会。1980 年世界跆拳道联盟获得国际奥委会的承认，由此跆拳道运动进入国际奥委会大家庭。1988 年、1992 年、1996 年三次列为奥运会表演项目，最终在 2000 年悉尼奥运会上，跆拳道被列为正式比赛项目。目前有 180 多个国家近亿人参与这项运动。跆拳道已成为奥运会、世界大学生运动会、世界军人运动会、亚运会以及中国全运会的正式比赛项目。因而被世界公认为"世界第一搏击运动"。

1992 年 10 月 7 日，中国跆拳道筹备小组成立，这标志着我国跆拳道运动的正式开始。1994 年 9 月，在云南昆明举行了第 1 届全国跆拳道比赛，1995 年 5 月，在北京体育大学举行了第 1 届全国跆拳道锦标赛，从此，跆拳道运动在中国迅速发展起来。2000 年 9 月，在第 27 届悉尼奥运会上，我国选手陈中获得了女子 67 公斤以上级的冠军，这是我国首枚跆拳道奥运会金牌，是中国跆拳道发展历程中的里程碑。在 2004 年雅典奥运会，我国运动员陈中和罗薇，分别在 67 公斤级和 67 公斤以上级别中摘得金牌。2008 年北京奥运会吴静钰获得 49 公斤级冠军。

（二）跆拳道的特点

1. 以腿为主，以手为辅

跆拳道技术是以腿法为主，腿法技术在整体运用中约占 3/4，跆拳道运动认为"一寸长，一寸强"，因为腿的长度和力量是人体中最长、最大的。腿的技法有许多种形式，可高可低、可近可远、可直可屈、可转可旋，威胁力极大,是比赛得分和克敌制胜的有效方法。

2. 方法简捷,刚直相向

无论是在比赛还是实战中,跆拳道的进攻方法都简捷、有效。对抗时双方都是直接接触,以刚制刚,用简练硬朗的方法直接击打对方,或拳或脚,速度快,变化多;防守动作也是以直接的格挡为主,很少使用躲闪防守法,追求刚来刚往,硬拼硬打,尽可能保持或缩短双方间的距离、以增加击打的有效性。

3. 内外兼修,方法独特

跆拳道理论认为,经过专门训练的人,其拳、肘、膝和脚四个部位技击力量加大,尤以脚和手为甚。长期练习跆拳道,可以使人内功和外功兼修。

(三) 跆拳道的健身价值

1. 修身养性,培养人优秀的意志品质

跆拳道练习推崇"以礼始,以礼终"的尚武精神,以"礼义廉耻,忍耐克己,百折不屈"为宗旨。因此,可以培养人顽强果断、吃苦耐劳的精神,磨炼人坚韧不拔、积极向上的意志品质,养成礼让谦逊、宽厚待人的美德。

2. 强体防身,练就健壮的体魄

跆拳道运动紧张、激烈、对抗性强,长期练习可使人强壮筋骨,提高各关节的灵活性及肌肉的伸展性和收缩能力,提高人的速度、反应、灵敏度、力量和耐力素质,提高人内脏器官的机能和人体神经系统的灵敏性,增强人体的击打和抗击打能力。

3. 观赏竞技,享受击打艺术的美感

跆拳道比赛或实战时,双方队员不仅要斗智斗勇,而且还要通过高超的技艺展示跆拳道技术动作的优美,尤其是跆拳道变化多端,其腿法技术在对抗中高来低往,表现得淋漓尽致,不仅给人以美的享受,还能激发人的斗志,鼓舞人奋发向上的精神,陶冶人的道德情操。

二、跆拳道的基本技术

(一) 跆拳道的基本动作

1. 拳法

竞技跆拳道的拳法只有直拳一种,一般不易得分。动作要求是将手的四指并拢握紧,拳面要平,使用正拳进行正面攻击。用拳的目的在于防守格档和破坏对手的进攻节奏，遏止对手的攻势，破坏对手的身体平衡。大众跆拳道有勾拳、砸拳以及手刀和贯手等上肢格斗技术。

2. 腿法

跆拳道实战以腿为主，被称为"踢"的艺术。踢击动作有推踢、前踢、侧踢、后踢、劈踢、横踢、摆踢、旋踢等，是竞技跆拳道技术体系中的主体。腿的技术要求是使用踝关节以下脚的部分进行攻击。

（二）跆拳道的基本姿势

1. 标准实战姿势

左脚在前叫左势，右脚在前叫右势。

动作规格：两脚前后开立与肩同宽，前脚尖 45 度斜向右前方，后脚跟抬起，膝关节微屈，重心在两脚之间；上身自然直立，45 度斜向右前方，双手握拳，拳心相对；两臂弯曲置于胸前；头部直立向前，目视正前方。

动作要领：身体自然，肌肉放松；膝关节松而不懈，富有弹性；心无杂念，以无意为有意。

易犯错误：全身紧张，肌肉僵硬；重心偏前或偏后，不利于启动；膝关节僵直，缺乏弹性。

2. 侧向实战姿势

身体完全侧向，前后脚在一条直线上，其他部位同标准姿势。

3. 低位实战姿势

身体姿势同标准实战姿势，只是双膝弯曲加大，重心降低。这种姿势重心低、不易失去重心，但移动相对较慢。

（三）跆拳道的站位

1. 开式站位

如果一方是左势，一方是右势，则称双方站位为开式站位。

2. 闭式站位

双方运动员都是左势站立或都是右势站立，则双方站位称为闭式站位。

（四）跆拳道的基本步法

跆拳道实战中不论是进攻、防守，还是防守反击动作，都需要灵活、快速、敏捷、多变的步法，实战中常用的基本步法包括以下几种：

1. 前进步

由标准实战姿势开始，前进时后脚蹬地向前迈步，身体侧转成一侧斜马步。

2. 后退步

由标准实战姿势开始，前脚掌用力蹬地，后脚先退后一步，前脚随即后退，两脚以及身体仍保持原来姿势。

3. 后撤步

从标准实战姿势开始，以后脚前脚掌为轴，前脚抬起向后经后脚内侧后撤一步，形成和原来相反的实战姿势。

4. 侧移步

由标准实战姿势开始，两脚前脚掌同时向左（右）侧蹬地，使身体向右（左）侧移动，离开原来的位置。

5. 跳换步

由标准实战姿势开始，两脚同时蹬地使身体腾空，空中两脚前后交换同时转体；落地时身体姿势成另一侧的准备姿势。跳换步的腾空不宜高，略离地即可。

6. 前（后）垫步

由标准实战姿势开始，后（前）脚向前（后）脚并拢的同时前（后）脚蹬地向前（后）迈（退）步，仍成原来的实战姿势。

（五）跆拳道的常用进攻技术

跆拳道实战中用脚进攻时一般使用的部位包括足掌、足趾、足背、足刀、足跟。实战过程中，根据对方所处位置，暴露的部位，防守的姿势以及双方的距离，选择不同的踢法。脚踢时要利用步法保持身体的平衡，并有效接近对方做出踢击动作，同时注意两臂的防守。踢击完成马上回到准备姿势，准备下一次的进攻和防守。腿的回位动作要快，以防止被对方抓抱。脚踢的练习方法主要是靠平时用各种腿法踢击悬挂的沙袋或脚靶，经过反复练习可提高踢的力量、速度和高度。

1. 前踢

从左势实战姿势（即左脚在前的实战姿势）开始，右脚向后蹬地，身体重心前移至左脚，右脚蹬地顺势屈膝提起，左脚以前脚掌为轴外旋约90度，同时，右腿迅速以膝关节为轴伸膝、送髋、顶髋，把小腿快速向前踢出，力达脚尖或前脚掌。踢击目标后右腿迅速放松弹回，落回原地仍成左势实战姿势（图8-4-1）。

2. 推踢

从左势实战姿势开始，右脚蹬地，重心前移，右脚以髋关节为轴提膝前蹬，用右脚脚掌向前蹬推，力点在脚掌，推力向正前方（图8-4-2）。

图 8-4-1 前踢

图 8-4-2 推踢

3. 侧踢

从左势实战姿势开始，右脚蹬地右腿以膝关节为轴屈膝提起，两手握拳置于体侧，随即左脚以前脚掌为轴外旋 180 度，髋关节向左旋转，右腿以膝关节为轴向前蹬伸，右脚快速向右前上方直线踢出，力点在脚跟。发力后沿起腿路线收腿、放松，重心落下（原处或向前均可），再次回到实战姿势（图 8-4-3）。

侧踢动作的主要攻击部位有膝部、腹部、肋部、胸部和头面部。

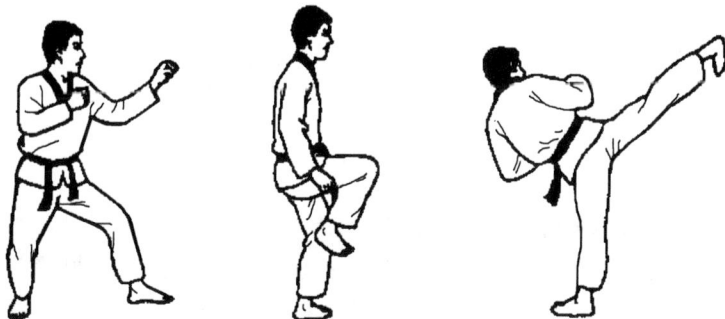

图 8-4-3 侧踢

4. 横踢

从左势实战姿势开始，右脚蹬地，重心移到左脚，右脚屈膝上提，两拳置于胸前；左脚前脚掌辗地内旋，髋关节左转，左膝内扣；随即左脚掌继续内旋转180度，右脚膝关节向前抬置水平状态；小腿快速向左前横踢出；踢击目标后右腿迅速放松弹回，落回原地仍成左势实战姿势（图8-4-4）。

图 8-4-4　横踢

5. 后踢

从左势实战姿势开始，转身后（左）腿后撤背对对方。重心后移至左脚，右脚蹬地后屈膝提起，右脚贴近左大腿，两手握拳置于胸前；随即左脚蹬地伸直，右脚自左大腿内侧向后方直线踢出，力达脚跟。踢击后右脚沿原路线快速收回，成左势实战姿势（图8-4-5）。

图 8-4-5　后踢

6. 劈腿

从左势实战姿势开始，右脚蹬地，重心前移至左脚，同时，右腿以髋关节为轴屈膝上提，两手握拳置于胸前；随即充分送髋，上提膝关节至胸部，右小腿以膝关节为轴向上伸直，将右腿直举于体前，右脚过头，随后

放松以右脚后跟（或脚掌）为力点向下劈击，顺势落地后，再还原成原实
战姿势（图8-4-6）。

图 8-4-6 劈腿

7. 摆踢

从左势实战姿势开始，右脚蹬地重心前移，右腿以髋关节为轴屈膝
上提，两手握拳置于体侧；左脚以前脚掌为轴外旋180°，右腿以膝关节
为轴继续向前上方伸成直线，右脚的脚掌顺势用力向右侧屈膝鞭打，顺
鞭打之势上体右转，右腿屈膝回收，右脚落回原处，成原实战姿势（图
8-4-7）。

图 8-4-7 摆踢

8. 后旋踢

从左势实战姿势开始，两脚以两脚掌为轴均内旋约180°，身体向右转
约90度，两拳置于胸前。上体向右拧转，右脚蹬地将蹬地的力量与上体拧

转的力量合在一起，将右腿向后上以髋关节为轴直腿摆起，右腿继续向右后旋摆鞭打，同时上体向右转，带动右腿弧形摆至身体右侧，右腿屈膝回收；右脚落至右后成原实战姿势（图8-4-8）。

图 8-4-8　后旋踢

第九章　游　泳

第一节　游泳运动概述

一、游泳运动概念

　　游泳是一种凭借自身肢体动作和水的相互作用力推动人体在水中活动或前进的技能活动。人类的游泳是一种有意识的活动，一直与人类的生存、生产、生活紧密联系，是人类在同大自然斗争中为求生存而产生的，随着人类社会的发展而发展，逐渐成为一项重要的体育运动项目。在不断的发展中逐渐形成了竞技游泳、实用游泳、大众游泳、康复游泳体系。

二、游泳运动起源与发展

　　人类的游泳活动源远流长。人类生活的地球表面，超过 70% 都布满江、河、湖、海。人们为了生存必须与水打交道。为了捕捉水中的鱼虾和采捞水中可供食用的植物，人们需要下到水中；为了追猎动物和躲避猛兽的侵袭，经常需要跋山涉水，也不可避免地要与水打交道；当洪水泛滥时，人们为了保护生命与财产，更是要与水进行搏斗。人们在生活、劳动与大自然作斗争的过程中不断与水打交道，逐渐学会了游泳。开始时，人们只是模仿水栖动物姿势与动作，在水中移动，久而久之，便积累了在水中行动的技能，学会了漂浮、游动和潜水，产生了各种游泳姿势，主要包括三种形式：涉——在浅水中行走；浮——在水中漂浮、移动；没——在水下潜泳。

　　随着生产力的发展、阶级的产生和阶级矛盾的激化，出现了战争，这时，游泳由单纯的生活技能又逐步成为一种军事技能。在古希腊时代，军队开始系统地进行水上军事训练。

　　除生产劳动和军事上的原因外，游泳本身的娱乐功能也是游泳活动能得以不断发展的重要原因。人们从沐浴开始，继而在水中嬉戏，逐渐形成各种水中娱乐活动。我国春秋时期的"天池"、汉代的"太液池"等都是当时贵族常去玩乐的游泳场所。南北朝时，游泳在民间和皇室中已相当流行。隋唐时期，宫廷专门设立了可以进行跳水、游泳、抛水球的"水殿"。

　　1888 年，法国教育家皮埃尔·德·顾拜旦提出了恢复奥林匹克运动会的建议，在 1896 年举行的第一届现代奥林匹克运动会中游泳被列为正式竞赛项目之一。在现代奥林匹克运动会发展的初期，运动员都是在自然水域中进行训练，随着奥林匹克运动会的发展，人们越来越重视训练，开始修建人工的游泳池、游泳馆，游泳运动得到了长足发展，世界竞技游泳水平不断发展，大众参与程度也日益提高。

第二节　游泳技术特点与分类

一、游泳技术特点

游泳是一种凭借自身肢体动作和水的作用力在水中活动或前进的技能活动。凡涉及水环境的运动项目，参与者都不可忽视水的自然属性。水是一种流动的介质，运动员在游进过程中主要受水的压力与浮力、流动性、粘滞性等方面自然特性的影响。因此，运动员在水中游进时表现出以下特征：

1. 水是一种流动的介质，人体在水环境中运动时，身体没有固定的支持，需要通过肢体的动作和水的相互作用力为肢体的运动提供一个相对稳定的支撑点。

2. 人体在水中受到水的压力和浮力，而人体可以通过呼吸和身体姿势来改变人体的漂浮状态，因此，运动员在水中运动时需要充分利用身体姿势的改变来维持漂浮平衡。

3. 水的粘滞性和水的密度大的原因使人体在水中运动时受到了水的阻力的影响，而阻力也是推动人体前进产生推进力的主要因素，因此，人体在游进中要充分利用水的阻力增大推进力的同时还须尽可能地使身体姿势保持流线形，减小阻力的影响。

4. 水是一个传导性很好的介质，人体在水中时水温的高低会影响能量的消耗，水温过高或过低都会使机体能量过多损耗。

合理的游泳技术动作要素

1. 保持身体流线形姿势

身体姿势在游泳技术动作中占有重要的地位，身体姿势正确与否决定着外形姿态阻力的大小与游速的快慢。身体在不影响四肢动作实效的前提下应尽可能保持高位而又舒展的姿势，呈现流线形体态。

由于各泳式动作结构不相同，身体在水中位置各有差异。爬泳和仰泳，身体在水中都具有较高、较平和相对稳定的位置，身体的纵轴线与水平面的夹角很小；蝶泳和蛙泳虽无固定的身体姿势，但在游进时身体波浪状幅度应保持在一定的范围限度之内，在动作周期的某些环节上仍可保持相对高而且平的身体姿势。

2. 协调而有节奏的动作

动作的协调性与节奏感是评价运动员技术掌握是否合理的标准之一。有高度的动作协调能力和良好的动作节奏可以节省体能，使动作更有实效。协调与节奏也有一定的内在联系，协调性不好，动作也就失去了节奏；当动作节奏受破坏时，动作配合也不可能协调一致。

3. 高肘屈臂划水

高肘屈臂划水是游泳技术的重要特点之一。运动员在水中能不能尽可能早地进入高肘抓水阶段是运动员划水效果的重要影响因素。高肘屈臂划水能够延长有效划水路线；适宜的屈臂角度，能有效地动员更多的肌群参与划水动作，增加划水力量；屈臂划水增大了手臂外形姿态阻力系数和有效划水面积，增大了推进力；缩短了臂划水半径，加快了动作的角速度，有利于划水效率的提高。

4. 螺旋曲线划水

螺旋曲线划水是现代游泳技术的特点之一。划水动作持续作用于水的有效时间长，从而使身体获得向前的冲量持续时间增加，能够划到"静水"。由于是螺旋曲线划水，手掌的攻角沿划水轨迹不断调整改变，以其获得最佳的水平升阻合力的作用，随着螺旋曲线轨迹的延伸，手掌像螺旋桨一样不断地划到"静水"；由于划水路线与肌拉力线方向一致，相应地也增加了划水时身体大肌肉群的合力，有利于游速的提高。

5. 加速划水

根据阻力与物体运动速度平方成正比的关系，划水的加速度对游进速度起着极其重要的作用。在划水过程中，加速划水是保证推进力增大的基本要素，加速度越快，推进力越大，身体位移的速度也就越快。

划水加速度的效果取决于加速前的动作速度、动作冲量和动作幅度。如果加速前的划水速度较快、冲量较大和幅度较长，加速划水效果将会更好。

6. 适宜的动作频率与划距

合理的划幅与划频的关系是游泳速度的关键，过分地追求划幅、划频都会影响游进的平均速度。两者是统一的，协调配合的，要提高游速，就要增大划距或划频。划频主要与神经过程灵活性、快肌在肌肉中所占比例、划水幅度、技术巩固程度和协调性有关；划幅主要由肌肉力量、关节柔韧性、肢体长度、技术动作质量和协调性决定。

二、游泳技术分类

在我国游泳的管理由国家体育总局游泳运动管理中心来负责。根据目的和功能来分，游泳可以分为竞技游泳、实用游泳、大众游泳、康复游泳。

1. 竞技游泳

竞技游泳是指有特定技术要求，按游泳竞赛规则规定进行竞赛的游泳运动项目。

竞技游泳分为游泳池比赛和公开水域比赛两大类别。游泳池比赛包括自由泳、仰泳、蛙泳、蝶泳四种泳式和由这四种泳式组成的个人混合泳以及接力比赛，标准的游泳池分为 25 米短池和 50 米长池。

公开水域比赛是指在江、河、湖、海这些自然水域进行的游泳比赛，如游渡海峡、横渡江河、长距离游泳比赛等。这类比赛各有特定的规则要求，但没有严格的游泳泳式要求，运动员多采用自由泳参赛。

2. 实用游泳

实用游泳是指直接为生产、军事、生活服务的游泳活动，包括踩水、侧泳、反蛙泳、潜泳、水上救护、着装泅渡等非竞技游泳。竞技游泳技术虽不包括在实用游泳技术中，但在泅渡、水上救护、运物和水上作积极性休息时，常采用蛙泳、仰泳和自由泳。

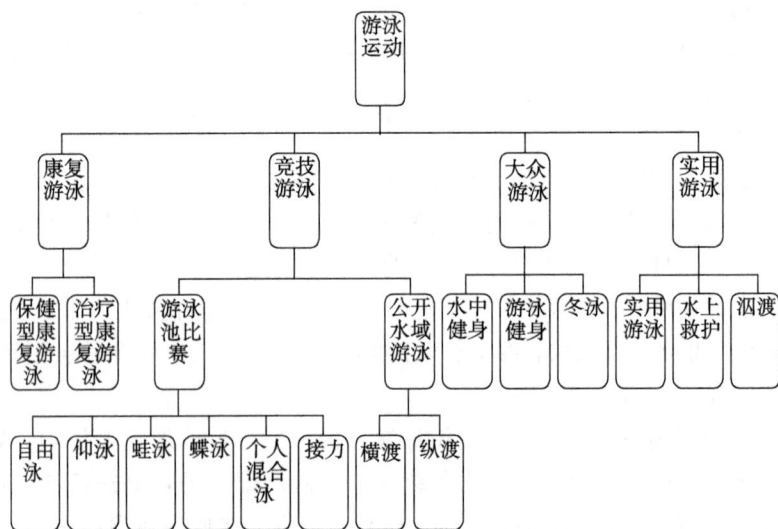

图 9-2-1　游泳分类结构示意图

3. 大众游泳

随着人类社会的发展、生产力的提高、社会物质财富的不断丰富，人们对物质、文化、娱乐生活的质量要求也相应提高。一种以增强体质为宗旨，以丰富人们文化生活为目的的大众游泳活动，如水中游戏、健身游泳等，现已成为现代游泳运动的重要组成部分，在世界各地广泛开展起来。

4. 康复游泳

康复游泳是充分利用水的自然特性与水中运动的生理生化基础知识对练习对象进行治疗、训练的一种康复训练方法。

三、竞技游泳技术

（一）自由泳

游自由泳时，身体俯卧在水面，两腿上下交替打水，两臂轮流划水，动作很像爬行，故自由泳也被称为爬泳（见图 9-2-2）。

游泳技术动作都由身体姿势、腿部动作、臂部动作、呼吸及完整配合几部分动作构成。

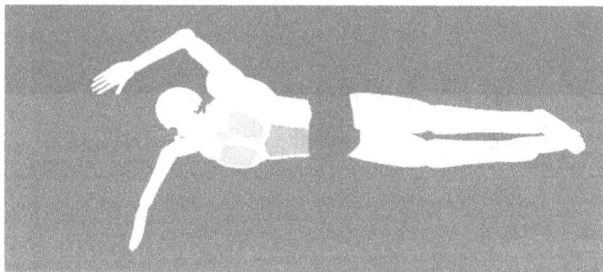

图 9-2-2　自由泳侧面示意图

1. 身体姿势

在游任何一种泳式时，理想的身体姿势都应该能使游泳者最大限度地减小阻力。要想游得快，只有两种选择：增加推进力或减少阻力。而人在水里所受到的阻力随着速度的增加以平方的比率而递增。因此，靠增加功率来提高速度是非常不经济的，要想游得快必须改进技术，减少阻力。为了达到这个目的，自由泳的身体姿势有以下特点：

（1）身体呈水平姿势、保持良好的流线型

身体俯卧于水面，尽量将身体放平、伸直、收紧，保持良好的流线型。在游自由泳时注意好头与肩的位置，只要将手臂伸得更远、身体收紧、打水时两腿不过于分开、动作保持在身体截面内完成就能减小形状阻力，仅凭这些就能比过去游得更快更流畅。

（2）身体围绕纵轴有节奏地转动

自由泳在游进时整个身体随着手臂和腿部的动作围绕纵轴有节奏地转动。身体转动的作用：①保持流线型；②利用身体的转动发挥核心力量；③延长有效的划水距离；④使上肢处于最佳发力位置；⑤有助于移臂和呼吸。

2. 腿部动作

自由泳腿打水由向下打水和向上打水两部分交替构成，其中下打动作较为有力，上打相对放松一些。事实上由于身体围绕纵轴的转动，打水动作并不在绝对的垂直面内上下往复，也包含着向侧方的动作。

腿打水过程中两脚应稍内扣，踝关节放松，髋关节发力，大腿带动小腿和脚，做鞭状打水，动作有力且富有弹性（见图9-2-3）。

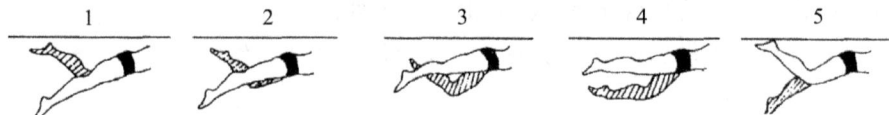

图 9-2-3　自由泳打水动作侧面示意图

3. 臂部动作

游自由泳时，手臂的划水动作是身体前进的主要推进力。自由泳手臂划水动作可以分为入水、划水、出水和空中移臂四个部分。

（1）入水

手的入水点应在肩的延长线上或身体中线与肩的延长线之间。入水时手自然并拢伸直，由大拇指领先斜插入水，手掌朝外下方。入水后手臂继续在肩的延长线上往前伸。

（2）划水

手臂划水是产生推进力的主要阶段。手入水伸直手臂后，屈腕使手掌朝向下、向后抓水，逐渐形成肘高于手，随着身体的转动上臂带着前臂及手掌向后加速划水，整个划水动作，手的轨迹始于肩前，继之到腹下，最后到大腿旁，呈S形。划手过程中尽量保持肘高于手，高肘的目的是使前臂和手最大限度地向后对准水。

（3）出水和空中移臂

手臂出水的动作在推水后应随着身体的转动积极提肘，出水的顺序是肩、上臂、前臂和手。移臂宜自然放松，多数运动员采用高肘移臂，便于入水后快速抓水。

4. 两臂配合

自由泳两臂的配合有三种基本形式，即前交叉配合、中交叉配合和后交叉配合（见图 9-2-4）。

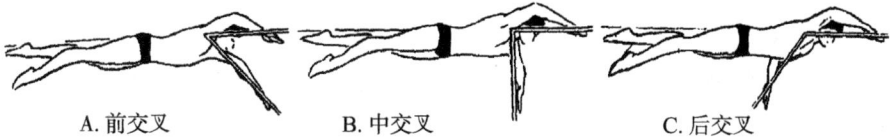

A. 前交叉　　　　　　B. 中交叉　　　　　　　C. 后交叉

图 9-2-4　自由泳手臂配合交叉形式示意图

前交叉配合比较适合于初学者，掌握臂的技术和呼吸技术，但是动作不连贯，速度均匀性差。运动员多采用中交叉和后交叉技术，中交叉和后交叉技术有利于保持身体匀速前进。

（二）蛙泳

蛙泳是一种比较古老的泳式，模仿青蛙的游泳动作而得名。蛙泳的内部技术结构是四种姿势中最为复杂的，臂腿变化方向多，与其他泳式的差别很大。但蛙泳的呼吸比较容易掌握，每个动作周期结束后都有一定的滑行放松时间，掌握动作节奏后很快就能游较长的距离，在我国初学游泳时一般都是先学习蛙泳（见图 9-2-5）。

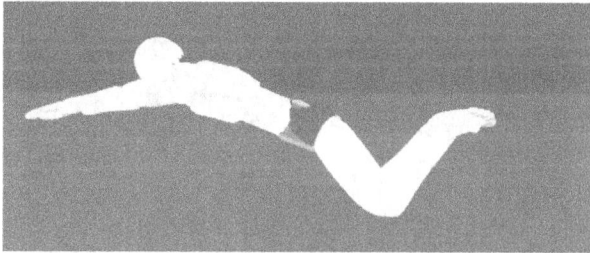

图 9-2-5　蛙泳侧面示意图

1. 身体姿势

蛙泳在游进中，身体位置是不断变化的。在一个动作周期（一次蹬腿一次划手）结束后滑行阶段身体应较水平地俯卧于水面，保持好流线型。当划水与抬头吸气时，肩部上升，手臂内划时身体位置较高，手臂前伸时身体位置迅速回到水平，保持流线型。

2. 腿部动作

蛙泳的腿部动作是蛙泳游进的主要推进力，可分为收腿、外翻、蹬夹和滑行几个部分。

（1）收腿

蛙泳收腿动作不产生推进力，只会给身体带来阻力。开始收腿时屈膝、屈髋，两膝边向前收边分开，小腿和脚尽量在髋关节的截面内前收，以减小阻力，当脚接近臀部时停止收腿。

（2）外翻

蛙泳腿的外翻包括向外翻脚和翻小腿。通过向外翻脚使脚尖朝外，同时膝关节内旋，使脚和小腿内侧对准蹬水的方向。外翻结束时小腿与水面几乎垂直。

（3）蹬夹

为获得较大的蹬水截面，通过大腿带动小腿向后蹬水，腿在向后蹬的同时向中间夹紧，这个动作要快速有力，才能表现出鞭状动作效果。

（4）滑行

蹬夹结束后有一个短暂的滑行阶段，两腿应尽量伸直并拢自然放松，为下一个动作周期做好准备，初学者在滑行阶段可以得到短暂的休息，以便能游更远的距离。

3. 臂部动作（见图 9-2-6）

蛙泳的划水动作根据划水过程中手臂动作的用力方向分为外划、内划、伸臂三个阶段。

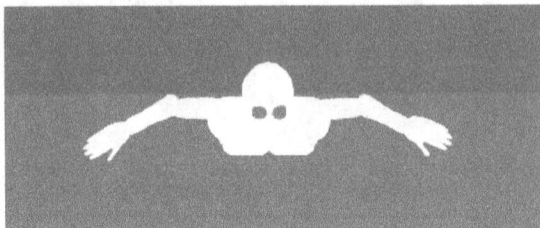

图 9-2-6　蛙泳手臂正面示意图

（1）外划

手臂划水开始之前，两臂伸直与水平面平行，掌心向下，两臂边内旋边同时对称地向外划水，两手分开超过肩宽时，手臂略外旋、屈肘、屈腕。

（2）内划

内划所产生的推进力是划水过程中最大的。外划结束后，手臂向外旋转，手先向内、向下和向后划水，在内划过程中，手掌的攻角在不断地变化，从向外和向下转为向内和向上，在内划即将结束时，应在肋下做夹肘动作。

（3）伸臂

当两手在下颌下接近并拢时开始前伸，通过向前伸肘和伸肩，两臂前移至伸直姿势。伸臂时，不同的运动员掌心的方向不同。

4. 呼吸与臂配合动作

蛙泳每划水一次吸气一次。优秀运动员通常在内划接近结束时吸气，这是晚呼吸技术；一般初学者采用早呼吸技术，在手臂开始外划时抬头吸气，手臂前伸的同时低头吐气。

5. 完整配合动作

蛙泳的完整配合动作是一次划手、一次蹬腿、一次呼吸的 1∶1∶1 配合，其配合时机较难。蛙泳配合口诀：划手抬头腿不动，收手再收腿；先伸胳膊后蹬腿，伸直并拢漂一会。

（三）仰泳（见图 9-2-7）

仰泳是人体仰卧在水中游进的一种泳式。游仰泳时，身体仰卧在水面，臂、腿轮流交替划水和打水。由于仰泳呼吸容易掌握，动作简单易学，它在民间一直是较受欢迎的泳式。

1. 身体姿势

游仰泳时，身体应该自然伸展，平、直地仰卧于水面，头和肩部略高于腰和腿部，身体纵轴与水平面构成一个很小的仰角。头部和髋部的位置关系非常重要，头的位置在很大程度上决定了整个身体的位置，起着"舵"的作用。

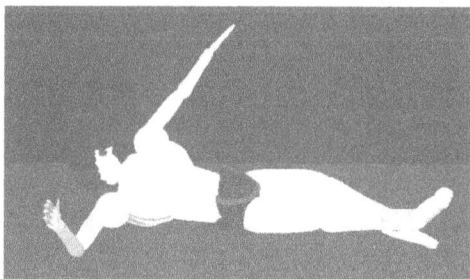

图 9-2-7　仰泳游进侧面示意图

2. 腿部动作

仰泳的打水很重要，首先是要保持身体位置和平衡，给身体一个稳定的支撑力，另外还可产生一定的推进力。仰泳腿的技术与自由泳腿相似，同样是鞭状打水动作。仰泳腿打水时由髋关节发力，大腿带动小腿，膝关节和踝关节应伸直放松,上下打动。

3. 臂部动作

仰泳手臂的划水动作是游进时的主要推进力。仰泳的臂部动作可以分为入水、划水、出水和空中移臂四个主要部分。

(1)入水

仰泳臂的入水动作与身体的转动协调配合而成。入水时手臂应伸直,手的入水点应在同侧肩的延长线上,以小拇指领先,手掌朝外,干净利落地切入水中。

(2)划水

手臂入水后,随着身体围绕纵轴的转动,手臂向外旋转屈腕、屈肘,使前臂内侧和手掌对准后方,形成高肘抓水动作。抓水结束后,肩带肌肉群和背阔肌随着身体的转动带动手臂先向下再向上最后向下推水至大腿旁,整个划水过程呈明显的S形路线。

(3)出水和空中移臂

划水完成以后,借助手向下压水的反作用力以及身体的自然转动,使肩部首先出水,然后带动上臂、前臂和手依次出水。出水前手臂应先外旋,使大拇指领先出水,这样阻力小且手臂较自然放松。

空中移臂动作与身体的转动也是分不开的,手臂应尽量以直臂方式向前移动。移臂的前半段,手掌向内,使手臂肌肉尽量得到放松;当手臂移到头上,即与水平面垂直时内旋,使掌心向外,为入水做好准备。

4. 呼吸与臂配合动作

游仰泳时口鼻始终露出水面,呼吸不受水的限制,但为了避免吸气不充分造成的动作紊乱,运动员一般保持一定的呼吸节奏,正如长跑运动员用一定的节奏进行呼吸一样。

5. 完整配合动作

仰泳较常见的是6次打水、2次划臂、1次呼吸的配合技术(即6∶2∶1配合方式),两臂基本上处于对称位置。

(四)蝶泳

蝶泳游进时由于手臂动作的外形好像蝴蝶飞舞,所以被称为蝶泳。蝶泳在四种竞技游泳姿势中是最年轻的一种泳式,它是从蛙泳技术中演变而来的。直到1952年,蝶泳才作为一种正式的竞技泳式产生。

1. 身体姿势

游蝶泳时,运动员身体各部分由于波浪动作而上下起伏,没有固定的身体位置，蝶泳的波浪动作要求重心平稳，保持前进速度的直线性。

2. 躯干和腿部动作

蝶泳打腿动作是两腿伸直并拢，从躯干发力大腿带动小腿，两腿同时下打和上移。经过髋、膝、踝关节的动量传递，并使脚获得最大的动作速度。

3. 臂部动作

蝶泳手臂的划水动作所产生的推进力是推动身体前进的主要因素，蝶泳的臂部动作是两臂同时对称地划水，臂部动作由入水、划水、出水和空中移臂四部分组成。

（1）入水

手臂入水是划水的准备阶段，两手在两肩的延长线上或略宽于肩的延长线上，以大拇指、掌心朝向外下方斜插入水，然后前臂、上臂依次入水。

（2）划水

手臂入水后，肘和肩关节前伸，两手立即内旋并外分，当两手外分至超过肩宽时屈腕、屈肘，经过向后、向内、向外，逐渐加速划水。

（3）出水和空中移臂

手划水到大腿两侧时掌心朝向大腿外侧，以便减小出水的阻力。手划水结束时，利用划水的惯性，肘和肩带动手臂提拉出水。

手臂出水后，在肩的带动下迅速从空中前移到头前，准备入水和做下一个周期的动作。移臂过程中手臂要放松，大拇指朝前下方，手前伸到接近入水时肘微屈。

4. 呼吸与臂配合动作

高水平运动员多采用晚吸气技术，即手臂内划结束时头部开始露出水面，手臂上划及移臂的前半段完成吸气动作，手臂前移过肩前伸时低头入水。低头一定要在手入水前完成，或在入水的同时完成，否则会使手臂和肩部难以伸展，影响入水的远度，使划水路线缩短。初学者一般采用早呼吸技术，在手臂外划时开始抬头吸气。

5. 完整配合动作

臂腿的配合一定要准确协调，否则就会破坏动作内在的节奏，使推进力减弱。臂腿的配合方式是每划水一次，打腿两次，手入水时打一次腿，推水时打第二次腿。完整配合主要采用两次打水、1 次划水、1 次吸气（2∶1∶1）的方式。但不管在一个周期中是否吸气，移臂时肩都应该露出水面，以减小移臂的阻力。

四、实用游泳基本技术

实用游泳通常是指非竞技泳式但具有实用价值的游泳技术。常用实用游泳技术包括抬头自由泳、侧泳、反蛙泳、潜泳、踩水等。

(一) 抬头自由泳

抬头自由泳是指在游自由泳时，把头始终抬出水面游进的姿势。抬头自由泳技术是游泳救生员的一种专项游泳技术。抬头自由泳技术四肢动作结构简单自然，既能快速游进，又能看清目标，当救生员决定要进行水上直接救护时，应首先选用抬头自由泳迅速接近溺者。

抬头自由泳技术与自由泳技术不同之处在于，抬头自由泳游进时头的位置较高，身体位置稍微往下沉，需要游进时强有力地快速打腿。另外手臂动作也有较大区别，抬头自由泳手的入水点比自由泳近，手臂入水后要尽快进入划水和推水阶段，划水路线比自由泳短。

(二) 侧泳

侧泳是身体侧卧在水中，两臂交替划水，两腿做蹬剪水的一种游泳姿势，救生员在拖带溺者时常采用。侧泳技术分为手出水和手不出水两种，掌握一种后另外一种也就容易掌握。这里介绍手出水的侧泳技术。

1. 身体姿势

侧泳游进时身体侧卧在水中，两肩稍向胸侧倾斜，与水平面成$10°$～$15°$，头的下半部浸在水中，水下面手臂置于体侧，两腿并拢伸直，游进时身体绕纵轴转动。

2. 腿部动作

侧泳腿的技术包括收腿、翻脚和蹬剪腿三个动作。

收腿：上腿屈髋提膝向前收，与躯干成$90°$，小腿向后收，膝关节尽量弯曲，足跟靠近臀部。

翻腿：当完成收腿动作后，上腿钩脚掌，向后对准水。下腿将脚尖绷直，脚背和小腿前侧面向后方对准蹬水方向。

蹬剪腿：两腿的蹬剪动作是拖带溺者的主要推进力，上腿以髋关节发力，用大腿带动小腿稍往前伸，脚掌对着蹬水方向，由体前侧向后方加速蹬夹水；下腿以脚背面和小腿前侧对着蹬水方向，用力稍向下再向后伸膝剪水，与上腿后蹬动作相配合形成蹬剪水的动作。

(1) 手臂动作

一臂在空中移臂称为上面手臂，另一臂始终在水下进行划水和移臂称为下面手臂。侧泳游进时，两臂交替划水，上面手臂与自由泳臂划水动作相似，下臂动作与蛙泳划水动作相似。

（2）两臂配合动作

两臂在胸前交叉，下面手臂开始划水，上面手臂前移；上面手臂开始划时，下面手臂开始做前伸动作。

（3）臂和腿及呼吸的配合

侧泳的完整配合。两腿蹬剪水一次，两臂各划水一次，呼吸一次。两腿蹬剪水后，在上面手臂划水结束与下面手臂前伸时，应有短暂的滑行动作。

（三）反蛙泳

反蛙泳是仰泳的前身，即身体仰卧水中，两腿同时向后蹬夹水，两臂在体侧同时向后划水。反蛙泳主要靠腿部动作就可以前进，两手可腾出来救护溺者或拖带物品，所以一般在水中拖带溺者或物品都采用这种技术。

（1）身体姿势

身体仰卧于水中自然伸直，脸露出水面，尽量使头、肩、髋、膝处于一条直线。

（2）腿部动作

反蛙泳腿的技术类似蛙泳，但由于身体仰卧水中，所以收腿、蹬腿时膝关节不能露出水面。收腿时，膝关节向两侧边收边分，大腿微收，小腿向侧下方尽量往回收，收腿结束时脚和小腿内侧向后对准蹬水方向，然后大腿发力，使小腿和脚向侧后方蹬夹水。

（3）臂部动作

两臂自然伸直，经空中在肩前同时入水，然后高肘屈臂，使手和前臂对准划水方向，用力在体侧划水，划水结束后，两臂停留体侧片刻，使身体向前滑行。

（4）臂和腿及呼吸的配合动作

反蛙泳的配合技术有两种。一种是臂划水与腿蹬夹水同时进行（移臂与收腿同时）；另一种是手划水和腿蹬夹水交替进行，但手、腿各做一次动作之后身体自然滑行。

（四）潜泳

潜泳技术分为潜深技术和潜远技术。如救助溺者以及水下工程等，都要采用潜泳技术。

（1）潜深技术

潜深技术有两种，一种是脚朝下潜深，另一种是头朝下潜深，其原理都是利用身体的重力向下潜。在向下潜之前先使上体跃出水面，利用身体的重力向下潜入水中。利用手的划水与腿的蹬水加速下潜或改变游进方向。

（2）潜远技术

潜远技术分使用器材的和不使用器材的两种。不使用器材的潜远技术，主要有蛙式潜泳、蛙式长划臂潜泳。蛙式潜泳是在水下用蛙泳方式游进的一种技术。在游进中采用平式蛙泳，为避免身体上浮，头的位置应稍低。

蛙式长划臂潜泳：为提高潜泳的速度和远度，人们常采用蛙式长划臂潜泳方式。其腿部技术与蛙泳相同，两臂推水完毕，几乎在大腿两侧伸直。

（五）踩水

踩水是实用价值较大的游泳技术之一，广泛运用于水中停留休息、急救溺者、持物游进和水中观察等，也是初学游泳者应掌握的自救技术之一。

（1）身体姿势

踩水时，身体直立水中或稍前倾，头露出水面，收髋屈腿钩脚，如同坐在凳子上，两臂于胸前平屈，手掌向下。

（2）腿部动作

踩水的腿部动作有两种，交替踩水和同时蹬夹水。两腿同时蹬夹水技术，同蛙泳腿动作相似，但大腿动作的幅度较小，用小腿和脚内侧向侧方蹬夹水，当两腿还未完全蹬直时收腿，动作要连贯。两腿交替踩水技术，身体在水中起伏不大，大腿动作幅度较小。

（3）臂部动作

手臂基本动作为：肘关节弯曲，手和前臂在胸前做向外、向内弧形划水动作。手臂动作不宜过大，做向外划水时掌心向外，掌内侧要有压水的感觉；向内划水时掌心斜向内，掌外侧要有压水的感觉。

五、水上救生

水上救生工作是保证游泳者及在水周边从事有关活动者安全的一项重要措施。游泳救生、救护工作要贯彻"以防为主，以救为辅，防救结合，有备无患"的精神。

1. 溺水事故的原因

（1）技术因素。不会游泳或刚学会，在体力不支或受人冲撞等情况下溺水。

（2）生理、病理因素。患有不宜游泳的疾病或在饥饿、过饱、过度疲劳等情况下游泳。

（3）环境因素。对游泳场所的情况不清楚，盲目游泳而导致溺水。

（4）心理因素。稍有意外而惊慌失措或过分相信自己的游泳能力与潜水能力导致溺水。

（5）组织管理因素。游泳场所的组织管理不当或初学游泳时身上浮具突然脱落等因素。

2. 救生员对水面现场的观察方法

"观察"是指救生员观察水面情况、分析事故性质、判断急救措施，是救生工作"以防为主"的具体体现，是整个救生技术中最为重要的一环。具体操作如下：

（1）救生人员必须思想高度集中，认真负责地、不间断地扫视水域。在操作上必须定人、定点划分观察区域，做到"突出重点、照顾全面"，既要看到自己的主责任区，也要留意交叉区域与整个水域。

（2）观察方法上必须要"池面与池底、池面与岸边、点与面"三个结合。观察时，既要看清池面上有可能溺水的游泳者，又必须看清水面下和池底有无溺水者。发现技术较差的游泳者时，需重点跟踪观察，但又要防止呆视一点，以防顾此失彼。

3. 救生员赴救

发现有人溺水时，救生员要及时赴救，赴救法分为间接赴救法和直接赴救法，间接赴救速度快、效率高，一般能间接赴救时就不采用直接赴救。

间接赴救法是指救生员利用救生器材，对较清醒的溺者施救的一种技术。游泳场所一般都应备有救生圈、竹竿、木板、泡沫块、轮胎、绳子等，间接赴救时发现溺水者将救护器材抛向溺水者，使溺水者得救。

直接赴救法是救生员不借助任何救生器材，徒手对溺者施救的一种技术。直接救护技术可分为入水前的观察、入水、游近溺者、拖带、上岸、岸上急救等过程。

（1）入水前的观察：当发现溺者，立刻迅速扫视水域，判断溺者与自己的距离方位，在江河湖海中还要注意水流方向、水面宽窄等因素。救护者要遵循尽快游近溺者进行施救的原则选择入水地点。

（2）入水：入水要迅速，并始终注意目标，通常用"八一"式入水动作。动作要领：起跳后两臂侧前举，一腿前伸微屈，一腿稍向后屈成弓步状。当身体接近水面时，两腿夹水，两臂掌心向前下方压水，眼看溺水目标。"八一"式入水方法的优点是：身体不会下沉过多，头部不入水，以便看清目标；能防止头部碰上石头或暗桩，避免救助者发生危险。

（3）游近溺者：一般采用速度较快的抬头爬泳。当游到离溺者 2～3 米处时，深吸一口气采用潜深技术接近溺者，从背后将溺水者控制住并带回。

（4）拖带分侧泳和反蛙泳两种技术。侧泳拖带法是救生员侧卧水中，一手从溺水者腋下扶住溺者，一手在体侧划水，两腿做侧泳蹬剪水的动作前进；反蛙泳拖带法一般采用两手扶住溺水者腋下，两臂伸直，以反蛙泳腿的动作游进。

（5）上岸：当遇到处于昏迷状态的溺水者时，将他拖带到岸边后，要帮助溺水者上岸。在上岸过程中要防止溺水者再度溺水。在游泳池上岸的方法：救生员先将溺水者两手重叠，用一手手掌压住溺水者的双手支撑上岸，然后将溺水者做 180°转身，让溺水者背靠池壁，借助浮力把溺水者提拉上岸，立即进行抢救。

第十章 健 美 操

第一节 健美操运动概述

健美操是集音乐、舞蹈、体操、美学于一体的新型体育项目,它以其自身固有的价值和魅力,风靡世界,深受广大群众特别是青年学生的喜爱。目前,健美操已列入我国学校体育教学大纲,成为学校体育教学的主要内容之一。

一、健美操运动的概念与分类

(一) 概念

健美操运动是在音乐的伴奏下,以身体练习为基本手段,以有氧运动为基础,达到增进健康、塑造形体和娱乐目的的一项体育运动。从影响人体健康角度来说,具有良好的作用,尤其对控制体重、减肥和改善体形体态、提高协调性和韵律感有良好效果。

(二) 分类

根据当今世界和我国健美操运动的发展状况和未来的发展趋势,按照不同的目的和任务,可以将健美操分为健身性、竞技性和表演性健美操三大类。

1. 健身性健美操

健身性健美操也称为大众健美操,练习的主要目的是锻炼身体,增进健康,美化形体,是集健身、娱乐、防病为一体的群众性、普及性健身运动。其动作简单,实用性强,音乐速度也较慢,动作多有重复,并均以对称的形式出现,节奏、速度适中,每10秒在20拍左右,严格遵循健康、安全的原则。

2. 竞技性健美操

竞技性健美操是在健身性健美操的基础上发展而产生的,其主要目的是"竞赛"。竞技性健美操的动作难度较大,技术复杂,动作变化多,节奏快,有规定的时间和特定难度动作,更具艺术性和观赏性。

3. 表演性健美操

表演性健美操的主要目的是在表演中展示自己的魅力和价值,陶冶情操、净化心灵，成套动作的设计和选择应侧重于艺术性、观赏性，动作很少重复，可有队形变化和集体的配合，时间一般为 2～5 分钟，要求参加者要有良好的表演意识和表现能力，体现健美操的健、力、美，是人民群众喜爱的一种运动和娱乐形式。

二、健美操运动的特点与功能

（一）健美操运动的特点

1. 高度的艺术性

健美操动作协调、流畅、有弹性，使练习者不仅锻炼了身体，增强了体质，而且从中得到了"美"的享受，提高了审美意识和艺术修养。在健美操比赛中，运动员表现出来的健美体魄、高超技术和充沛的体力等，充分体现出健美操运动的"健、力、美"特征和高度的艺术性。

2. 强烈的节奏性

健美操音乐的特点是节奏强劲有力、旋律优美，具有烘托气氛、激发人们热情的效应。健美操动作与音乐的强烈节奏性使健美操练习更具有感染力，使健美操比赛和表演更具有观赏性。

3. 广泛的适应性

健美操练习形式多样，运动量可大可小，容易控制，对场地器材的要求也不高，因此对各个年龄层次、不同性别、不同身体素质、不同技术水平的人都适宜。

4. 不断的创新性

健美操不仅保留了徒手体操中各种类型的基本动作，而且从相关的项目和艺术门类中吸收了诸多动作，经过加工、提炼、优化，使之成为具有健美操风格的动作。不断创编独特新颖的具有特点的健美操动作，是健美操长盛不衰的显著特点。

（二）健美操运动的功能

1. 增进健康美功能

"健康美"是一种积极的健康观念和现代意识，具有"健康美"的人应该具备的身体素质是良好的心肺耐力、肌肉力量、平衡性、灵敏性、柔韧性和协调性。专家认为，健美操是目前发展身体全面素质的较为理想的运动。

2. 塑造形体美功能

长期的健美操练习有益于肌肉、骨骼、关节的匀称与和谐发展，有利于改善不良的身体形态，形成优美的姿态，从而在日常生活中表现出一种良好的气质与修养，给人以朝气蓬勃、健康向上的感觉。

3. 缓解精神压力、娱乐身心的功能

健美操作为一项体育运动，其动作优美、协调，可全面锻炼身体，同时有节奏强烈的音乐伴奏，是缓解精神压力的一剂良方。另外，健美操锻炼加强了人们的社会交往。

4. 医疗保健的功能

健美操作为一项有氧运动，除了对健康的人具有良好的健身效果外，对一些病人、残疾人和老年人也是一种医疗保健的理想手段。只要控制好运动范围和运动量，健美操练习就能在预防损伤的基础上，达到医疗保健的目的。

第二节　健美操的基本动作与技术

一、健美操的基本动作

健美操的基本动作是由基本步伐和上肢动作两部分组成的。

（一）基本步伐

健美操基本步伐是体现健美操练习者下肢动作基本姿态的主要练习手段，根据动作完成的形式的不同，可将基本步伐分为五大类：交替类、迈步类、点地类、抬腿类和双腿类。

弹动是健美操基本步伐的基础动作，是体现健美操的最基本特征。包括膝弹动、膝踝弹动、踝弹动。可面向不同方向做分腿或并腿的弹动。其技术要点是两膝与踝关节自然屈伸。

1. 交替类：两脚始终做依次交替落地的动作。

（1）踏步　March（原始动作）

动作描述：两腿原地依次抬起，依次落地。

技术要点：下落时，踝、膝、髋关节依次有弹性地缓冲。

（2）走步　Walk

动作描述：迈步向前走时，脚跟先落地，过渡到全脚掌；向后走时则相反。

技术要点：落地时，踝、膝关节有弹性地缓冲。

（3）一字步　Easy walk

动作描述：一脚向前一步，另一脚并于前脚，然后再依次还原。

技术要点：向前迈步时，先脚跟着地，过渡到全脚掌；前后均要有并腿过程；每一拍动作膝关节始终有弹性地缓冲。

（4）V字步　V step

动作描述：一脚向前侧方迈一步，另一脚随之向另一方迈一步，成两脚开立，屈膝，然后再依次退回原位。

技术要点：两腿膝、踝关节始终保持弹动状态，分开后成分腿半蹲，重心在两腿之间。

（5）漫步　Mambo

动作描述：一脚向前迈出，屈膝，重心随之前移，另一脚稍抬起，然后原地落下；或向后撤一步，重心后移，另一脚稍抬起，然后原地落下。

技术要点：两脚始终保持交替落地，身体重心随动作前后移动，但始终在两脚之间。

（6）跑步　Jog

动作描述：两腿经过腾空，依次落地缓冲，两臂屈肘摆臂。

技术要点：落地屈膝缓冲，脚跟尽量落地。

2.迈步类：一条腿先迈出一步，重心移到这条腿上，另一条腿用脚跟、脚尖点地或吸腿、屈腿、踢腿等，然后向另一个方向迈步的动作。

（1）并步　Step touch

动作描述：一脚迈出，另一脚随之并拢屈膝点地；再向反方向迈步。

技术要点：两膝始终保持弹动，动作幅度和力度可随风格而定。

（2）迈步点地　Step tap

动作描述：一脚向侧迈一步，两脚经屈膝移重心，另一腿在前、侧或后用脚尖或脚跟点地。

技术要点：两膝同时有弹性地屈伸，重心移动轨迹呈弧形；上体不要扭转。

（3）迈步吸腿　Step knee

动作描述：一脚迈出一步，另一腿屈膝抬起，然后向反方向迈步。

技术要点：经过屈膝半蹲，抬膝时支撑腿稍屈膝。

（4）迈步后屈腿　Step curl

动作描述：一脚迈出一步，另一腿后屈，然后向相反方向迈步。

技术要点：经过屈膝半蹲，支撑腿稍屈膝，后屈腿的脚跟靠近臀部。

（5）侧交叉步　Grapevine

动作描述：一脚向侧迈一步，另一脚在其后交叉，随之再向侧迈一步，另一脚并拢，屈膝点地。

技术要点：第一步脚跟先落地，身体重心快速随着脚步而移动，保持膝、踝关节的弹动。

3. 点地类：一腿屈膝站立，另一腿伸出，用脚尖或脚跟点地后还原到并腿位置的动作。

（1）脚尖点地　Touch tap

动作描述：一腿稍屈膝站立，另一腿伸出，脚尖点地，然后还原到并腿姿势。

技术要点：支撑腿始终保持屈膝站立，并且随动作有弹性的屈伸。

（2）脚跟点地　Heel

动作描述：一腿稍屈膝站立，另一腿伸出，脚跟点地，然后还原到并腿姿势。只可做向前和向侧的脚跟点地。

技术要点：支撑腿始终保持屈膝站立，并且随动作有弹性的屈伸。

4. 抬腿类：一腿站立，另一腿抬起的动作。

（1）吸腿　Knee lift（knee up）

动作描述：一腿屈膝抬起，落下还原。

技术要点：支撑腿保持屈膝弹动，大腿上抬超过水平，上体保持正直。

（2）摆腿　Leg lift

动作描述：一腿稍屈膝站立，另一腿做摆动。

技术要点：摆腿时上体顺势前倾、后倒或侧倾。

（3）踢腿　Kick

动作描述：一腿稍屈膝站立，另一腿抬起，然后还原。

技术要点：抬起腿要有控制，保持上体正直。

（4）弹踢腿（跳）　Flick

动作描述：一腿站立（跳起），另一腿先向后屈，再向前下方弹踢，还原。

技术要点：腿弹出时要有控制，保持上体正直。

（5）后屈腿（跳）　Leg curl

动作描述：一腿站立（跳起），另一腿向后屈膝，放下腿，还原。

技术要点：支撑腿保持弹性，两膝并拢，脚跟靠近臀部。

5. 双腿类：双腿站立，身体重心在两腿之间的动作。

（1）并腿跳　Jump

动作描述：两腿并拢跳起。

技术要点：落地缓冲有控制。

（2）分腿跳　Squat jump

动作描述：分腿站立屈膝半蹲，向上跳起，分腿落地屈膝缓冲。

技术要点：屈膝半蹲时，大、小腿夹角不小于90°。

（3）开合跳　Jumping jack

动作描述：由并腿跳起，分腿落地，再由分腿跳起，并腿落地。

技术要点：分腿屈膝蹲时，两脚自然外开，膝关节沿脚尖方向屈，夹角不小于90°，脚跟落地。

（4）半蹲　Squat

动作描述：两腿有控制地屈和伸。可分为并腿半蹲和分腿半蹲。

技术要点：分腿半蹲时，两腿左右分开稍大于肩，脚尖稍外开，膝关节角度不小于90°，方向与脚尖方向一致，臀部向后45°方向下蹲，上体保持直立。

（5）弓步　Lunge

动作描述：两脚前后分开，平行站立，下蹲。

技术要点：半蹲时，后腿膝关节向下，大腿垂直于地面；重心在两脚之间。

（6）提踵　Calf raise

动作描述：两脚跟抬起，落下脚跟稍屈膝。

技术要点：两腿夹紧，重心上提时，腹部收紧，落下时屈膝缓冲。

以上介绍的是健美操最常用的基本动作，练习者可在此基础上将动作形式加以变化，创造出具有自己独特风格的动作。

（二）上肢动作

在完成健美操基本步伐的同时，配合不同的上肢动作，不仅使动作变得丰富多彩，而且还能改变动作的强度和难度。健美操的手臂动作除了与体操动作通用的举、摆动、绕环和一些舞蹈动作外，主要是模仿上肢力量练习的动作，这样既美观，又有实效。

1. 常用手形

健美操中的手形有多种，是从芭蕾舞、现代舞、迪斯科、武术中吸收和发展来的。手形是手臂动作的延伸和表现，运用得好，会使健美操动作更加丰富多彩，生动活泼，更具有感染力。

（1）五指并拢式：五指伸直，相互并拢。大拇指微屈，指关节贴于食指旁。

（2）五指分开式：五指用力伸直，充分张开。

（3）芭蕾手式：五指微屈，后三指并拢、稍内收，拇指内扣。

（4）拳式：握拳，拇指在外，指关节弯曲，紧贴于食指和中指。

（5）立掌式：五指伸直，手掌用力上翘。

（6）西班牙舞手式：五指用力，小指、无名指、中指自掌指关节处依次屈，拇指稍内扣。

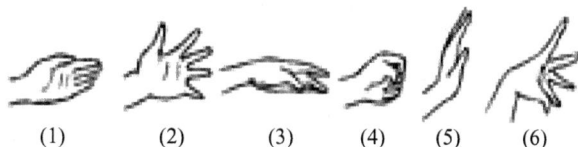

(1)　　　(2)　　　(3)　　　(4)　(5)　　(6)

2. 上肢动作

（1）举：臂伸直向某方向抬起。

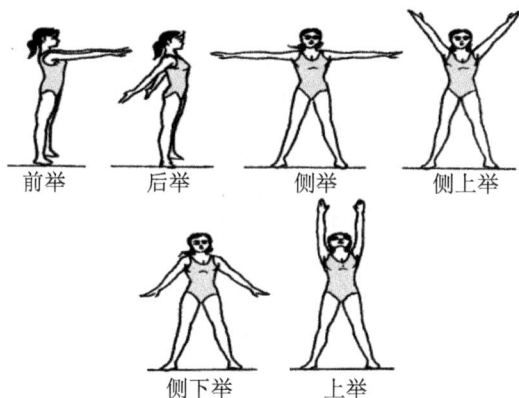

前举　　　后举　　　侧举　　　侧上举

侧下举　　　上举

（2）摆：以肩关节为轴，手臂在 180°以内的运动。

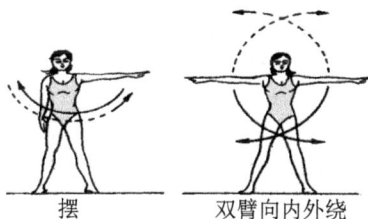

摆　　　　双臂向内外绕

（3）绕和绕环：以肩关节为轴，手臂在 180°至 360°之间的运动为绕；大于 360°以上的圆周运动为绕环。

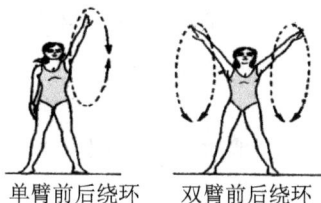

单臂前后绕环　　　双臂前后绕环

251

（4）屈：前臂与上臂角度不断减小。

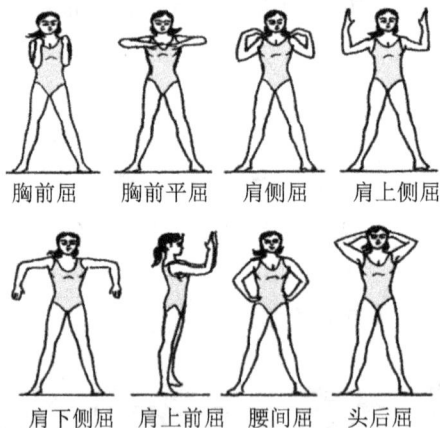

胸前屈　　胸前平屈　　肩侧屈　　肩上侧屈

肩下侧屈　　肩上前屈　　腰间屈　　头后屈

（5）振：指以肩为轴，手臂用力摆至最大幅度。包括上举后振、下举后振、侧举后振。

侧举后振　　上举后振　　下举后振

（6）旋：指以肩或肘为轴做臂的旋内或旋外动作。

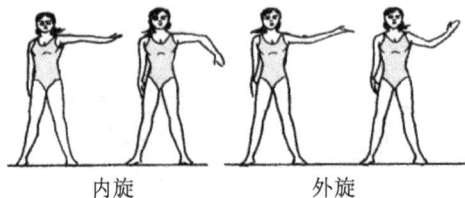

内旋　　　　　　外旋

二、健美操基本技术

（一）落地技术

健美操的落地技术主要指的是落地缓冲技术。落地缓冲的主要目的是使身体尽可能地保持稳定，同时减少地面对关节、肌肉的冲击力，以避免造成运动损伤。

健美操的落地技术为：落地时，由脚跟过渡到全脚掌或由前脚掌过渡到全脚掌，然后迅速屈膝、屈髋缓冲。

（二）弹动技术

健美操的弹动主要依靠踝关节、膝关节、髋关节的屈伸来完成，它的主要作用是减少运动对关节的冲击力，从而减少运动对人体造成的损伤。值得注意的是在屈伸的过程之中，腿部的肌肉要协调用力才能有效地防止损伤与产生流畅的弹动动作。

（三）半蹲技术

蹲时，身体重心下降，臀部向后下45°方向用力，膝关节不应超过脚尖，腰腹、臀部和大腿肌肉收缩，上体保持正直，重心在两腿之间，起落要有控制。分腿半蹲时，脚尖自然外开，应特别注意膝关节弯曲的方向要与脚尖的方向一致，避免脚尖或膝关节内扣或过度外开，避免膝关节角度小于90°。

（四）身体控制技术

在整个非特殊条件下的运动过程中，身体应该保持自然挺拔，头部稍稍昂起的姿态，颈椎、胸椎、腰椎处于正常生理曲线的位置，并始终保持腰腹和背部肌肉收缩，避免因腰腹部位的摆动和无控制而可能引起的腰部损伤。四肢的位置避免"过伸"。健美操练习过程中的身体姿态取决于肌肉用力的感觉和程度，总的动作感觉应是有控制但不僵硬、松弛而不松懈。

第三节　健美操的教学与锻炼方法

一、健美操的教学方法

健美操的教学方法很多，主要有讲解与示范法、分解与完整教学法、带领法、记忆法（念动法、观察法、模仿法、画简图法）、练习法（集体、分组、自我练习）、串联教学法、激励法（乐曲激情、教师演示、学生表演、及时表扬和鼓励）、预防和纠正错误动作法和手势、口令提示法等。

二、健美操的锻炼方法

（一）健美操锻炼的运动负荷

健美操锻炼的最终目的是为了取得最佳的锻炼效果。当运动强度达到你最大心率的65％～80％时，锻炼效果则最佳。计算最大心率的方法：（1）如果你是一个没有训练基础的人：220次/分－年龄＝最大心率（2）如果你是一个有训练基础的人：205次/分－年龄的一半＝最大心率

（二）锻炼要循序渐进，持之以恒

只有长期积累，经常坚持，才能达到强身健体、健康减肥等良好效果。因此，参加健美操锻炼，首先应该有信心和持之以恒的精神，尤其是对初学者和减肥者，切忌心急，应遵守科学的锻炼方法及循序渐进的原则，避免造成半途而废及不良的身体反应。

（三）着装的健身性

锻炼时的着装也很重要。健美操的着装选择应是有弹性、纯棉、柔软、舒适的服装。为保护下肢关节及足弓，运动时要穿弹性好、柔软性强的运动鞋袜，切忌穿体操鞋、高跟鞋或厚底鞋。

（四）热身与放松运动不可少

为了使健身者从生理和心理上做好充分的准备，使机体从平静的抑制状态逐渐过渡到活动的兴奋状态，为即将进行的较为剧烈的身体活动作好各种准备，从而提高机体的工作效率，预防运动创伤，在健美操锻炼之前，必须进行热身运动。通过放松运动可使心脏较快地恢复到正常工作状态，促进整个机体较快地得到恢复，还能加速乳酸的消除，可避免肌肉充血、僵硬。如不注意放松，肌肉的收缩能力会下降，弹性会减弱，从而影响力量的提高，妨碍肌肉的增长。

（五）健美操锻炼与卫生

1. 饮食

参加健美操锻炼，必须注意运动前后的饮食卫生。运动前进食不宜过多，应吃易于消化，含糖、维生素和磷较多的食物，进食后需隔 1.5～2.5 小时后进行健美操锻炼。过早锻炼不仅影响食物的消化，还易引起腹痛、呕吐等不良反应。而运动后休息 30 分钟以上再进食，休息时间短，会影响食欲。

2. 饮水

健美操锻炼时应注意及时补充体内流失的水分，以保证身体健康和正常的机体需要，切忌饮水过多，应以"少量、多次"为原则。建议开始运动前 10～15 分钟，饮 400～600 毫升水，以增加体内水的临时储备，而运动中可每 15～20 分钟饮 100～150 毫升水。这样既可以随时保持体内水的平衡，较好地维持运动中的生理机能，又不会增加心脏和胃的负担。

第十一章 体育舞蹈

第一节 体育舞蹈概述

一、体育舞蹈简介

体育舞蹈是融音乐、服装、舞蹈、风度、体态于一体，以身体运动的舞蹈化为基本内容，以男女双人或集体配合练习为主要运动形式的一项体育休闲运动项目和竞技项目。体育舞蹈包括现代舞、拉丁舞和团体舞。

现代舞起源于欧洲，具有端庄、含蓄、稳重、典雅风格和绅士风度。其舞步流畅，轻柔洒脱；舞姿优美，起伏有序；音乐节奏清晰；舞蹈富于技巧性。适合于广大人群。

拉丁舞起源于非洲和拉丁美洲，具有热情、奔放、浪漫的风格特点。舞蹈动作豪放粗犷，速度多变，手势和脚步内容丰富，充满激情，音乐节奏鲜明强烈，尤为中青年人所钟爱。

团体舞是现代舞或拉丁舞的混合舞，由6～8对选手组成，在音乐的引导下，将五种舞蹈在变化莫测的队形变换中编织出丰富多样的图案，并将音乐、舞姿、队形、图案和选手们的和谐配合融为一体，达到完美统一的艺术效果，使体育舞蹈的风格特点更为鲜明的一种表现形式。

二、体育舞蹈的起源与发展

体育舞蹈的发展经历了原始舞蹈→公众舞→民间舞→宫廷舞→社交舞→国际标准交谊舞→现代国际标准舞等的发展历程。体育舞蹈的前身就是近来所说的社交舞，也称交际舞或交谊舞。

社交舞，亦称舞厅舞或舞会舞，起源于西方。早在十四五世纪，在意大利出现，16世纪末传入法国。法国革命以后，社交舞流传于欧美各国，成为一种普遍的社交方式。1924年英国皇家教师学会和国际舞蹈教师协会汇集各国著名教师和专家将各种舞最优秀的舞姿、舞步、技法进行了规范，统一了标准，成为当时的国际标准舞。

第二次世界大战后，英国皇家教师学会和国际舞蹈教师协会又整理了拉丁舞蹈，并纳入国际舞范畴。至此，国际标准交谊舞成为包括现代舞系列和拉丁舞系列两大类共 10 个舞种的舞蹈。国际标准舞的典雅风格和优美舞姿引起了社会各阶层的极大兴趣，掀起了世界性的国标舞热潮。国际标准舞的普及又推动了竞赛的开展。1947 年柏林举行了首届世界交际舞锦标赛。1960 年，拉丁舞正式列入世界锦标赛比赛项目。为使国标舞 10 个舞种的风格特点得到更为鲜明的体现，1964 年，国标舞又增加了新的表演和比赛项目——团体舞。这 3 种崭新的交际舞——现代舞、拉丁舞、团体舞，被称为"现代国际标准舞"。

进入 20 世纪 80 年代后，国际标准舞的规则越来越严格，标准越来越统一，其竞技性也越来越强，因此很多国家将它纳入体育的竞技范畴，人们又给予了它一个新的名称：体育舞蹈。1995 年 4 月，国际奥委会正式将体育舞蹈列为奥运会"观察项目"。2000 年悉尼奥运会上体育舞蹈被列为闭幕式表演项目之一。

体育舞蹈是在 20 世纪初期，首先以交际舞的形式传入我国，当时只在上海、北京、天津、南京、广州等大城市开展。新中国成立后，交际舞发展很快。20 世纪 80 年代以后，体育舞蹈在中国迅速发展。1986 年，中国国际标准舞学会成立，举办了第一届全国国际标准舞会演，并每年举办一届。1989 年，中国国际标准舞总会成立，20 世纪 90 年代后该组织改名为中国国际标准舞协会。作为大众性体育活动，体育舞蹈以它自身的魅力和锻炼的效果，逐渐被人们广泛认识和接受。1991 年 5 月成立的中国体育舞蹈运动协会，制定了竞赛规划（草案），培训了大批体育舞蹈骨干并考核了大批体育舞蹈教师和裁判。

国务院发布实施的《全民健身计划纲要》中将体育舞蹈列为推广项目之一。在"终身体育"及"健康第一"的思想指引下，作为形体美与音乐美的结合，体育舞蹈符合大学生对美的追求和陶冶情操、锻炼身体的身心发展需求，体育舞蹈已走进大学体育课堂，成为大学体育教育和业余活动的一道风景线。

三、体育舞蹈的价值

（1）健身价值

体育舞蹈运动是一项新兴的体育项目，是体育与舞蹈的结合，具有运动与艺术的双重性。美国体育家古里克曾说，跳舞能消除过剩的脂肪，代之以健壮的肌肉组织，使软化和缺乏活力的肌肉重新变得充满活力和具有弹性。在德国，有人对业余体育舞蹈运动员和 800 米跑运动员做过比较，发现体育舞蹈运动员在跳过一个 15 分钟的快步舞后，心率与 800 米跑的运动员并无区别。

（2）健心价值

积极参加体育运动，不仅能强健身体，同时还可以调节和促进心理健康的观念已成为现代体育观的标志。从体育舞蹈的起源与发展看，体育舞蹈从最初的通过肢体抒发情感，到成为人们交流思想、抒发情感、消除隔阂、相互沟通的交谊舞形式，在优美的舞姿和轻快的乐曲相伴下，人们的自我封闭意识在这里会得到解脱，舞场中的融洽、和谐、高雅的气氛亦能增强人们的沟通和交往的意识。在增进了舞伴、舞友之间的友谊，丰富了社会生活，提高了参加者的人际交往能力的同时，体育舞蹈对培养个人的乐观、积极、健康心理具有积极的促进作用。有研究表明，体育舞蹈是一项非常有益于身心健康，特别是心理健康的体育运动。

（3）观赏价值

体育舞蹈不仅能锻炼身体、陶冶情操、增进友谊，而且其独特的艺术表演价值，在带给人们视觉享受和激情冲击力的同时，也极大地提高了人们的艺术修养和审美情趣。

体育舞蹈者挺拔的体态，健康、教养、礼貌、自尊的高雅风度，给人以愉快、振奋、富有青春活力的感觉；面带微笑，气度不凡的行为举止，都给人以美的享受与回味。英国著名哲学家弗朗西斯·培根说："秀雅风度动作的美才是美的精华。"在表演或比赛场上选手们不论是动作还是神态，无不表现出高雅的气质和优雅的风度。

体育舞蹈比赛对选手服饰的规定性强化了它的观赏性。尤其在现代舞中，体现欧洲风情男士的深沉高雅的燕尾服，白领结的着装，整齐的发型时时处处体现着绅士的风度，显示着庄重高贵的气度，以及身体线条的优美度；女士极具时代潮流的着装在优雅、迷人、旋转的舞动中呈现出的莲花般的景观，更能给人以立体多彩的形象感，它将动作美、服饰美、艺术美推到了最高境界。

（4）社会价值

体育舞蹈是一种社交舞，舞场中的融洽、和谐、高雅的气氛能增强人们的沟通和交往意识；增进舞伴、舞友之间的友谊；提高参加者的人际交往能力，建立和谐、轻松、愉悦的人际交往氛围；对建立和谐的人际关系、和谐的社会团体以及和谐的社会有一定的积极作用。体育舞蹈也是一种国际流行的社交舞，它是沟通不同国家，不同民族情感的一种世界"形体语言",也是任何语言无法代替的艺术,它具有广泛的社交性,对促进世界各国人们之间的交往也具有积极作用。

第二节　体育舞蹈的内容和分类

体育舞蹈按风格和技术结构,分为现代舞(摩登舞)和拉丁舞两大类,10个舞种。按竞赛项目可分成三类:现代舞、拉丁舞和团体舞。现代舞包括华尔兹、维也纳华尔兹、探戈、狐步和快步舞5个舞种;拉丁舞包括伦巴、恰恰、桑巴、牛仔和斗牛舞5个舞种。每个舞种均有各自的舞曲、舞步及风格,均有独立的乐曲和动作要求与各自的成套动作。

1. 华尔兹舞(waltz)

摩登舞项目之一,用W表示,也称"慢三步"。舞曲旋律优美抒情,舞步起伏连绵,舞姿华丽典雅。每小节三拍为一组舞步,每拍一步,第一拍为重拍,三步一起伏循环。

2. 维也纳华尔兹(Viennese waltz)

摩登舞项目之一,用V表示,也称"快三步"或"圆舞"。舞曲旋律流畅华丽;节奏轻松明快;舞步平稳轻快,翩跹回旋;舞姿高雅庄重。每小节为三拍,二小节为一循环,每一小节为一次起伏。

3. 探戈舞(tango)

摩登舞项目之一,用T表示。舞曲节奏带有停顿并强调切分音;舞步顿挫有力,潇洒豪放;2/4拍节奏,每小节二拍,第一拍为重拍。舞步有快步和慢步,基本节奏是慢、慢、快、快、慢(S、S、Q、Q、S)。身体无起伏、无升降、无旋转;表情严肃,有左顾右盼的头部闪动动作。

4. 狐步舞(foxtrot)

摩登舞项目之一,用F表示,也称"福克斯"。舞曲抒情流畅;舞步流畅平滑,步幅宽大;舞态优雅从容飘逸,似行云流水。节奏为4/4拍,每小节四拍为一循环,第一拍为重拍,第三拍为次重拍。基本节奏为慢、快、快(S、Q、Q)。据传系模仿狐狸走路的习性创作而成。

5. 快步舞(quick step)

摩登舞项目之一,用Q表示。舞曲明亮欢快,舞步轻快灵活,跳跃感强,是体育舞蹈中一种轻快欢乐的舞蹈。节奏为4/4拍,每小节四拍,第一拍为重拍,第三拍为次重拍。基本节奏是慢、慢,快、快、慢。舞步组合有跳步、荡腿、滑步等动作。

6. 伦巴舞（rumba）

拉丁舞项目之一，用 R 表示。具有舒展优美、婀娜多姿、柔媚抒情的风格。节奏为 4/4 拍，每小节四拍。乐曲旋律特点是强拍落在每小节的第四拍。舞步从第 4 拍起跳，由一个慢步和两个快步组成。四拍走三步，胯部摆动三次。

7. 恰恰舞（cha－cha－cha）

拉丁舞项目之一，用 C 表示。舞曲热情奔放，舞步花哨利落，步频较快，诙谐风趣。节奏为 4/4 拍，每小节四拍，强拍落在第一拍，四拍走五步。胯部每小节向两侧摆动六次。

8. 桑巴舞（samba）

拉丁舞项目之一，用 S 表示。特点是流动性大，动律感强，步法摇曳紧凑，风格热烈奔放。舞曲欢快热烈，节奏为 2/4 拍或 4/4 拍，强拍落在每小节的第二拍或第四拍。每小节完成一个基本舞步。舞步在全脚掌踏地和半脚掌垫步之间交替完成，通过膝盖上下屈伸弹动，使全身前后摇摆，并沿着舞程线绕场行进，属“游走型”舞蹈。

9. 斗牛舞（pasodoble）

拉丁舞项目之一，用 P 表示。音乐旋律高昂雄壮、鲜明有力；舞步流动大，沿着舞程线绕场行进；舞姿挺拔，无胯部动作及过分膝盖屈伸。整体感觉是动静鲜明，力度感强，发力迅速，收步敏捷顿挫，节奏为 2/4 拍，一拍一步，八拍一循环，用踝关节和脚掌平踏地面完成舞步。

10. 牛仔舞（jive）

拉丁舞项目之一，用 J 表示。旋律欢快，强烈跳跃；舞步敏捷、跳跃，舞姿轻松、热情、欢快。节奏为 4/4 拍，六拍跳八步。基本舞步由踏步、并合步，结合跳跃、旋转等动作组合而成。要求脚掌踏地，腰和胯部做钟摆式摆动。

第三节　参加体育舞蹈的注意事项

（1）动作上，对于一般练习者来说，应把注意力放在基本步的掌握上。

（2）在跳舞之前，准备活动要充分，尤其是腰和髋部位；在跟随音乐扭动髋部和腰部时，注意用力柔和，避免突然发力，造成腰损伤；要保持正常呼吸，以感觉适宜为准。练习过程中，既要注意身体各部位肌肉的紧张与放松，也要注意关节的协调性和动作的连贯性。

（3）注意着装，由于体育舞蹈的特点是休闲、浪漫、随意，所以穿着时注意款式、风格和花样与体育舞蹈吻合，穿着时主要体现出随意和得体，同时要注意服装对运动的适应性。

（4）注意身体姿态的保持，基本姿态是基本动作和基本技术的前提，初学者应注意基本姿态的学习和掌握。体育舞蹈讲究姿态美，舒展挺拔、优雅大方的姿态使舞者精神倍增，令人赏心悦目。因此在体育舞蹈的学习和练习中要始终要保持抬头、挺胸、收腹、立腰、肩放平、膝放松、大腿和臀部夹紧上提的姿态。

（5）注意音乐，音乐的学习与掌握也是学习体育舞蹈不可少的环节。在练习过程中，既要注重技术动作的学习，也要注重对音乐知识、乐感的学习与培养。使动作与音乐吻合，切忌出现动作与伴奏音乐脱节。因此，在体育舞蹈的学练过程中，要加强音乐知识的掌握与提高，深刻体会音乐的风格、舞种风格以及音乐与舞蹈相结合的风格。

第四节　比赛规则简介

体育舞蹈比赛主要分为锦标赛、公开赛和邀请赛等。赛程分为预赛、复赛、半决赛和决赛，半决赛为淘汰赛，决赛为名次赛。

体育舞蹈的比赛场地一般为 23 米×15 米，运行方向原则上必须按照逆时针方向运行，交换舞程线时必须过中线。根据参赛人数录取名次，通常录取前 6 名。

体育舞蹈比赛一般分为专业组和业余组。专业级比赛分公开级和新秀级，业余组的比赛分为公开级和新人级。

体育舞蹈主要按照以下几个方面来评分：

（1）基本技术的掌握：看选手脚下动作、姿态、用力的均衡性、重心移动等；

（2）音乐韵律的运用：除动作和舞曲吻合外，还要看身体动作表达音乐旋律的艺术性和节奏；

（3）舞蹈特性的表现：要求选手恰如其分地表达出各种舞蹈不同的风格、特性；

（4）舞蹈的编排能力：要求动作有感染力和艺术性，并有一定的技术难度，动作的编排连贯流畅、新颖巧妙，运用自如，编排有章法，充分利用场地；

（5）选手临场发挥及表现效果：看选手自我控制的临场发挥情况，赛场应变能力，良好的竞技状态，专注和自信程度等；

（6）赛场效果：看选手的风度、气质、仪表及出入场的总体形象。

第十二章 休闲运动

第一节 轮滑

一、轮滑运动简介

轮滑运动在我国俗称"溜旱冰"或"滑旱冰",它是一项融健身、竞技、艺术、娱乐、惊险性于一体的,风靡世界、深受青少年喜爱的体育运动项目。轮滑运动项目主要包括速度轮滑、花样轮滑、双排轮滑球、单排轮滑球和极限轮滑(滑板)、自由式轮滑(也称平地花式)等项目。

二、轮滑基本技术

(1)轮滑的基本站姿(图12-1-1)。

(2)轮滑的基本姿势(图12-1-2)。

外"八"字脚站立   "丁"字脚站立   平行站立

图 12-1-1 轮滑的基本站姿   **图 12-1-2 轮滑的基本姿势**

两脚分开同肩宽·
重心落在两脚间·
膝盖弯曲向前顶·
上体前倾收胸腹·
两臂自然放腿边·

(3)原地蹲起:两脚分开与肩同宽,做下蹲并站起动作(图12-1-3)。

(4)移动重心:身体重心稳定后再向另一侧移动(图12-1-4)。

图 12-1-3　原地蹲起　　　　　　图 12-1-4　移动重心

（5）原地抬腿：放腿时应保持脚下的轮子同时着地（图 12-1-5）。

（6）侧向迈步：重心移动平稳，动作熟练后应逐渐降低重心，加快迈步频率和迈进距离（图 12-1-6）。

图 12-1-5　原地抬腿　　　　　　图 12-1-6　侧向迈步

（7）侧向交叉步：一腿向另一腿前外侧迈步时，注意重心平稳移动，放脚时应尽量保持脚下的轮子同时着地（图 12-1-7）。

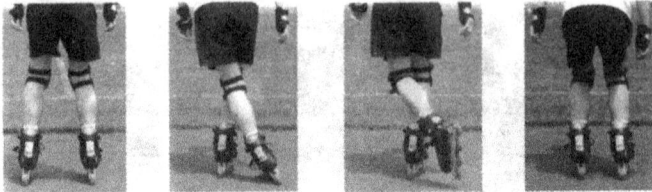

图 12-1-7　侧向交叉步

三、直线滑行

（1）双脚蹬地双脚滑行：在"八"字脚行走的基础上，借助惯性双脚向前滑行。

（2）单脚蹬地双脚滑行：单脚蹬地后两腿并拢成基本姿势滑行（图 12-1-8）。

（3）直线前滑：两腿交替蹬地支撑滑行。动作熟练后，逐渐加大蹬地力量和延长滑行距离（图 12-1-9）。

12-1-8　单脚蹬地双脚滑行　　　图 12-1-9　直线前滑

四、弯道滑行

（1）走步转弯：如向左转弯，则每一次迈步落脚时向左转动 10°～15°，使滑行路线逐渐成弧形（图 12-1-10）。

图 12-1-10　走步转弯

（2）"A"形惯性转弯：如向左转弯，则右脚尖内扣，用轮子的内刃滑行，重心略偏向右脚，两脚成"A"形，左腿微屈放松并跟随向左转动，身体也随着向左转弯（图 12-1-11）。

（3）平行惯性转弯：如向左转弯，则头和肩向左转动，带动上体、髋部和两脚向左转动，借助惯性向左滑出一条弧线（图 12-1-12）。

图 12-1-11　"A"形惯性转弯　　　图 12-1-12　平行惯性转弯

五、弯道压步

（1）原地压步：两腿平行微屈站立，身体左转，重心左移，左脚用轮子外侧着地；右腿蹬直、抬起，向左腿前外侧迈步成双腿交叉姿势，此时右脚用轮子内侧着地，重心随之移至右腿上，成右腿支撑重心；接着左腿蹬直，收左腿向左侧跨一步，呈开始姿势（图 12-1-13）。

图 12-1-13　原地压步

263

（2）弯道压步：身体左转，屈膝，重心移到左腿上，用右脚轮子内侧蹬地，左脚外刃向前滑出，右腿向侧伸直；右脚收回放在左脚内侧，左脚用外刃向侧后方蹬地，右脚用内刃向前滑出，左腿向侧后方伸直；左脚收回，靠近右脚，屈膝再滑下一步（图12-1-14）。

图 12-1-14　弯道压步

六、倒滑

（1）倒滑"八"字脚行走：脚跟分开成"八"字脚站立，两脚在重心平稳移动的同时，交替向后迈步。

（2）双脚"八"字倒滑：脚跟分开成"八"字脚站立，两脚同时压轮子的内刃，向外、向后画弧滑行。这时，两脚改内"八"字为外"八"字，向内、向后画弧，当两脚跟靠近但尚未并拢时，双脚再转变为内"八"字，同时向外推开（图12-1-15）。

图 12-1-15　双脚"八"字倒滑

（3）双脚交替倒滑：脚跟向外打开约45°，右脚以内刃向右侧前方用力蹬地，重心移到左腿上并向左后方滑行；右脚蹬地结束后，迅速收回到左脚内侧，此时重心开始向右后方移动，左脚以内刃向左侧前方用力蹬地，重心移到右腿上并向右后方滑行；左脚蹬地结束后，迅速收回到右脚内侧（图12-1-16）。

图 12-1-16　双脚交替倒滑

（4）倒滑压步：如向右做压步动作，则用左脚内刃蹬地，同时身体重心移向右侧成右脚外刃支撑倒滑；左脚蹬地结束后，以在右脚的右前方落地成交叉并继续以内刃向后倒滑，此时右腿迅速向左后方蹬直；右腿蹬地结束后，收回至左脚内侧以轮子的外刃继续倒滑，完成一次压步动作（图12-1-17）。

图 12-1-17　倒滑压步

七、制动

（1）连续转弯减速制动：连续的惯性转弯或短步转弯动作可以消耗滑行速度，达到制动的目的。

（2）"A"形制动：以轮子的内刃着地，两脚尖内扣成"A"形，利用轮子的内刃与地面的摩擦减速制动。

（3）"T"形制动：在向前滑行中，将重心放在左脚上，左膝微屈，同时抬起右脚，右脚脚尖外转，横放在左脚后成"T"形，以右脚的4个轮内侧面摩擦地面，减缓滑行速度；此时，重心下降并逐渐移向右脚，加大摩擦直到停止滑行。

第二节　毽球

一、毽球运动概述

（一）毽球运动的起源

毽球，是我国特有的一项具有浓郁民族色彩的体育运动，是从踢毽子游戏逐步发展而来的，由踢毽发展到至今的毽球，是民族体育与现代体育结合的产物。它简单易学、老少皆宜，集娱乐性、健身性和竞争性为一体，深受人们的喜爱。踢毽子起源于我国汉代，盛行于六朝和隋、唐时期。后来这项活动进一步发展，更加普及，到明、清达到鼎盛时期，参加踢毽子的人越来越多。人们不仅把踢毽子作为一种游戏方式，更把它当成了锻炼身体、修身养性之道，很多人都以会踢毽子、把毽子踢得好为荣。踢毽子有千年之久的历史，但是，毽球被列为竞技体育项目也就一二十年的时间。

(二) 毽球运动发展

1984年3月3日国家体委发出《关于把毽球列为正式比赛项目的决定》后，毽球这一古老的民族体育运动焕发出新的生机。由于毽球运动设备简单，不受场地限制、老少皆宜、易于开展，具有广泛的群众基础，因此，各级、各类组织很快把毽球运动列为竞技体育项目之一，深受群众的喜爱。改革开放以来，毽球也在我国对外体育文化交流活动中逐步走向世界，受到了世界各地人民的喜爱。1999年，由中国、德国、匈牙利、越南、老挝等国家和地区联合成立了世界毽球联合会，从此毽球运动在更多地方得到了普及和发展。中国民族体育运动的宝贵遗产——毽球，正以崭新的姿态活跃在世界体育舞台上，并必将受到越来越多人的喜爱。

(三) 毽球运动特点

踢毽子对身心健康极为有益。踢毽子，主要是用下肢做接、落、跳、绕、踢等动作来完成的，使下肢的关节、肌肉、韧带都得到很大的锻炼，同时也使腰部得到锻炼。经常参加这项运动，不仅可使下肢肌肉、韧带富有弹性，关节灵活，而且可使心、肺系统得到全面锻炼，起到增进身体健康的良好作用。归纳起来有以下几个特点：

1. 灵敏性

踢毽子要在最有利的一刹那间控制它，在空中完成各种接、落、跳、绕、踢的动作，需要做到反应快、时间准、动作灵敏、协调。因此，踢毽子有利于提高人们的反应、灵敏和动作协调的能力。

2. 观赏性

踢毽子是我国独有的民族体育运动之一，它不仅是锻炼身体的手段，也是一种优美的艺术表演。它同武术一样，应该加以挖掘、整理、继承和发展。

3. 融合性

毽球运动融入了足球的脚法、羽毛球的场地和排球的战术。发展踢毽运动，还对其他体育项目运动技术的提高有促进作用，有人研究，踢毽子与踢足球有很多共同点，如果把它作为足球训练的一种辅助练习，是有价值的。除足球之外，踢毽对其他运动项目，如武术、体操、跑步等都有裨益，也不失为一种良好的辅助运动练习，近年来，各项体育运动的国际比赛不断发展，愿我国这一民族体育项目有一天能在国际体坛中大放异彩。

4. 普及性

踢毽子运动量可随意控制，可视自己的体能来确定运动量。不必与人争抢冲撞。不受场地限制、占地小、器具简单、投资少、男女老少都可参加。其踢法多种多样，有单人踢、双人踢、多人踢；有正踢、反踢、交叉踢等两三百种花样。踢毽子寓游戏于运动之中，只要玩得开心，合理掌握运动量，不但能够达到强身之目的，还能享受到其中的乐趣。

二、毽球的基本技术与战术

毽球的技术动作较为复杂，可分为：基本技术（脚内侧踢球、脚外侧踢球、脚背踢球、腿部踢球等），进攻、发球等技术。每个技术根据其战术的要求及实战中的运用，都有不同的细分使用。

（一）基本技术

1. 起球技术

（1）脚内侧踢球

膝关节向外张，大腿向外转动，稍有上摆，不要过大，髋和膝关节放松，小腿向上摆，踢毽时踝关节发力，脚放平，用内足弓部位踢球。

（2）脚外侧踢球

要稍侧身，向体侧甩踢小腿，勾脚尖，用脚外侧踢球。注意要想获得较低的托球点，必须使支撑脚做适当的弯曲。还要注意身体重心应放在支撑脚上。

（3）脚背踢球

用脚背踢球，一般用正脚背，要注意绷脚尖和抖动脚踝发力击球。此踢球的技术是相对其他基本技术中难度较大的一种，主要动作要求不但要快，还要求有一定的准度，一旦抖动脚踝发力击球的节奏过快或过慢都会影响完成踢球的质量。

（4）腿部踢球

在身体膝关节以上部位的踢球都叫触球。但又可以分为大腿触踢球、腹部触踢球、胸部触踢球、头部触踢球。大腿触踢球时，要注意抬大腿迎球，放松小腿，用大腿正面前段击球。腹部触踢球、胸部触踢球、头部触踢球，都要注意触球时将腹部、胸部或头部要稍微向前去主动迎接球，并控制球落在自己的前方，然后用脚将球踢出。

2. 发球技术

发球动作一般有三种：脚内侧发球，脚正背发球，脚外侧发球。

（1）脚内侧发球的时候要抬大腿带小腿，用内足弓部位向前上方送髋推踢。其特点是既稳又准，破坏性强。

（2）脚正背发球时要注意绷脚尖，用正脚背向前上方发力挑踢，它的特点是平、快、准。

（3）脚外侧发球时要注意稍侧身站位，绷脚尖，用脚外侧发力扫踢，其发球的特点是既快又狠，攻击力强。

3. 攻球技术

攻球技术是指将高于网沿的球直接攻入对方场区的一种击球动作。

头攻球技术：头攻球时，一般是从限制区外助跑起跳，靠腰部、颈部发力在空中用额头的正面、侧面或头发击球。这种攻球的特点是力量大、速度快、变向多，如果能熟练运用也能给对方防守带来一定难度。

4. 踏球技术

脚踏球是向上抬腿后，向下发力，用前脚掌部位推压击球。脚踏攻球的特点是视野开阔、目的性强、球速快、变化多，既可以压踏前场又可以推踏后场还可以抹吊近网。由于脚踏球相对倒勾球力量较弱，因此必须充分发挥其快、刁的特点，攻其不备才能给对方防守带来较大的威胁，令防守者防不胜防。

5. 倒勾技术

倒勾攻球的要点是以大腿带动小腿向上摆动、加速发力。其特点是击球点高、球速快、力量大、易控制、变化多。在通常情况下，可根据对方不同的阵型可攻出直线、斜线、外摆、内扫、轻吊和凌空等不同特性的球，给对方造成很大的威胁。

（1）斜线攻球，可以用站位方向的变化和脚尖内扣来达到变线攻球的目的。

（2）外摆攻球，要注意击球瞬间外翻脚踝。用转体和向外摆动腿来控制球的力量和落点。

（3）内扫攻球时应用脚尖部位或脚内侧向异侧腿前上方边转体边扫踢击球。

（4）轻吊攻球的起跳动作要和发力倒勾攻球时一样，只是在击球瞬间改用前脚掌部位，将球轻轻推托过网。

（5）凌空攻球是现有攻球技术中难度最大的一种，它要求运动员要有较好的滞空能力、弹跳力与协调性，并且要注意落地时的自我保护。

（二）基本战术

1. 进攻战术

（1）"一、二"配备

"一、二"阵容配备就是在三个上场队员当中有一个是主攻手，两个是二传手。运用此阵容配备时，主攻手一般不参与接发球，两个二传手交替接发球和做二传，这种战术的进攻特点是分工明确、稳而不乱，尤其适用于有高大主攻手善打"中一二"和"两次攻"等高举高打的打法。

（2）"二、一"配备

"二、一"阵容配备是在上场三个队员中有一个主攻手、一个副攻手和一个二传手。"二、一"阵容配备中，主攻手一般也可以不参加接发球，由副攻手、二传手互换接做二传。这种战术的特点是攻球变化多又可以互相掩护，适用于打交叉、插上、掩护等进攻战术。

（3）"三、三"配备

"三、三"阵容配备就是在上场三个队员都是攻球手又是二传手。"三、三"阵容配备场中队员接球站位一般成倒三角形，任何一个队员接到球后随时都可以组织两人以上同时参与进攻的战术打法，这种阵容可以打出掩护、交叉战术，还可以打出快攻、背溜、双快掩护等较复杂多变的战术进攻球。

2. 防守战术

（1）"弧形防"

"弧形防"就是三名队员在中场成小弧形的站位防守。"弧形防"阵型多在对方的攻球威力不大时采用，这种区域联防的特点是防守视线清楚、分工明确，防守一般性攻球效果很好。

（2）"一拦二防"

"一拦二防"是在场上三个队员中，一人在网前拦网，另两名队员分别在其两侧分区防守。"一拦二防"这种封线分防的特点是有两道防线，网上拦网封线路，网下中场防落点，拦防结合，利于反击。

（3）"二拦一防"

"二拦一防"阵型就是在场上三个队员有两人在网前拦网，另一名队员在后方防守。"二拦一防"这种封线补防的特点是网上拦网封线路，网下中场补空缺，具有明显的网上拦网优势。

（4）"拦一堵一防"

"拦一堵一防"阵型就是一人在网前拦网，一人在侧面往后堵击，另一人在中后场防守。"拦—堵—防"这种封堵联防阵型构成三道防线，它具有拦、堵、防结合，既可以互相补缺又可以灵活机动应变的特点，是目前比较理想的防守阵型。

三、毽球运动的教学与训练方法

(一) 脚内侧踢球

练习方法：

（1）原地踢球练习。高度为肩高，反复练习，逐渐把球送过头顶，此时应提醒注意眼要盯住球，认真体会送球动作和触球部位准确的感觉。

（2）原地高低踢球练习。先起一次低球（约 1.8 m 高），接着起一次高球（约 3 m 高）。规定若干对为一组反复练习。认真体会踢高球的送球动作，提高脚的感受能力和控球能力。

（3）向前移动中起球练习。先原地起一次低球，接着向体前 3 m 处起一次高球，迅速向前移动再起一次低球……规定若干对为一组反复练习。认真体会向前上方踢高球的送球动作，以及移动与起球的衔接动作。

（4）原地变向踢球练习。①背向起球，先原地起球 1～2 次，再把球踢到背后，迅速转体 180°踢体前低球。规定若干对为一组反复练习；②顺或逆时针转体 90°起球，例如顺时针方向，先原地起球 1～2 次，再把球向右侧送，转体 90°起低球，再向右侧送。规定若干圈反复练习。认真体会背向、侧向踢球的送球动作，加强转身情况下的时空感觉。

（5）原地两人对面踢球练习。（又称对传练习）两人为一组面对面站立，距离先近后远，相互起球练习。根据训练任务的不同，对起球次数、动作、给球的弧度以及落点等都提出不同的要求。

（6）原地三角形站位踢球练习。三人一组成三角形站立，间距约 4 m，可按顺或逆时针方向起球。先要求两次起球到位。而后逐渐要求一次起球到位。认真体会来球方向不同的起球方法。

（7）四角站位，球动人不动起球练习。四人一组成正方形站立，间距 2～4 m，以一个固定对角线为起球方向，四人依次在一点起球后，再向顺时针或逆时针方向另一点移动，到达后再向对角线方向起球，两点快速移动。仔细体会在移动中起球的送球动作。

(二) 脚外侧踢球

练习方法：

（1）原地外侧踢球练习。右手托球放于体侧，轻抛球后单脚垂直踢球，踢球失误用手接住。反复练习，然后换左脚做。认真体会动作要领，形成正确的动力定形。

（2）原地内接外起球练习。①单脚内接外起练习；②双脚内接外起练习。先右脚内侧起球一次，而后接左脚外侧起球。反复练习，体会脚外侧把球踢到体前接脚内侧的用力方法。

（3）两脚外侧交替练习。轻抛球于身体一侧后，用同侧脚外侧起球一次到体前，踢球高度超过身高 50 cm 左右，而后用异侧脚外侧起球。反复练习，体会左右转髋扣膝练习。

（4）向身体两侧的抛球练习。教练员站在离队员约 4 m 的地方，把球抛向队员的体侧，队员用脚外侧起球到体前，而后用脚内侧传给教练，或一次起球给教练。体会有一定角度和速度的来球，熟练外侧起球的运用能力。

（5）脚外侧防起手攻球练习。方法同上，只是教练用手攻球或用力扔球到防守队员的身体两侧。体会防快速来球的能力。

（三）脚背起球

练习方法：

（1）自抛自踢练习。首先踢起一次就用手接住，反复练习，认真体会膝、踝关节的协调用力和击球时机，当有一定熟练程度后，可以连续踢和左、右脚交替踢。

（2）高低结合正脚背起球练习。将球抛于体前，先用正脚背高点起球，然后再用正脚背低点起球，体会两者再起球时的不同之处。

（3）正脚背向体后起球练习。每人一球，先原地体前起球 2～3 次，而后踝关节发力踢球，使球从头顶飞到体后约 1.5 m 处，迅速转体 180°用脚背起球，反复练习。

（4）防快速手攻抛球接脚内侧起球。教练员与队员相距 4 m 站位，教练员用手快速抛球到运动员体前 40 cm 处，队员用脚背低点防起来球，而后用脚内侧平稳地把球送出。

（四）腿部起球

练习方法：原地腿部起球练习。先进行单腿练习，逐步过渡到双腿交替练习，认真体会技术要领，特别是抬腿时机、击球部位和角度控制。向前移动中的练习。两个对练。两人一组，相距 4 m，一队员用脚内侧传球给另一队员，队员用腿部起球，接着用脚内侧传球。

第三节 跳 绳

一、跳绳运动概述

跳绳是一项简单易行、锻炼价值极高的健身项目，也是我国民间流行的传统娱乐项目之一，已有 1000 多年的历史，深受广大人民群众的喜爱。跳绳作为一项健身和娱乐项目在一些厂矿、社区、部队和学校都非常普及，这些地方也会经常举行一些跳绳比赛。

国际跳绳联盟于 1996 年成立，总部设在加拿大，理事会设在比利时首都布鲁塞尔，至今该组织已经举办了四届世界性跳绳锦标赛。

二、跳绳运动的特点和作用

（一）跳绳运动的特点

1. 跳绳运动不受人数、场地、季节、年龄、性别的限制，设备、器材要求简单，是最经济但效果极佳的锻炼方法。

2. 跳绳运动花样繁多、节奏感强，若伴着合适的音乐，边跳边唱或边跳边说，玩起来更加有趣。

（二）跳绳的作用

1. 跳绳运动需要全身各个部位的协调配合，对提高身体的协调性、灵敏性、小肌肉群的力量、速度、耐力、爆发力等都有很大的促进作用。

2. 跳绳运动可促进人体新陈代谢，强化心肺功能，预防疾病。

3. 跳绳运动具有益智功能。跳绳时全身心的协调动作以及绳两端手柄对手部穴位的按摩，跳跃时对脚底穴位的刺激，都会大大增强脑细胞的活力，使人的思维敏捷，想象丰富，因此跳绳具有健脑功能。

4. 跳绳运动可以丰富人们的业余文化生活，锻炼人的意志，培养团结协作的集体主义精神。

三、跳绳的基本技术

（一）跳短绳

1. 短绳的选择

短绳单人跳，绳子的长度以一脚踩在绳子中间，腿伸直，两手握绳置于腰胸部的长度为宜。短绳双人跳或多人跳，则根据人数适当加长。

2. 抢绳的技术要领

先以肩为轴，上臂、前臂、手腕同时用力，此时抢绳的幅度较大，接着抢绳的幅度要逐渐减小，过渡到以两肘为轴，用前臂和手腕配合抢绳，最后达到以手腕摇绳为主，这是最合理的动作，因为手腕摇绳的速度是最快的（一人带多人跳应以手臂摇绳为主）。

3. 跳绳的技术

（1）单摇跳（或叫单飞）：可分为正摇跳和反摇跳，如图13-3-1所示。正摇跳是指摇绳的方向由身后向前的跳法，摇绳一次跳一次。有正摇双脚跳，正摇单脚跳，正摇两脚交替跳，正摇跑跳，正摇踢腿跳等。跳绳的花样可以根据自己的想象自由发挥和创造。反摇跳是指摇绳的方向由身前向后的跳法。反摇跳也有与正摇跳相对应的花样跳法。

（2）编花跳：指双手在身前交叉摇绳的跳法，如图13-3-2所示，可分为死花跳和活花跳。死花跳指双手始终交叉在身前两侧摇绳的跳法；活花跳指在跳的过程中，结合运用交叉摇绳和不交叉摇绳的跳法，比死花跳要复杂一些。

图 13-3-1　　　　　　　　　图 13-3-2

（3）双摇跳（双飞）：指摇绳两次跳一次的跳法。可分为正、反双摇双脚跳，正、反双摇单脚跳，正、反双摇交替跳，正、反编花双摇跳等。双摇跳的动作花样多，可组成不同的套路进行练习和比赛，也是提高弹跳力和大脑反应能力的良好方法。

（4）三摇、四摇、五摇跳：指连续摇绳3、4、5次跳1次的方法。这几种跳法的难度较大，只有在熟练掌握双飞的基础上才可以练习，而且需要有很好的弹跳力和手腕摇绳速度及手脚的协调配合。

（二）跳长绳

跳长绳是由两个人摇绳，一人或多人跳绳的跳法。跳者在跳的过程中，可以做各种动作，如踢腿跳、高抬腿跳、单足跳、蹲跳、手脚同跳等。还可以模仿各种动物跳，多人跳时可以做手拉手跳、旋转跳等。绳的长短可依据人数多少而定，一般5～8米。根据绳的起始状态不同，长绳跳又可分为死绳跳和活绳跳。死绳跳是指跳者站在两个摇绳人的中间，绳子摇动下落时跳起，这种方法不必考虑绳的摇动方向，只要有节奏地跳动即可，比较容易掌握。活跳绳是指绳子在摇动的过程中，跳者站在一侧，观察摇绳的节奏和时机，待绳摇到另一侧时，立即跑动到绳的中间，当绳即将触及地面时挑起，接着跟随绳子做有节奏的跳动。这种跳法根据上法的方向不同又有多种跳法。

1. 摇绳的基本技术

摇绳人需要有较好的臂力，两个摇绳人配合要协调一致，并主动适应跳绳人的速度、节奏。摇绳技术好，有利于跳绳人的技术发挥。

2. 基本跳法

（1）正上绳法（图13-3-3）。

（2）反上绳法（图13-3-4）。

（3）跑"8"字正反上绳跳（图13-3-5）。

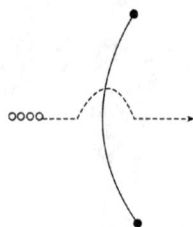 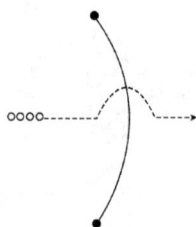

图 13-3-3　　　　　　　　图 13-3-4

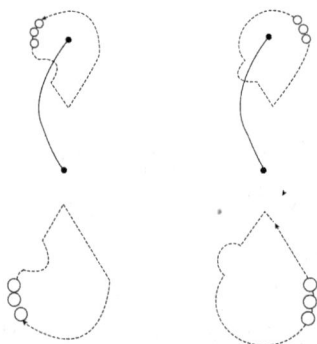

图 13-3-5

四、跳绳的练习方法

跳绳的练习方法有很多，有的难度相当大，这里只介绍一些简单、实用的跳法，跳绳爱好者可从中得到启示，创造出更多更有趣的玩法，以达到健身和娱乐的目的。

（一）跳短绳

短绳跳除了上述的单人跳以外，还可以带人跳（分正、反带人跳，死绳带人跳和活绳带人跳）。

1. 1人带人短绳跳

（1）1人带1人跳：如图13-3-6所示。

（2）1人带2人或多人跳（前后）：如图13-3-7所示。

图 13-3-6

图 13-3-7

（3）1人带1人钻绳洞跳：跳绳人在摇绳人的前后自由穿梭，但不干扰摇绳人摇绳节奏。要求跳绳者掌握好时机，动作敏捷灵活。

（4）1人带2人钻绳洞跳：摇绳人前后各带1人跳，跳绳人要掌握好时机和节奏互相换位的跳法。这种跳法难度比1人钻绳洞要大。

（5）1人带多人轮流跳：跳绳人跑进绳中跳规定的次数，当绳摇到另一侧时跑出，接着另一人跑进绳中跳同样的次数跑出，依此类推。

（6）1人带1人双摇跳：两人同时做双飞动作。此种跳法需两人密切配合。

2. 双人、多人短绳跳

（1）1人跳1人辅摇：如图13-3-8所示，两人用同侧手握绳，在绳中间的人跳，另一人做辅摇绳。

（2）双人摇绳跳：分为面对面双人跳和肩并肩双人跳。面对面双人跳如图 13-3-9 所示，两人都用左手或都用右手摇绳（各握绳的一端），面对面一起跳；肩并肩双人跳如图 13-3-10 所示，两人都用外侧手各握绳的一端，肩并肩一起跳。

（3）双人摇绳带人跳：如图 13-3-11 所示，两人肩并肩同时带人跳。

（4）两人跳双绳：如图 13-3-12 所示，两人同侧手分握同一条绳子的两端，内侧的两绳始终是交叉状态朝同一方向摇绳，两人动作协调一致。

图 13-3-8

图 13-3-9

图 13-3-10

图 13-3-11

图 13-3-12

（二）跳长绳

长绳跳的花样繁多，目前比较多的比赛形式是集体跳绳，以在绳中跳

绳的人数多和齐跳的次数多的一方取胜。目前的世界纪录是 240 人跳了 13
次。以下介绍几种长绳跳的变换跳法：

1. 两组同时正斜上绳跳：如图 13-3-13 所示。

2. 两组正、反上绳跳：如图 13-3-14 所示。

3. 两组跑"8"字正上绳交叉跳：如图 13-3-15 所示。

4. 三人摇三绳跳：如图 13-3-16 所示。

5. 四人摇两绳平行跳：如图 13-3-17 所示。

6. 四人摇两绳十字跳：如图 13-3-18 所示。

7. 长绳拖短绳跳：如图 13-3-19 所示。

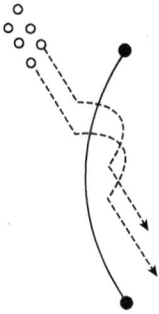

图 13-3-13

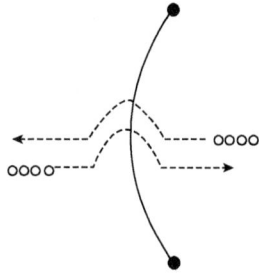

图 13-3-14

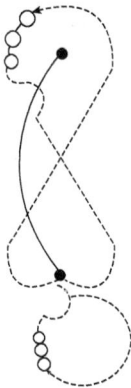

图 13-3-15

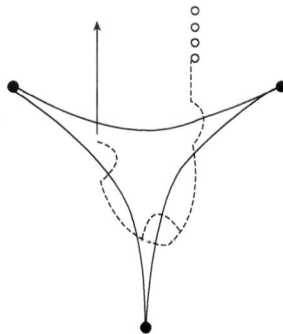

图 13-3-16

图 13-3-17

图 13-3-18

图 13-3-19

五、跳绳运动的比赛形式

跳绳在我国一直作为一种娱乐性的民间传统体育运动项目，至今还没有统一的比赛规则，因而比赛形式多种多样，这里只简单介绍大众跳绳的常用比赛形式。

个人赛：在规定的时间内完成所跳个数的比赛。比赛时间有 1 分钟、2 分钟、3 分钟等。

比赛形式：有单摇跳（单飞）、双飞、单双飞交替、三飞、编花跳等。

计分方法：凡绳子从头至脚绕过一周计数 1 个，凡脚踩绳而中断的那一跳不计数。

第十三章 定向越野

第一节 定向越野的发展概况

定向越野（Cross-Country Orienteering），顾名思义，就是在野外环境中进行的定向活动。定向越野是定向运动（Orienteering）的主要比赛项目之一，是参加者依靠标有若干检查点和方向线的地形图，借助指北针，自己选择行进路线，从起点出发徒步依次找到各检查点，并用最短时间到达终点。

一、定向运动的起源

定向运动起源于20世纪初瑞典的一种儿童游戏——寻宝。1918年，瑞典一位名叫吉兰特的童子军领袖组织了一次名为"寻宝游戏"的活动，以训练童子军的野外定向能力及生存技能为目的。这次活动引起参加者的极大兴趣，这便是定向运动的雏形。此后，这种运动迅速传遍北欧，并很快普及到世界各地，北欧许多国家还把它列入军队或地方院校的"必修课"。定向运动于1983年传入我国。同年3月，中国人民解放军体育学院在广州白云山组织了"定向越野试验比赛"。此后，这项运动在我国得到迅速推广，运动水平也不断提高。1992年7月我国正式成立了"中国定向运动联合会"，并组织了全国性的定向运动比赛。

二、定向越野运动的健身价值

1. 健身益智

定向越野是一项智力与体力相结合的运动。参加者要根据组织者在图上标明的运动方向，进行地图与实地对照，选择运动路线，寻找各检查点，这种过程需要参加者积极的思考、精确的判断和果断的决策，使得在提高参加者使用地图和野外判定能力的同时极大地促进智力的提高。这项比赛与其他计时径赛一样，比拼的是在最短时间内通过全程的能力，对参加者奔跑速度和耐力有一定的要求，长期坚持能改善和提高参加者的心肺功能和有氧耐力，起到健身的积极作用，而且该项目具有激烈的竞争性，还能培养人勇敢顽强的意志品质和勇于进取的拼搏精神。

2. 生动有趣

由于这项运动既是体力的比拼，又是方向感、判断力、使用地图能力等智力因素的比拼。因此比单纯的赛跑更能提高参赛者的兴趣；并且比赛在野外进行，使参与者得以亲近自然，享受具有旅游特点的比赛过程，这无疑增添了该运动的趣味性，使得该项运动比其他运动更具有吸引力。

3. 简单经济

该运动不需要支付场地和器材费用，且易于组织，娱乐性与实用性兼备，具有简单、经济实用的特点。

4. 扩大交际

定向越野运动是一项新兴时尚的体育运动，受到不同年龄、不同阶层、不同行业人群的喜欢，爱好者也为数众多。经常参加此类活动，人们在轻松、友善、和谐、快乐中公平竞赛，有利于建立轻松平等的人际关系。基于以上特点，定向越野运动更适合大学生，尤其适合地质、矿冶、测绘院校的大学生参加。目前，我国许多地质、矿冶、测绘院校及普通高校开设了定向越野课程。

第二节　场地与器材

一、场地

比赛区域应选择地形复杂，自然植被较多，有山有水的自然地貌；比赛区域的选择要避免为某些参加者所熟悉。专业的定向越野比赛，其竞赛线路一般为 4000～8000 米，参加者是在越野奔跑中完成比赛的，设计竞赛时间为 40～60 分钟，每一个检查点间距一般在 500～1000 米。业余的定向越野比赛，一般竞赛线路都超过 8000 米，且大多加入了"野外生存"内容，使得业余定向越野活动更具吸引力。需强调的是，定向越野必须遵循"敬重自然，爱护自然"的原则。

二、器材

定向越野所需要的包括地图、指北针、检查卡、点标、点签等专用器材。

定向越野比赛地图是由比例尺、地物符号、地貌符号、磁北方向线和图例注记五大要素组成。

指北针是定向越野比赛的另一项重要装备，一般是由透明有机玻璃制造的，两侧长边分别印有厘米刻度直尺和比例尺，便于参加者在地图上确定方位和距离。

检查卡，又叫成绩卡，是用于记录运动员是否到达过检查点并确认运动员成绩的唯一凭证。

"点标"，又称"点旗"、"检查点标志"，是比赛过程中组织者放置在各个检查点的醒目标志，由三面标志旗连接组成三棱柱。点标上还设有点签，供运动员打印作记。

其他器材还包括：野战水囊、通信器材、野战靴、手表等。

第三节　定向越野技能

定向越野技能是指参赛者从出发区领取地图到跑完全程所必须具备的技能，即参赛者所必须掌握的基本技术和能力。它分为出发点动作、运动中的动作、检查点上的动作和终点动作四个部分。

一、出发点动作

参赛者在出发区领到比赛地图到出发，时间很短，一般为 2 分钟左右。在这有限的时间内，应浏览全图，明确走向，根据比赛图上标明的出发点和各检查点的位置，进行图上分析，选择最佳运动路线。应坚持三项原则：坚持"有路不越野"的原则，否则既消耗体力，又影响速度；起伏不大，树林稀疏可跑的地段，坚持"选近不选远"的原则；起伏较大，树林密集，障碍大的地段，坚持"统观全局提前绕"的原则。

二、运动中的动作

运动中参赛者应注意的两个基本动作是：一要随时标定地图上明显的地物、地貌；二要随时明确自己在地图上的位置。

三、检查点上的动作

检查点上的动作主要是"捕捉"检查点，能否一次"捕捉"成功是十分重要的，它关系到比赛速度，这是评定成绩的主要依据。

四、终点动作

当找到最后一个检查点后，应依据已选择的最佳运动路线并结合自己的体力，加快速度向终点运动，接近终点时，要做最后冲刺。

到达终点后，立即将检查卡交给收卡员，如规定要收交地图和检查点说明卡，应连同检查卡一起交给收卡员，并迅速离开终点区。

第四节　定向越野比赛规则

一、犯规

有下列行为之一者即为犯规，应取消比赛资格：

1. 有意妨碍他人比赛（包括犯有同一性质的其他任何不良言行）者；
2. 蓄意损坏点标、点签和其他比赛设施者；
3. 比赛中搭乘交通工具行进者；
4. 未通过全部检查点而又伪造点签图案者。

二、违例

有下列行为之一者被视为违例，应给予警告。裁判人员将根据违例的性质和程度，采取从降低成绩直至取消比赛资格的处罚：

1. 在出发区越位（提前）取图和抢先出发者；
2. 接受别人的帮助，如指路、寻找点标、使用点签者；
3. 为别人提供帮助，如指路、寻找点标、使用点签者；
4. 为从对手的技术中获利，故意在比赛中与对手同路或跟进者；
5. 故意不按比赛规定顺序行进者；
6. 不按规定位置佩戴号码布者；
7. 有其他违反比赛规则行为者。

三、成绩无效

有下述情况之一者，比赛成绩将被判为无效：

1. 有证据表明在比赛前勘察过路线者；
2. 未通过全部检查点，即检查卡片上点签图案不全者；
3. 点签图案模糊不清，确实无法辨认者；

4. 在检查卡片上不按规定位置使用点签者；

5. 在比赛结束（指终点关闭）前不交回检查卡片者；

6. 超过比赛规定的终点关闭时间（检查点一般也在同一时间撤收）而尚未返回会场者。如确系迷失方向，应向附近任意一条大路或原检查点位置靠拢，等候工作人员的处置；

7. 有意无意地造成国家或他人的重大经济损失和破坏自然风景者。由此带来的一切后果及其责任由肇事人承担。

第十四章　心理拓展训练

一、心理拓展训练概述

（一）心理拓展训练的发展历史

心理拓展训练（Outward Bound）理论由犹太人哈恩（Hahn）博士创建。哈恩原本是一名教育工作者，曾经执教于德国和英国的私立学校。第二次世界大战前，在他担任德国南方塞兰学校校长期间，哈恩博士初次实践了心理拓展训练的教育方法。此后他便从德国移居到英国，在英国继续他的研究。他在研究中发现，以往的学校教育课程在学生的全面发展中是不充分的，进而感到必须给学生们一个自由表现自己的场所。他认为学生应该有到海上和陆地中进行探险活动的经历，要努力掌握某种特殊的技能，并乐于参加社会公益活动。第二次世界大战开始后，战争的恶劣环境要求人们具有高度的生存技能，因此，作为心理拓展训练课程原型的训练内容受到人们的重视，并在战时的各种生存训练中得到了广泛应用。"Outward Bound"一词在海军用语中指"出港船只"，原意为一艘小船驶离平静的港湾义无反顾地投向未知的旅程，去迎接一次次挑战。这种训练起源于二战期间的英国。当时大西洋商务船队屡遭德国人袭击，许多缺乏经验的年轻海员葬身海底，针对这种情况，汉思等人创办了"阿伯德威海上学校"，训练年轻海员在海上的生存能力和船触礁后的生存技巧，使他们的身体和意志都得到锻炼。战争结束后，许多人认为这种训练仍然可以保留。于是拓展训练的独特创意和训练方式逐渐被推广开来，训练对象也由最初的海员扩大到军人、学生、工商业人员等各类群体。训练目标也由单纯的体能、生存训练扩展到心理训练、人格训练、管理训练等。

拓展训练通常利用崇山峻岭、江海湖泊等自然环境，通过精心设计的活动达到"磨练意志、陶冶情操、完善人格、熔炼团队"的培训目的，也就是提升职业品质。

（二）心理拓展训练的意义

拓展训练强调的是一种体验，是一种由内至外的自我教育。你本不是天生的王子或公主，但你却一下子就习惯了衣来伸手、饭来张口的悠闲生活，外出时享受着星级酒店的豪华和舒适；你踌躇满志，却未曾想在自己设置的障碍前裹足不前。如果你没有拖鞋就不会在晚上走路，如果你没有只属于自己的干净脸盆就不会洗脸，如果你的室友是呼噜一族就不能入睡，如果你没有空调就不知道该穿几件衣服，对不起，那你真得需要去拓展一下自己了，因为你作茧自缚却浑然不知。人生路上有些东西是必备的，但你却搞不清楚应该是什么。21 世纪是知识经济时代，每个人都面临着知识的不断更新。为了适应社会，跟上时代发展的步伐，我们必须开发更有效的学习手段来增强自己的学习能力。拓展训练以它"先行后知"的体验式学习方式打破了传统的以"教"为主的教育模式，让学生在愉快、积极的参与中学到知识、领悟道理，通过亲身体验来挖掘自己的潜能，培养创新精神和实践能力，促进果敢、顽强、自信、团结等优良品格的形成。心理拓展训练这种新的教育方式符合中共中央国务院关于深化教育改革全面推动素质教育的指导思想，对推动传统教育模式的改革和青少年整体素质的提高具有重要意义。学校仅仅依靠思想工作和简单的心理咨询方法，很难彻底释放和排解大学生的心理压力。而心理拓展训练却在这方面具有明显的优势，它是利用自然环境或人工设置的各种复杂环境，以心理挑战为重点，为达到"激发潜能、熔炼团队、砥砺心智"的培训目的而精心设计的具有开放性、挑战性的实践活动。

通过拓展训练，学生在以下方面将有显著的提高：认识自身潜能，增强自信心，改善自身形象；克服心理惰性，增强战胜困难的勇气和决心；丰富想象力与创造力，提高解决问题的能力；认识群体的作用，增强参与意识与责任心；改善人际关系，更为融洽地与群体合作；学习欣赏、关注和爱护他人。

在实际生活和工作中，坚定的意志和很强的动手能力往往比起书本知识更为有效和实用。同时，如何开发出那些一直潜伏在你身上，而您自己却从未真正了解的力量和潜能；怎样才能弄清，您与他人的沟通和信任到底能深入到什么程度？这些，就是拓展训练的真正意义。

二、心理拓展训练项目选编

（一）相依为命

1. 项目类型：双人协作型

2. 游戏方法：离地 50 公分的两排木棍并排构成一个一头窄一头宽的"八字型通道"，开始端（窄端）1 米，结束端（宽端）1.8～2 米。两人一组，脚踩木棍，手掌对手掌从窄的一头起走向宽的一头。

3. 游戏目的：增强沟通，体会合作的重要性，体验经艰苦努力和相互

配合而共同完成任务的成就感，通过两人的相互帮助来增进两人的相互沟通和彼此了解，体会通过帮助别人和被别人帮助达到成功的成就感。

当遇到阻碍时，你会怎样？懊恼，沮丧，独断专行？还是积极沟通，真诚地给予对方信心与帮助？只有完全把自己托付给对方，才能互相支撑着走完全程。

（二）巨人脚步

1. 项目类型：团队协作竞技型

2. 游戏方法：将全班同学分成 3～4 组，每组 8～10 人，并把每组所有人的左脚和右脚分别连成两只"巨脚"一起走向终点。

3. 游戏目的：表现团队的协作精神和凝聚力，只有齐心协力、步调一致才能取得胜利。

（三）无敌风火轮

1. 项目类型：团队协作竞技型

2. 道具要求：报纸、胶带

3. 场地要求：一片空旷的大场地

4. 游戏时间：10～20 分钟

5. 游戏玩法：12～15 人一组利用报纸和胶带制作一个可以容纳全体团队成员的封闭式大圆环，将圆环立起来全队成员站到圆环上边走边滚动大圆环。

6. 活动目的：本游戏主要为培养队员团结一致，密切合作，克服困难的团队精神；培养计划、组织、协调能力；培养服从指挥、一丝不苟的工作态度；增强队员间的相互信任和理解。

（四）信任背摔

1. 游戏简介：这是一个广为人知的经典拓展项目，每个队员都要笔直地从 1.2～1.6 米的平台上向后倒下，而其他队员则伸出双手保护他。每个人都希望可以和他人相互信任，否则就会缺乏安全感。要获得他人的信任，就要先做个值得他人信任的人。对别人猜疑的人，是难以获得别人的信任的。这个游戏能让队员在活动中加强对伙伴的信任感及责任感。

2. 游戏人数：12～16 人

3. 场地要求：1.2～1.6 米高台一块

4. 需要器材：束手绳

5. 游戏时间：30 分钟左右

6. 活动目的：培养团体间的高度信任；提高组员的人际沟通能力；引导组员换位思考，让他们认识到责任与信任是相互的。

（五）齐眉棍

1. 游戏简介：全体分为两队，相向站立，让小组成员全部将双手举到自己的眉部高度，将塑料棍放在每个人的双手上（必须保证每双手都接触到塑料棍，并且手都在塑料棍的下面）。在保证每个人的手都在塑料棍下面的情况下将塑料棍水平地向下移动，共同用手指将棍子放到地上。手离开棍子或没有水平地向下移动即失败，这是一个考察团队是否同心协力的体验游戏。在所有学员手指上的同心杆将按照教师的要求，完成一个看似简单但却最容易出现失误的项目。此活动深刻揭示了人与人之间的协调配合问题。

2. 游戏人数：10～16 人

3. 场地要求：空地一块

4. 需要器材：3 米长的轻质塑料棍一根

5. 游戏时间：30 分钟左右

6. 活动目的：在团队中，如果遇到困难或出现了问题，很多人马上会找到别人的不足，却很少发现自己的问题。队员间的抱怨、指责、不理解对于团队的危害……这个项目告诉大家："要求好自己就是对团队最大的贡献。"提高队员在工作中相互配合、相互协作的能力。统一的指挥＋所有队员共同努力对于团队成功起着至关重要的作用。

（六）盲人方阵

1. 项目类型：团队协作型

2. 器材要求：长绳一根

3. 场地要求：空旷的场地一片

4. 游戏规则：所有队员蒙上眼睛，在四十分钟内，将一根绳子拉成一个最大的正方形，并且所有队员都要均分在四条边上。这个项目教会所有学员如何在信息不充分的条件下寻找出路，大家耗用时间最长、最混乱、所有人最焦虑的时候是在领导人选出、方案确定之前，当领导人产生、有序的组织开始运转的时候，大家虽然未有胜算，但心底已坦然了许多。而行动方案得到大家的认同并推进，使学员们在同心协力中初尝着胜利的喜悦。

5. 活动目的：这个任务体现的是团队队员之间的配合和信任，一个有领导、有配合、有能动性的队伍才能称之为团队，本游戏主要为锻炼大家的团队合作能力。

（七）坐地起身

1. 项目类型：团队合作型

2. 器材要求：不需任何器材

3. 场地要求：空旷的草地一块

4. 项目时间：20～30分钟

5. 游戏方法及规则：

（1）要求四个人一组，围成一圈，背对背地坐在地上，手臂相互挽起；

（2）在不用手撑地的情况下同时站起来；

（3）随后依次增加人数，每次增加2个直至10人。

在此过程中，教师要鼓励同学坚持，坚持，再坚持，因为成功往往就是再坚持一下。

6. 活动目的：这个项目体现的是团队队员之间的配合，主要让大家明白合作的重要性。

（八）连环手

1. 游戏简介：教师让每组队员站成一个面向圆心的圆圈，所有队员手牵手结成了一张网（不能抓自己身边队员的手，自己的两只手不能同时抓住另外一个人的两只手）。队员们这时是亲密无间紧紧相连的，但是这个时候的亲密无间紧紧相连却限制了大家的行动。我们这时需要的是一个圆，一个联系着大家，能让大家朝着一个统一方向滚动前进的圆。在不松开手的情况下，如何让网成为一个圆？这是团队的严峻挑战。

2. 游戏人数：8～12人一组

3. 场地要求：开阔的场地一块

4. 游戏时间：15分钟左右

5. 活动目标：锻炼新团队的沟通、执行及领导力。

（九）开火车

1.项目类型：团队协作型

2.游戏人数：每组 6 名队员（3 男 3 女）

3.场地要求：田径场直道一片

4.游戏方法：参加游戏者 6 人一组，后面的人左手抬起前面的人的左腿，右手搭在前面人的右肩形成小火车，最后一名同学也要单脚跳步前进，不能双脚着地。场地上划好起跑线和终点线，其距离为 30～35 米，游戏开始时，各队从起跑线出发，跳步前进，绕过障碍物回到起点，最先到达起点的为胜。按时间记名次。

5.游戏规则：

（1）游戏过程中队员必须跳步前进，不允许松手，以防止出现断裂现象，队伍断裂必须重新组织好，从起点重新开始游戏。如果不重新组织，继续前进，则成绩视为 0 分；

（2）以各队最后一名同学通过终点线为准；

（3）比赛过程中，参赛队必须在规定的赛道进行比赛，不许乱道，犯规一次扣时 2 秒，依次累加。

6.活动目的：本活动旨在培养同学们的团结协作精神。

（十）心心相印（背夹球）

1.项目类型：双人协作型

2.场地要求：一片空旷的大场地

3.比赛赛距：20 米

4.需要器材：排球 3～4 只

5. 比赛人数：每队 12 人（6 男 6 女）

6. 游戏方法及规则

每组 2 人，背夹一圆球，步调一致向前走，绕过转折点回到起点，下一组开始前进。向前走时，双手不能碰到球，否则一次罚 2 秒；球掉后从起点重新开始游戏。最先完成者胜出。按时间记名次，按名次计分。

（1）比赛过程中如有球落地情况出现需返回起点重新开始。

（2）途中不得以手、臂碰球，如有违反均视为犯规。每碰球一次记犯规一次，每犯规一次比赛成绩加 2 秒。

（3）进行接力时，接力方必须在规定区域内完成接力活动。

7. 活动目的：

本活动旨在提高队友之间相互的默契度。其中，持续适度的用力起着至关重要的作用。

（十一）地雷阵

1. 游戏类型：团队协作型

2. 游戏时间：15～30 分钟

3. 游戏人数：至少 12 人，越多越好。

4. 所需道具：眼罩若干，约 10 米长的绳子两根。

5. 游戏方法：

（1）选一块宽阔平整的游戏场地。

（2）安排见习的同学做监护员。当参加游戏的人较多时，游戏场地会变得非常喧闹，这是一个有利因素，因为这会使穿越地雷阵的人无所适从，难以分清听到的指令是来自自己的同伴，还是来自其他小组的人。

（3）让每个队员找一个搭档。

（4）给每对搭档发一块蒙眼布，每对搭档中有一个人要被蒙上眼睛。

（5）眼睛都蒙好之后，就可以开始布置地雷阵了。把两根绳子平行放在地上，绳距约为10米。这两根绳子标志着地雷阵的起点和终点。

（6）在两绳之间尽量多地布置一些"地雷"。

（7）被蒙上了眼睛的队员在同伴的牵引下，走到地雷阵的起点处，挨着起点站好。他的同伴后退到他身后两米处，并负责告诉他向什么方向走、做什么。谁用最短的时间穿越地雷阵谁就获胜。

6. 游戏目的：建立小组成员间的相互信任，促进沟通与交流，使小组充满活力。

（十二）人椅

1. 游戏类型：团队协作型

2. 游戏人数：10～20人

3. 游戏规则和程序：

（1）所有的成员都围成一圈，每位成员都将他的手放在前面的成员的肩上。

（2）听从教师的指挥，然后每位成员徐徐坐在他后面成员的大腿上。

（3）坐下之后，所有成员可以再喊出相应的口号，例如齐心协力、坚持等。

（4）可以以小组比赛的形式进行，看看哪个小组可以坚持更长的时间，获胜的小组可以要求失败的小组表演节目。

4. 游戏目的：从本游戏中体验团队精神，要求在团队中的每一个人都要充分贡献自己的力量，不能存在任何偷懒、滥竽充数的思想。

(十三) 盲人足球

1. 项目类型：团队协作型

2. 道具要求：1 个足球（要用含气量不足的足球，这样每踢一下，球不会滚得太远）、蒙眼布。

3. 场地要求：足球场半片

4. 游戏方法：

(1) 每个队员在自己的小组内找一个搭档。

(2) 每对搭档中只有一个人戴蒙眼布，另一个人不戴。只有被蒙上眼睛的队员才可以踢球，他的搭档负责告诉他向什么方向走、做什么。在规定的时间内，看哪一组进的球最多，哪一组就获胜。

5. 活动目的：这个项目体现的是团队队员之间的配合和信任，本游戏主要为锻炼大家的团队合作能力。

（十四）人床

1. 游戏类型：团队协作型

2. 游戏器材：与团队人数相当的方凳

3. 游戏人数：8～20 人

4. 游戏方法及规则：

（1）所有的成员都围成一圈坐在自己的方凳上，前后相对，凳与凳之间距离 50～60 厘米，每位成员都将自己的双手放在自己的大腿上。

（2）听从教师的指挥，每位成员都慢慢躺到他后面成员的大腿上，然后每位成员的同伴（事先安排好）徐徐将其臀下的凳子移开。

（3）躺下之后，所有成员可以再呼出相应的口号，例如：万里长城，不倒、不倒、永远不倒等。

（4）可以以小组比赛的形式进行，看看哪个小组可以坚持更长的时间。

5. 游戏目的：从本游戏中体验团队精神，要求在团队中的每一个人都要充分贡献自己的力量，不能存在任何投机取巧的行为。

（十五）数字传递

1. 游戏类型：团队沟通

2. 游戏场地：室内外均可

3. 游戏人数：10 人以上

4. 游戏方法及规则：

（1）将学生分成若干组，每组学生 5～8 人，每组选派一名组员出来担任监督员。

（2）所有参赛的组员按纵队排好，队列的最后一人到教师处，教师向全体参赛学生和监督员宣布游戏规则。

（3）各队代表到讲台前，教师说："我将给你们看一组数字，你们必须把这组数字通过肢体语言让你全部的队员都知道，并且让小组的第一个队员将这组数字写到讲台前的白纸上（写上组名），看哪个队伍速度最快，最准确。"

（4）全过程不允许讲话，后面一个队员只能通过肢体语言向前一个队员进行表达，通过这样的传递方式层层传递，直到第一个队员将这组数字写在白纸上。

（5）比赛进行三局（数字分别是 10、800、0.02），每局休息 1 分 15 秒。第一局胜利积 5 分，第二局胜利积 8 分，第三局胜利积 10 分。

5. 注意事项：提醒学生不能说话，只能用肢体语言把这些数字表达出来。

6. 项目目标：在没有语言交流的情况下进行良好的沟通。

附　录

一、国家学生体质健康标准

大学男生评分标准

等级	单项得分	肺活量体重指数	1000米跑（分·秒）	台阶试验	50米跑（秒）	立定跳远（米）	掷实心球（米）	握力体重指数	引体向上	坐位体前屈（厘米）	绳（次／1分钟）	篮球运球（秒）	足球运球（秒）	排球垫球（次）
优秀	100	84	3.27	82	6.0	2.66	15.7	92	26	23.0	198	8.6	6.3	50
	98	83	3.28	80	6.1	2.65	15.2	91	25	22.6	193	9.0	6.5	49
	96	82	3.31	77	6.2	2.63	14.4	90	24	22.0	186	9.6	6.9	46
	94	81	3.33	74	6.3	2.62	13.6	89	23	21.4	178	10.3	7.3	44
	92	80	3.35	71	6.4	2.60	12.5	87	22	20.6	168	11.1	7.7	41
	90	78	3.39	67	6.5	2.58	11.5	86	21	19.8	158	12.0	8.2	38
良好	87	77	3.42	65	6.6	2.56	11.3	84	20	18.9	152	12.4	8.5	37
	84	75	3.45	63	6.8	2.52	10.9	81	19	17.5	144	12.9	8.9	34
	81	73	3.49	60	7.0	2.48	10.5	79	18	16.2	136	13.5	9.3	32
	78	71	3.53	57	7.3	2.43	10.0	75	17	14.3	124	14.3	9.9	29
	75	68	3.58	53	7.5	2.38	9.5	72	16	12.5	113	15.0	10.4	26
及格	72	66	4.05	52	7.6	2.35	9.3	70	15	11.3	108	15.6	10.7	25
	69	64	4.12	51	7.7	2.31	8.9	66	14	9.5	101	16.6	11.2	23
	66	61	4.19	50	7.8	2.26	8.5	63	13	7.8	94	17.5	11.7	21
	63	58	4.26	48	8.0	2.20	8.0	59	12	5.4	85	18.8	12.3	18
	60	55	4.33	46	8.1	2.14	7.5	54	11	3.0	75	20.0	12.9	15
不及格	50	54	4.40	45	8.2	2.12	7.3	53	9	2.4	71	20.6	13.3	14
	40	52	4.47	44	8.3	2.09	7.0	51	8	1.4	64	21.6	13.8	12
	30	51	4.54	43	8.5	2.06	6.7	49	7	0.5	58	22.5	14.3	10
	20	49	5.01	42	8.6	2.03	6.2	47	6	−0.8	49	23.8	15.0	8
	10	47	5.08	40	8.8	1.99	5.8	44	5	−2.0	40	25.0	15.7	5

大学女生评分标准

等级	单项得分	肺活量体重指数	○○米跑(分·秒)	台阶试验	50米跑(秒)	立定跳远(米)	掷实心球(米)	握力体重指数	仰卧起坐(次/分)	坐位体前屈(厘米)	跳绳(次/1分钟)	篮球运球(秒)	足球运球(秒)	排球垫球(次)
优秀	100	70	3.24	78	7.2	2.07	8.6	74	52	21.1	190	11.2	7.3	46
	98	69	3.27	75	7.3	2.06	8.5	73	51	20.8	184	11.5	7.8	44
	96	68	3.29	72	7.4	2.05	8.4	72	50	20.3	175	12.0	8.6	41
	94	67	3.32	69	7.5	2.03	8.2	71	49	19.8	166	12.6	9.4	38
	92	65	3.35	64	7.7	2.01	8.0	69	47	19.2	154	13.3	10.5	34
	90	64	3.38	60	7.8	1.99	7.8	67	45	18.6	142	14.0	11.5	30
良好	87	63	3.42	59	7.9	1.97	7.7	66	44	17.7	137	14.6	11.9	29
	84	61	3.46	57	8.0	1.93	7.6	63	43	16.3	130	15.6	12.5	27
	81	59	3.50	55	8.2	1.89	7.5	61	42	15.0	122	16.5	13.2	25
	78	57	3.54	52	8.3	1.84	7.4	58	40	13.1	112	17.8	14.0	23
	75	54	3.58	49	8.5	1.79	7.2	55	38	11.3	102	19.0	14.9	20
及格	72	53	4.03	48	8.6	1.76	7.1	53	37	10.1	98	19.8	15.6	19
	69	51	4.08	47	8.7	1.72	7.0	50	35	8.3	92	20.9	16.7	17
	66	49	4.13	46	8.8	1.69	6.8	48	33	6.5	86	22.0	17.8	15
	63	46	4.18	44	8.9	1.63	6.6	44	31	4.1	78	23.5	19.3	13
	60	43	4.23	42	9.0	1.58	6.4	40	28	1.7	70	25.0	20.8	10
不及格	50	42	4.30	41	9.1	1.56	6.2	39	27	1.5	66	25.8	21.2	9
	40	41	4.37	40	9.3	1.53	6.0	38	26	1.3	59	26.9	21.9	8
	30	39	4.44	39	9.5	1.50	5.7	36	25	1.0	53	28.0	22.5	7
	20	37	4.51	38	9.8	1.46	5.4	34	23	0.6	44	29.5	23.4	6
	10	35	5.00	36	10.0	1.42	5.0	32	21	0.2	35	31.0	24.3	4

二、身体素质项目考试标准

项目 分值	立定三级跳远（米）		俯卧撑（个）	1分钟仰卧起坐
	男	女		
100	7.90	6.40	40	43
95	7.80	6.30	38	41
90	7.70	6.20	36	38
85	7.60	6.10	34	36
80	7.50	6.00	32	33
75	7.40	5.90	30	31
70	7.30	5.80	27	28
65	7.15	5.65	25	26
60	7.00	5.50	20	23
55	6.80	5.30	15	21
50	6.60	5.10	10	18
45	6.40	4.90	8	15
40	6.30	4.80	6	12
30	6.20	4.70	4	10

项目标准 分数	100m 男	100m 女	800m/1000m 男	800m/1000m 女	跳远（cm）男	跳远（cm）女	立定跳远（cm）男	立定跳远（cm）女
100、99	13"0	16"0	3'20 3'21	3'20 3'21	5.60	4.10	260 259	200 199
98、97	13"1	16"1	3'22 3'23	3'22 3'23	5.50	4.00	258 257	198 197
96、95	13"2	16"2	3'24 3'25	3'24 3'25	5.40	3.90	256 255	196 195
94、93	13"3	16"3	3'26 3'27	3'26 3'27	5.30	3.80	254 253	194 193
92、91	13"4	16"4	3'28 3'29	3'28 3'29	5.20	3.70	252 251	192 191
90、89	13"5	16"5	3'30 3'31	3'30 3'31	5.10	3.60	250 249	190 189
88、87	13"6	16"6	3'32 3'33	3'32 3'33	5.00	3.55	248 247	188 187
86、85	13"7	16"7	3'34 3'35	3'34 3'35	4.95	3.50	246 245	186 185
84、83	13"8	16"8	3'36 3'37	3'36 3'37	4.90	3.45	244 243	184 183
82、81	13"9	16"9	3'38 3'39	3'38 3'39	4.85	3.40	242 241	182 181
80、79	14"0 14"1	17"0 17"1	3'40 3'42	3'40 3'42	4.80	3.30	240 239	180 179
78、77	14"2 14"3	17"2 17"3	3'44 3'46	3'44 3'46	4.75	3.20	238 237	178 177
76、75	14"4 14"5	17"4 17"5	3'48 3'50	3'48 3'50	4.70	3.10	236 235	176 175

项目 标准 分数	100m		800m/1000m		跳远（cm）		立定跳远（cm）	
	男	女	男	女	男	女	男	女
74、73	14"6 14"7	17"6 17"7	3'52 3'54	3'52 3'54	4.65	3.00	234 233	174 173
72、71	14"8 14"9	17"8 17"9	3'56 3'58	3'56 3'58	4.60	2.95	232 231	172 171
70、69	15"0 15"1	18"0 18"1	4'00 4'02	4'00 4'02	4.50	2.90	230 229	170 169
68、67	15"2 15"3	18"2 18"3	4'04 4'06	4'04 4'06	4.40	2.85	228 227	168 167
66、65	15"4 15"5	18"4 18"5	4'08 4'10	4'08 4'10	4.30	2.80	226 225	166 165
64、63	15"6 15"7	18"6 18"7	4'12 4'14	4'12 4'14	4.20	2.75	224 223	164 163
62、61	15"8 15"9	18"8 18"9	4'16 4'18	4'16 4'18	4.10	2.70	222 221	162 161
60、59	16"0 16"1	19"0 19"1	4'20 4'22	4'20 4'22	4.00 3.95	2.65 2.60	220 219	160 159
58、57	16"2 16"3	19"2 19"3	4'24 4'26	4'24 4'26	3.90	2.55	218 217	158 157
56、55	16"4 16"5	19"4 19"5	4'28 4'30	4'28 4'30	3.85	2.50	216 215	156 155
54、53	16"6 16"7	19"6 19"7	4'32 4'34	4'32 4'34	3.80	2.45	214 213	154 153
52、51	16"8 16"9	19"8 19"9	4'36 4'38	4'36 4'38	3.75	2.40	212 211	152 151
50	17"0	20"0	4'40	4'40	3.60	2.35	210	150

主要参考书目

1. 郑厚成：《全国普通高等学校体育实践教程》，北京，高等教育出版社，1998。

2. 张宏成：《大学体育新教程》，苏州，苏州大学出版社，2003。

3. 郁鸿骏、戴金彪：《羽毛球竞赛裁判手册》，北京，人民体育出版社，2000。

4. 毛振明、王长权：《学校心理拓展训练》，北京，北京体育大学出版社，2004。

5. 罗晨、姚亚中：《高职体育教程》，苏州，苏州大学出版社，2008。

6. 邓树勋．运动生理学[M]．高等教育出版社，2009。

7. 薛斌．新概念大学体育[M]．北京师范大学出版社，2009。

8. 陈智勇．现代大学体育教程[M]．北京体育大学出版社，2003。

9. 林志超．大学体育标准教程[M]．北京体育大学出版社，2007。

10. 邹继豪，孙麒麟．体育与健康教程[M]．辽宁大学出版社，2004。

11. 郑怀贤．运动创伤学[M]．四川人民出版社，1982。

12. 健美操体育舞蹈[M]．高等教育出版社，2006。

13. 体操[M]．高等教育出版社，2005。

14. 胡玉华．体育舞蹈[M]．湖南大学出版社，2008.

15. 健美操体育舞蹈形体训练[M]．安徽大学出版社，2005。

16. 武术[M]．高等学校武术试用教材编写组，高等教育出版社，1988。

17. 武术[M]．全国体育学院教材委员会审定，体育学院普修通用教材，人民体育出版社，1989年。

18. 石天敬，李德祥武术学习指南[M]．云南民族出版社，1995。

19. 李德祥．中华武术试论——武术源于中国属于世界[J]．云南师范大学哲学社会科学学报．2000。

20. 康戈武．中国武术实用大全[M]．今日中国出版社，1990。

21. 李德祥．大学实用武术教程[M]．云南大学出版社，2004。

22. 李德祥．中华武术[M]．上海交通大学出版社，2006。

23. 李德祥．公共体育理论与实践教程，上海交通大学出版社，2006。